학생 자치는
미래 교육의
오래된 씨앗

학생 자치는
미래 교육의
오래된 씨앗

펴낸날 | 2024년 2월 28일

지은이 | 이동철

기획 | 삶을위한교사대학 사무국
편집 | 정미영
디자인 | Jipyeong
편집인 | 유은영
마케팅 | 홍석근

펴낸곳 | 천개의정원
출판신고 | 도서출판 평사리 제13-2004-172 (2004년 7월 1일)
주 소 | 경기도 고양시 덕양구 중앙로558번길 16-16, 705호
전 화 | 02-706-1970 팩 스 | 02-706-1971
전자우편 | commonlifebooks@gmail.com

ISBN 979-11-6023-346-9 (03370)
2024 ⓒ 이동철

* 〈천개의정원〉은 도서출판 평사리의 교육 브랜드입니다.

잘못된 책은 바꾸어 드립니다.
책값은 뒤표지에 있습니다.

학생 자치는 미래 교육의 오래된 씨앗

이동철 지음

일러두기

* 맞춤법은 국립국어원의 표준국어대사전에 따랐다.
* 본문에 등장하는 학생들의 이름은 가명으로 바꾸었다.

차례

책을 펴내며

학교의 주인공은 학생이다. 이것은 불변의 진리다. 교사라는 직업은 학생이 있어야 존재한다. 학생 없는 학부모는 성립이 안 된다. 학생 없는 학교 건물은 담력 테스트 세트장이다. 마찬가지로 학교 수업과 교육 과정도 학생의 배움과 성장을 위해 설계되었다. 그런데 현재의 학교에서는 과연 학생이 주인공인가? 앞에서는 주인공이지만 뒤에서 누군가 조정하고 있는 느낌이다.

연극이나 영화에서의 배우들은 대본을 읽는 사람이 아니다. 대본을 외우고 자신이 온전히 극 중 인물이 되어 표현할 때 비로소 훌륭한 배우가 되고 주인공이 된다. 그러한 연극이나 영화를 본 관객들도 감정 이입이 되어 기쁨과 슬픔을 느끼게 된다.

교사가 되고 나서 학생들에게 대본만 외우게 하는 것 같아 불편했다. 수업 시간에 교과서에 나온 내용들을 알려 주고 외우게 하고 이해시켰다. 일부 학생들은 대본 외우기는 잘했다. 그러나 외운 대본이 삶으로 표현되지는 못했다. 많은 학생들은 대본을 왜 외워야 하는지도 모른 채 그저 외우는 연습만 한다. 암기력이 낮은 친구들은 자신의 머리를 탓하며 자존감은 낮아진다.

　15년 전, 물리적·심리적으로 도시에서 멀리 사는 학생들과 서울 여행을 했다. 기존의 소풍이나 수학여행처럼 교사가 미리 경험하고 학생들에게 필요하겠다고 판단한 검증된 코스가 아니었다. 학생들이 원하는 바를 맘껏 해 보게 했다. 터미널에 내려서 숙소에 찾아오는 것 등 처음부터 끝까지 여행의 모든 것을 학생들이 하도록 기회를 줬다. 좌충우돌 문제가 발생했다. 학생들은 처음에는 당황했지만 스스로 문제를 해결했다. 여행이 끝나고 난 후, 학생들은 보거나 체험한 것보다 스스로 해결한 문제를 더 깊이 기억하고 있었다. 여행의 만족도 대단히 높았다. 교사로서 머리로만 알고 있었던 학생의 주도성, 배움이 일어나는 수업, 삶과 연결된 배움 등이 실제로 어떻게 일어나는지 알게 되었다.

　10년 전, 학교에 부임하자마자 학생들에게 기회를 주는 교육 과정을 만들어 갔다. 이름만 존재했던 학생자치회를 학생자치회의 의미를 부여하고 선거부터 시작해서 부서 조직과 부서 활동을 학생들 중심으로 수정했다. 학생들에게 기회를 주고 기다려 줬다. 잘할 수 있다고 용기를 내 보자고 응원했다. 그리고 잘할 수 있는 환경을 만들어 줬다. 학생 자치를 맛본 학생들은 변화의 속도가 빨랐다. 학생 중심의 활동은 자치회 활동을 넘어 수업과 학교 행사에 적용되었다. 반신반의하던 교사들도 학생 자치를 통해 수업 태도가 변하고 학생들이 성장하는 것을 보면서 학생들을 믿고 기다려 주는 마음이 생겼다. 그러자 학생들은 더 많은 기회를 얻었고 스스로 운영하면서 더 많이 성장하는 선순환 구조가 만들어졌다.

5년 동안 경험한 학생 중심의 교육 과정을 비슷한 환경의 학교에 옮겨 와 실천했다. 인근 학교라 이미 소문은 돌았지만, 말만으로는 다들 믿지를 못했다. 하나씩 적용하고 실천하니 결과가 눈에 드러났다. 학생들도 처음에는 스스로 하는 걸 귀찮아했지만 한 번 해 보고 나서는 그 의미를 깨달았다. 학생 자치의 실천은 학생을 변하게 했다. 그리고 그 모습을 본 교사들도 변했다. 학부모는 학교가 학력만 높여 주는 곳이 아니라 학생들의 몸과 마음도 성장시키는 곳임을 알게 되었다. 학교에 대한 만족도와 신뢰도가 높아졌다.

그렇게 5년이 지났다. 5년이 지나는 동안 코로나를 겪었다. 디지털 산업의 발전과 무선 통신 기술 등의 발달이 미래 사회를 예고하고 있었지만, 코로나로 인해 미래가 당겨졌다. 공상 영화 속에서나 보던 언택트 시대 디지털 세상이 눈앞에 성큼 다가와 있었다. 눈에 보이지도 않는 바이러스가 사람 사는 세상을 훨씬 빨리 바꿔 놓았다.

급변하는 미래 사회 준비가 학교에서도 필요하다. 사회와 교육은 연결되어 있기에 미래 사회라는 말과 함께 학교 안에서 '미래 교육'과 '미래학교'라는 말이 쓰나미처럼 밀려오고 있다. 미래 교육은 많은 전문가들에 의해 제시되고 있으나 경제 협력 개발 기구(OECD)에서 발표한 'OECD 교육 2030 프로젝트'가 주로 인용된다. 이 프로젝트의 핵심은 '학생의 행위 주체성Student Agency'이다. 행위 주체성이라는 단어가 조금 생소할 수도 있지만 주로 사용하던 학생 주도성과 비슷한 뜻이다. 우리나라에서도 2022 개정 교육 과정에서 '학습자 주도성'을 핵심으로 두고 있다. 이처럼 미래 교육에서 이야기하는 학생 행위 주체성이나 학습자 주도성은 학교의 교육 과정에 학생을 중심에 두는 것을 말한다. 그리고 학생들이 스스로 할 수 있도록 기회를 주는 것을 의미한다. 교사와 학교가 기회를 주고 기다리면서 관찰하며 학생들에게 안전한 환경을 만들어 주고 지원하는 것을 일컬어 학습자 주동성이라 말한다.

미래 교육의 또 다른 핵심은 미래 역량이다. 'OECD 교육 2030 프로젝트'에서는 변혁적 역량이라고 한다. 이를 2022 개정 교육 과정에서는 핵심 역량이라고 하고 여섯 가지로 제시했다. 미래 역량을 키울 수 있는 방향으로 '학교 자율 시간'과 '깊이 있는 학습'을 제안하고 있다.

학생 주도성과 미래 역량을 핵심으로 하는 미래 교육을 이미 십 년 전부터 실천하고 있는 학교가 있다. 학생 자치를 중심으로 교육 과정을 운영해 온 경상북도 상주의 내서중학교와 낙운중학교인데, 이 두 학교는 현재 경북미래학교로 지정되어 있다. 최근에 낙운중학교는 지금까지의 실천을 미래형 교육 과정으로 정리해서 교육 패러다임을 변화시키고 있다.

현대 사회의 변화를 보면 미래 교육은 선택이 아니라 필수가 되고 있다. 미래는 준비가 잘 되어 있다면 희망적이다. 하지만 예측이 불가능하기에 어떻게 준비해야 할지 가늠하기 어렵다. 현재의 배움을 미래에 쓸 학생들은 더 불안할 수밖에 없다. 이런 학생들을 위해서라도 미래 교육이 잘 정의되고 실천되어 지금의 배움이 미래에 필요하고 삶에 도움이 되면 좋겠다. 희망적이라면, 전문가들이 말하는 미래 교육은 새로운 것이 아닌, 우리가 알고는 있었지만 실천하지 못했던 교육의 본질이라는 것이다. 그리고 누군가에 의해 변방에서 실천되고 있었다. 이 작은 실천들이 불확실한 미래 교육을 찾아가는 실마리가 되기를 희망한다.

이 책을 쓴 이유는 현실에 맞지 않는 교육을 한다는 손가락질에도 불구하고 교육의 본질을 연구하고 실천하며 지켜 왔던 많은 선배들의 역사를 기록하고 싶었기 때문이다. 이 기록이 미래 교육 전반을 다 설명하거나 미래 교육의 정답일 수는 없지만 새로운 것들의 홍수에서 혼란을 줄이는 작은 나침반이 되기를 바란다.

이동철 씀

1장

과거 – 현재 – 미래
그리고 미래 교육

우리는 경험으로부터 배우지 않습니다. 우리는 경험을 반성하는 것으로 부터 배웁니다. ─ 존 듀이

요즘 학교에서뿐 아니라 사회에서도 '미래 교육'이라는 말이 자주 등장한다. 미래 교육은 미래와 교육의 합성어인데, 미래라는 시간에 행해지는 교육 혹은 필요한 교육이라고 단순하게 이야기할 수 있겠다. 그런데 미래 교육은 과거에도 존재했다. 일 년 전으로 돌아가 보자. 그때 상상했던 일 년 후인 지금의 교육이 바로 미래 교육이다. 우리는 현재 혹은 과거에 상상했던 미래 교육을 지금 하고 있다. 과거 어느 시점에서 미래 교육은 늘 있었지만 요즘 들어 왜 이 말이 자주 등장할까? 그 이유는 과거보다 현재에 미래 교육에 대한 필요성이 더 커졌기 때문이 아닐까 싶다.

　미래 교육을 이야기하기 위해서는 미래와 교육을 따로 생각해 볼 필요가 있다. 먼저 우리가 흔히 알고 있는 미래는 과학에서 말하는 시간의 물리량이다. 또한 일반적인 교육의 의미는 '사회생활에 필요한 지식이나 기술, 바람직한 인성과 체력을 갖도록 가르치는 조직적이고 체계적인 활동'이라고 다음 사전에서 정의하고 있다. 미래와 교육 중

먼저 미래에 대해 자세히 이야기해 보자.

미래는 앞으로 올 시간이다. 그렇다면 시간은 무엇일까? 시간은 1초, 1분, 1시간 등의 물리량이다. 우리는 과학 시간에 물체의 속력에 대해 배웠다. 속력이란 어느 물체가 A지점에서 B지점으로 갈 동안의 빠르기를 말하는데, 거리를 시간으로 나눈 값이다. 우리는 속력을 계산하기 위해 시계로 시간을 재고 자로 길이를 잰다. 예를 들어, 100미터 달리기를 할 때 20초가 걸렸다면 속력은 5m/s이다. 이때 몇 초, 몇 분이라는 시간의 구체적인 값이 나온다. 또한 우리는 일상생활에서도 시간을 활용한다. 오후 4시에 '한 시간 후에 만나자'고 약속했다면, 오후 5시에 맞춰 약속 장소에 나간다. 밥 먹을 때도 시간을 활용하고, 공부할 때도 시간을 활용한다. 우리 모두는 시간 안에서 살아간다. 그리고 현재 그 시간들은 태어날 때부터 모두의 공통된 약속이다. 그런데 우리는 이 시간을 언제부터 사용했을까? 지구가 만들어지고 인류가 탄생했을 때에도 시간의 역사는 존재했지만 그때도 현재와 같은 시간이라는 개념에서 살았을까? 최초 인류는 지구 자전에 의한 밤낮의 변화로 하루라는 시간을, 지구 공전에 의한 계절의 변화로 일 년이라는 시간을, 태어나서부터 죽을 때까지의 평생의 시간을 사용했을 것이다. 해시계가 기원전 3500년부터 사용되었다는 기록으로 그때부터 하루라는 시간이 사용되었음을 알 수 있다. 우리나라도 『세종실록』에 보면, 1437년에 '앙부일구'라는 해시계가 사용되었다는 공식 기록이 있다. 그 후 과학자들은 시간을 정확하게 측정하기 위해 노력했다. 17세기 갈릴레오가 흔들리는 등불과 자신의 맥박을 비교하다가 진자의 규칙성을 발견하면서 추시계를 고안했고, 1656년 크리스티안 하위헌스가 최초의 추시계를 만들었다. 로버트 훅은 탄성을 이용한 시계를 발명하고, 1927년 워랜 매리슨이 수정의 진동을 이용해 전기적으로 시간을 측정하면서 과학적으로 신뢰할 만한 시간을 측정할 수 있었다. 현재는 1967년 세슘-133 원자의 에너지 바닥 상태의 두 초미세 준위에서 방출되는 전자기파가 진동하는 주기의 91억 9,263만 1,770배에 해당하는 시간을 1초로 정의한다. 그런데 이 정의도 표준 정의가 아닐 수 있다는 의문을 갖고 현재 수많은 과학자들이 더 정확한 시계를 연구하고 있다.

과학의 발달로 정밀한 시계가 발명되고 그로 인해 더욱 정확한 시간을 측정할 수 있게 되었지만, 인류에게 시간이라는 개념은 분절적으로 인식되고 있다. 시간은 1초, 1분, 1시간, 하루가 분절적으로 존재하지 않는다. 모든 1초가 모여 1분이 되고 1분이 모여 1시간이, 1시간이 모여 하루가 된다. 하루가 모여 1달이 되고, 1달이 모여 1년이 된다. 분절적인 시간은 인간들의 약속(과학)에서 시작되었다. 이 약속이 있기 전에는 시간은 연속적이었다. 사실 지금도 시간은 연속적이다. 과학의 발달로 시간을 분절적으로 인식할 뿐이다. 해가 뜨고 지고, 다시 해가 뜨는 순환은 계속된다. 겨울이 가고 봄이 오고, 봄이 가고 여름이 오고, 여름은 가을에 의해 물러나고, 가을은 겨울에 의해 물러난다. 그렇게 몇백 년, 몇천 년, 몇만 년 돌고 도는 순환이 바로 시간이다.

시간은 과거와 현재와 미래의 연속적인 흐름이다. 사전에서도 시간은 '과거, 현재, 미래로 이어져 머무름이 없이 일정한 빠르기로 무한히 연속되는 흐름'이라고 정의한다. 우리는 일반적으로 시간을 과거와 현재와 미래로 인식한다. 과거는 흘러간 시간이고, 미래는 앞으로 올 시간이고, 현재는 지금 이 시간이라고 생각한다.

우리가 인식하는 과거, 현재, 미래라는 시간은 1초(혹은 더 세분화된 시간)라는 물리량의 연속이지만, 시간이 머무는 공간과 그 공간에서의 경험을 포함한다. 우리가 과거를 떠올려 보면 과거의 시간뿐만 아니라 그 시간에 있었던 공간이나 경험을 함께 회상한다. '너의 과거는 어땠어?'라는 질문을 받으면 과거의 시간을 말하지는 않는다. 그저 과거 시간에 있었던 경험을 이야기할 뿐이다.

미래 또한 마찬가지다. 학교에서 과학 시간에 미래를 상상해서 그림을 그리라고 하면 시간만을 그릴 수는 없다. 내가 상상하는 시간의 공간이나 현상을 그리게 된다. '너의 미래는 어떨 것 같아?'라는 질문에 우리는 시간으로 답을 할 수가 없다. 미래 시간에서 일어날 일과 있게 될 공간을 상상할 뿐이다.

시간을 물리량의 연속적인 흐름으로 보면, 과거와 미래는 현재와 일직선상에 있다. 시간을 중심에 두고 과거와 현재와 미래를 그리라고

하면 위의 그림이 일반적이다. 그러나 시간을 한 개인의 역사로 보면, 과거와 미래는 한 평면상이나 일직선상에 존재하지 않는다. 수많은 나의 과거는 나를 중심에 둔 원으로 존재한다. 내가 이 지구상에 태어난 시간은 현재 나와 제일 먼 시간이어서 기억나지는 않지만 금방 생각할 수 있다. 내가 태어난 시간으로 가기 위해서 1분이나 1시간 전의 시간을 거슬러 지나치지 않는다. '기억에 남는 가장 오래된 시간은 언제야?'라는 질문을 받으면 방금 지나간 과거 시간부터 차근차근 거슬러 기억하지 않는다. 기억에 남는 가장 오래된 시간으로 곧장 접근이 가능하다. 먼 과거라고 해서 기억해 내는 데 더 많은 시간이 필요한 것도 아니다. 나의 모든 과거는 현재의 나와 원으로 관계 맺고 있다. 먼저 지나간 과거와 바로 전의 과거는 동일한 거리에 기억되어 있다. 1년 전의 기억과 1시간 전의 기억을 회상하는 데에는 비슷한 시간이 걸린다.

기억이 사라진다는 것은 현재로부터 멀어지는 것이 아니다. 그저 동일 거리에서 희미해지는 것이다. 나에게 의미 있는 과거는 현재에 또렷하게 기억되어 있다. 슬픈 기억이든 기쁜 기억이든 나와의 의미에서 기억의 정도가 다르다. 현재의 시간은 곧바로 과거가 되어 현재와 멀어지다 일정 거리에서 기억에 자리 잡게 된다. 많은 기억들이 쌓이다 보면 묻히기도 하고 겹쳐지기도 한다. 이렇게 쌓인 과거의 기억들이 현재의 나를 존재하게 한다. 그런 의미에서 현재의 나는 원으로 형성된 과거의 축적이다. 지금의 나는 수많은 과거의 경험들이 규정하고 있다. 육체적인 모습뿐만 아니라 머리에 쌓인 지식과 개념들, 나의 마음과 느낌까지 과거의 경험들이 지금의 나를 이루고 있다. 의미 있는 과거가 현재의 나를 풍성하게 한다.

앞의 도표에서 현재와 일직선상에 있는 미래는 물리량으로써는 존재한다. 바로 다가올 1초, 1분은 존재한다. 1초보다 1분이, 1분보다 1시간이 현재에서 더 멀리 있다. 그러나 미래 시간을 물리량에 한정시키지 않고 본다면 미래는 일직선상에 존재하지 않는다. 미래는 상상하는 것이다. 상상은 무한대로 존재한다. 미래라는 시간은 하나로 표현할 수가 없다. 그런 의미에서 일정한 미래 시간은 없다고 볼 수 있다. 상상만 할 뿐이다. 지금도 미래의 시간이 현재의 모습으로 주어지지만 현재 내가 사라지면 미래의 시간도 함께 사라진다.

미래라는 시간은 무한의 가능성을 내포하고 있다. 현재의 나는 미래의 나를 무한대로 상상할 수 있다. 글을 쓰고 있는 지금에서 1분 후에는 마당 산책을 할 수도 있고 냉장고에서 물을 꺼낼 수도 있다. 갑자기 배가 아파 화장실 변기 위에 앉아 있을 수도 있다.

미래라는 시간은 정해져 있지 않다. 내가 상상으로 정한다 하더라도 그것이 실현되는 것은 확률적인 문제이다. 가까운 미래는 예측이 가능하지만 먼 미래는 예측하기 어렵다. 더 자세히 말하면 가까운 미래는 예측한 것이 현재가 될 확률이 높지만 먼 미래로 갈수록 확률이 낮아진다. 사람은 이런 미래의 무한대적 가능성에 희망을 가지기도 하지만 불안함을 느끼기도 한다.

과거 사람들은 무한대로 상상할 수 있는 미래가 있었지만, 상상의 폭이 좁았다. 그리고 먼 미래보다는 가까운 미래를 상상했다. 그러다 사회가 복잡해지면서 변화가 빠르고 불확실함이 증가하자 불안이 커졌다. 어제의 성공이 오늘의 실패가 되는 경우가 많아졌다. 더욱이 지구의 온도는 높아져 임계점을 앞두고 있어, 환경 문제에서 오는 불안도 생겨났다. 이런 요인들에서 오는 불안함을 줄이기 위해 우리는 현재를 열심히 살아간다. 내가 상상한 미래가 현재가 될 확률을 높이기 위해 현재를 열심히 살아가고 있다. 긍정적인 미래의 상상은 현재의 나를 풍성하게 한다.

현재라는 시간은 찰나로 존재한다. 나는 현재라는 시간에 살고 있지만 현재는 곧 과거가 된다. 미래로부터 온 현재는 스치는 시간이다. 현재 내가 글을 쓰고 있는 사실은 과거의 많은 단어들을 연결하고 있는 행위이다. 머릿속에 떠올린 단어들이나 문장들을 적는 순간 그것은 과거가 된다. 그 과거들의 단어와 문장들이 모여 한 편의 글이 되고 글이 모여 책이 된다. 미래에 나올 이 책은 현재의 글을 쓰는 행위를 통해 만들어진 과거 문장들을 엮어서 펴낸 것이다.

인간은 상상할 수 있는 동물이기에 미래를 대비할 수 있는 능력이 있다. 미래는 가능성도 무한대이지만 불안도 무한대이다. 과도한 불안을 막기 위해서는, 혹은 가능성을 현실로 만들 확률을 높이기 위해서는 현재를 충실히 보내야 한다. 충실히 보낸 현재가 과거로 쌓여, 미래가 현재가 되었을 때 현재를 충실히 보낼 수 있다. 현재를 어떻게 살고 있냐는 것은 중요한 일이다. 미래가 현재가 되고, 현재가 과거가 되는 시간 동안 과거가 현재를 있게 하고, 현재가 미래를 상상하는 순환이 일어난다. 과거는 현재로부터 쌓이고 미래는 현재로부터 상상된다. 그렇기에 미래에 대한 과도한 대비로 현재를 낭비해서는 안 된다. 의미 있는 과거와 긍정적인 상상의 미래가 현재를 살아가는 나와 연결이 될 때 비로소 현재에 있는 나는 풍성해진다.

이런 의미에서 교육은 현재의 배움을 통해 과거가 될 기억들을 의미 있게 하는 행위이다. 또한 의미 있는 과거의 축적을 늘리는 행위이다. 앞에서도 말했지만, 교육은 '사회생활에 필요한 지식이나 기술과 바람직한 인성과 체력을 갖도록 가르치는 조직적이고 체계적인 활동'이라고 했다. 현재 나의 생활에 필요한 지식이나 기술을 교육을 통해 배운다. 당장 현재에 필요하지 않더라도 미래에 필요할 것을 배우는 활동이기도 하다. 지식이나 기술뿐 아니라 바람직한 인성과 체력도 갖추는 체계적인 현재의 활동이다. 정리해 보면 미래 교육이란 빠르게 변하는 사회생활을 상상하며 지식이나 기술, 인성과 체력 그리고 태도와 가치 등을 현재에 의미 있게 체계적으로 배우는 활동이다.

학교가 없던 시절에는 개인과 그 개인이 속한 단체에서의 경험으로 과거가 축적되었다. 지금은 학교에서 체계적인 학문과 함께 여러 사람들과의 관계를 통해 과거를 쌓아 간다. 옛날에는 과거의 축적들이 미래를 대비하기 충분했다. 그러나 지금은 그렇지 않다. 지식과 기술이 많지 않던 시대에는 반복해서 학습하고 외우고 익힌 과거들이 상상하던 미래에 시의적절하게 활용되어 현재를 살아갈 수 있었다. 그러나 지금은 지식과 기술의 양이 너무 많고 빨리 변하여 다 외우고 익힐 수도 없거니와, 설사 외우고 익혔다 하더라도 금방 필요 없게 되는 세상이 되었다. 상상하던 미래가 현재를 거쳐 과거가 되는 속도가 빨라진 것이다. 어떤 분야에서는 상상하던 것이 이미 과거를 상상하기도 한다. 그런 의미에서 10년 전에 말하는 미래 교육과 지금 말하고 있는 미래 교육에는 큰 차이가 있다.

이러한 시점에서 현재 우리나라 교육을 살펴볼 필요가 있다. 우리나라는 상급 학교로 진학할수록 입시 경쟁이 치열하다. 교육의 목적이 대학을 가기 위한 수단이 된 지 오래다. 우리가 상상하고 예측해 왔던 미래가 현재가 되었음에도 대학에 가기만 하면 성공과 행복이 보장된다고 믿는다. 하지만 이제 그런 시대는 지났다. 최근에는 성공 확률이 높다고 예상되는 특정 과(의과 계열)에 몰리는 기이한 현상이 벌어지고 있다. 이 사실은 불확실한 미래를 반증하는 좋은 예이다. 성공 확률이 높은 분야가 그만큼 줄어들고 있다는 증거이다. 모두가 성공 확률이 높은 분야를 찾는다. 들어가려는 문은 더 좁아지고 들어가려는 사람은 늘어난다. 과도한 경쟁이 많은 낭비를 낳고 있다.

현재의 교육은 충실한 교육이 쌓여서 과거를 만들고 이렇게 축적한 과거가 불안을 줄이고 가능성 높은 미래를 대비하게 하는, 더 나은 현재의 나를 만드는 교육이 아니다. 지금의 교육은 불확실한 미래에 성공할 확률이 높은 상상을 현실로 만들기 위한 수단일 뿐이다. 미래를 살아갈 나를 둘러싼 탄탄한 과거의 기억이 아닌, 시간이 지나면서 잠깐 사용되고 사라질 물거품이다. 물거품이 사라지면 결국 나라는 존재도 희미해진다.

우리나라는 교육열이 매우 높은 나라이다. 식민지 지배를 벗어나 근대 사회에서 지금까지 교육의 역할이 매우 컸다. 하지만 현재는 불확실한 미래 사회를 당당하게 살아갈 수 있도록 도움을 주는 미래 교육이 필요하다. 미래 교육은 멀리 있지 않다. 미래 교육은 새로운 교육이 아니라 교육의 본질을 찾아가는 것이다. 미래에 필요 없는 헛된 배움이 아닌, 미래를 상상하며 현재를 즐기며 의미 있게 살아가는 충실한 배움이다.

2장

세계의 미래 교육,
OECD 교육 2030 프로젝트

자아란 이미 완성된 것이 아니라 끊임없는 행위의 선택을 통해 지속적으로 만들어지는 것입니다. ― 존 듀이

우리는 디지털 혁명 시대에 살고 있다. 과학 기술의 발달로 세상이 빨리 변하고 있다. 아날로그 시대와는 다르게 하루가 멀다 하고 새로운 기술이 탄생하고 어제의 기술은 사라져 버린다. 나노 기술의 발달로 사람의 감각 기관을 닮은 센서들이 등장하고 사용된다. 급기야 인간의 지능을 넘보고 있는 AI(인공 지능) 기술도 빠르게 발전하고 있다. 이런 기술들의 발달로 사람과 닮은 로봇들이 생산되고 있으며, 이미 산업 현장에는 로봇이 사람을 대체하고 있다. 자본의 습성상 새로운 것을 생산할 수밖에 없지만 그 속도가 매우 빠르다. 특히나 코로나 팬데믹 이후에는 그 가속도가 대단하다. 과거에는 상상하던 것이 몇십 년 후에 이루어졌다면 지금은 몇 년으로 당겨졌다. 이러다가는 상상하기도 전에 새로운 것이 이미 내 앞에 와 있을 것 같은 생각마저도 든다. 이미 대형 물류 회사에서는 빅데이터를 이용해 소비자가 구매할 것으로 예상되는 물건을 미리 근처 물류 창고에 둔다고 한다. 새로운 것이 편리하기도 신기하기도 하지만 그 속도감에 불안감이 느껴진다.

앞으로 어떤 사회가 올지 기대도 되지만 걱정도 되는 게 사실이다.

근대 학교의 시작은 산업혁명의 시작과 연결되어 있다. 공장에 필요한 인력들을 교육시킬 필요가 생겼고 학교가 그 역할을 담당했다. 지금도 사회와 학교는 연결되어 있다. 빠르게 변하는 사회와 미래를 준비하는 입장에서 학교와 교육의 역할이 크다. 미래 사회에 필요한 미래 인재를 양성하는 기관이 미래학교로 연결된다. 이와 관련하여 최근 주목받고 있는 미래 교육이 있다. 'OECD(경제 협력 개발 기구)* 교육 2030 프로젝트'이다.

아직 만들어지지 않은 직업에 대비하고, 아직 상상할 수 없는 사회적 과제를 해결하고, 아직 발명되지 않은 기술을 사용할 수 있도록 학생들을 어떻게 준비시킬 수 있을까요? 다양한 관점과 세계관을 이해하고 인정하며, 다른 사람들과 존중하며 상호 작용하고, 지속 가능성과 집단적 웰빙을 위해 책임감 있는 조치를 취해야 하는 상호 연결된 세상에서 번창할 수 있도록 어떻게 준비시킬 수 있을까요?

교육에 대한 국제적 논의의 시급성을 인식한 OECD는 2015년 '교육과 기술의 미래 2030(Future of Education and Skills 2030)' 프로젝트를 시작했습니다. 이 프로젝트는 목표를 설정하고 교육 및 학습을 위한 공통 언어를 개

---

* 경제 협력 개발 기구는 1961년 9월에 창설된 국제 경제 협력 기구로, 주로 영어 머리글자를 따서 OECD(Organization for Economic Co-operation and Development)라 부른다. OECD는 유럽 경제 협력 기구(OEEC)에서 시작하여 오늘날에는 회원국 간의 정책적 협조나 조정을 통해 경제적 협력을 증진케 하고 세계 경제 질서를 논의하는 기능을 하고 있다.

발하는 것을 목표로 합니다.*

 급변하는 시대에 OECD 프로젝트에서 던진 두 가지 질문은 의미심장하다. 지금 학교에서 교육을 받고 있는 학생들이 살아가게 될 10~15년 후는 아직 만들어지지 않은 직업, 상상할 수 없는 사회적 과제, 발명되지 않은 기술이 존재하는 세상이다. 세계 경제 기구에서는 교육의 미래에 대한 논의가 시급하다고 이야기한다. OECD에서 DeSeCo 프로젝트**를 발표한 지 얼마 되지 않아 이를 수정한 것은 그만큼 사회의 변화가 빠르고 이 변화에 시급하게 대비하기 위함임을 알 수 있다.

 우리나라도 참여하는 'OECD 교육 2030 프로젝트'는 OECD가 2015년부터 학교 교육의 혁신 방향을 염두에 두고 출범시킨 교육 사업이다. 이 프로젝트는 2단계로 나누어 추진하는데, 1단계는 2015년부터 2018년까지 수행되었다. 이어 2019년 전 세계의 전문가들이 모여 2단계 프로젝트를 진행했으며, 미래 교육의 방향으로 'OECD 교육 2030 학습 프레임워크'를 발표했고, 이를 '학습 나침반 2030'으로 이름 붙였다. 학습 나침반은 학습에 대한 일종의 은유로, 교육이 학생들로 하여

---

* "OECD Future of Education and Skills 2030 project", www.oecd.org/education/2030-project/about/

** Definition and Selection of Key Competencies의 약자로, 말 그대로 핵심 역량을 정의하고 선택하는 프로젝트라는 뜻이다. OECD는 '개인과 사회의 성공을 위해서는 어떤 역량이 필요할까?'라는 질문 던진다. 1997년부터 2003년까지 7년간의 연구를 통해 '여러 지식이나 기능을 지속적으로 습득하고 사회 공동체를 위해 활용할 수 있는 핵심 역량들을 발굴하자'는 결론을 낸다. 미래 사회에서 개인이 반드시 갖춰야 하는 3대 핵심 역량 범주로 '도구의 지적 활용(Use tools interactively)', '사회적 상호 작용(Interact in heterogeneous groups)', '자율적 행동(Act autonomously)'이 포함된다. 이를 100년 교육의 방향으로 봤으나, 2018년에 그 후속으로 'OECD 교육 2030 프로젝트'를 발표한다.

금 자신의 비전을 명확하게 설정하게 하고, 그 비전에 비추었을 때 자신들의 현재 위치가 어디인지를 찾을 수 있게 하며, 학생들이 확신을 가지고 미래를 향해 앞으로 나아갈 수 있도록 방향을 제시해야 한다는 의미로 사용되었다. OECD 교육 2030 학습 프레임워크에서는 미래 교육의 지향점을 웰빙으로 삼고 있으며, 여기에 도달하는 데 필요한 학생들의 역량과 지식, 기능, 태도 및 가치를 제시했다. 이 학습 프레임워크에서는 학생들이 문식성, 수리력, 데이터 리터러시 등의 '핵심 기초 역량'과 함께 '새로운 가치 창조하기', '긴장과 딜레마 해소하기', '책임감 가지기' 등과 같은 '변혁적 역량'도 갖춰야 함을 강조하고 있다. 이러한 역량들은 '예측'하고, '실행'하고, '반성'하는 사이클을 통해 길러질 수 있으므로 학생들에게는 예측 – 실행 – 반성하는 능력도 필요하다. 또한 학생 주도성student agency과 협력적 주도성co-agency은 웰빙을 향해 나아가기 위해 반드시 필요한 역량이며, 학생 주도성 및 협력적 주도성을 견인하기 위해서는 교사 주도성이 필수적이다.*

미래 교육의 목표, 성공이 아니라 웰빙

OECD 교육 2030 프로젝트에서 교육의 방향은 OECD 학습 나침반 2030(이하 학습 나침반)이 잘 설명하고 있다. 그림에서 보듯이 학습 나

* 김종윤, 이미경, 최인선, 배화순, 유금복, 박일수, 「OECD Education 2030 프레임워크에 기반한 우리나라 교사의 역량 개발 방향 탐색」, 한국교육과정평가원 연구 보고 CRC 2021-5 참조.

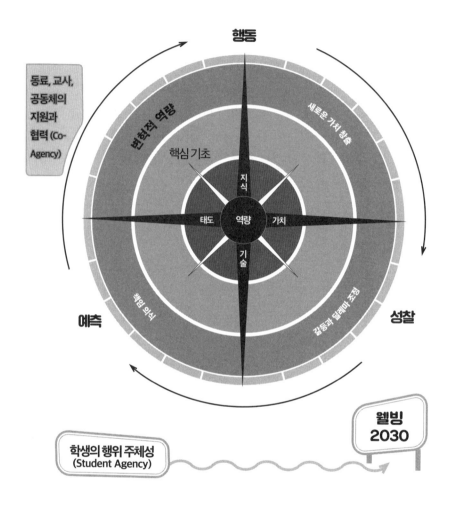

OECD 학습 나침반 2030
(*The Future of Education and Skills*, OECD, 8p, 2023 참조)

침반의 목표 지점은 웰빙Well-being*이다. OECD의 이전 프로젝트인 DeSeCo 프로젝트는 개인과 사회의 성공Success을 목표로 하지만 새로 제시한 미래 교육에서는 개인과 사회의 웰빙을 교육의 목표로 삼고 있다. 웰빙은 '잘 사는 것'이며 성공과는 다른 개념이다. 성공은 부의 축적이나 사회적 지위 등을 획득했을 때 쓰인다. 그러나 웰빙은 외부적인 성공 지표를 넘어 개인의 행복도나 삶의 만족도를 포함한다. 우리는 학교 교육의 목적을 부의 축적이나 사회적 지위의 상승도 있지만 개인과 사회의 행복도를 올리기 위함이라고 말한다. 학교 교육으로 인해 모두의 삶의 질이 높아지는 것이다. 학교 교육이 입시를위한 교육으로 진행되고 있는 우리나라 교육 현실을 꼬집어 말하는 듯하다.

성공으로 가는 길은 정해져 있다. 정해진 길은 모두가 가는 길이기에 안전한 길인 것 같지만 치열한 경쟁을 해야 한다. 그 경쟁 속에는 불안함이 존재한다. 경쟁에서 낙오된 친구들은 갈 곳을 잃을 수도 있다. 물론 최소한의 경쟁은 필요하다. 그러나 그 경쟁이 나와의 경쟁일 때 의미가 있다. 미래를 상상하며 현재를 충실히 살기 위해서는 나 자신과의 갈등이 생기게 마련이다. 가기 싫은 학교에 가야 하고 하기 싫은 공부를 해야 한다. 갈등은 나 자신뿐만 아니라 친구들 사이에서도 생기고 또 그 갈등을 슬기롭게 해결해야 한다. 의미 있는 과거로 기억될 배움을 위해 갈등을 해결하면서 스스로 공부해야 한다. 하지만 성공의 목표는 유행처럼 매번 바뀐다. 얼마 전까지만 해도 교육대학과

* 몸과 마음의 편안함과 행복을 추구하는 태도나 행동.

사범대학의 인기가 높았다. 그러나 지금은 예전 같지 않고 시들해지고 있다. 이처럼 인기 학과들이 계속해서 변한다. 과거에도 이런 사례가 없었던 것은 아니지만 여기에도 변화의 속도가 빨라지고 있다. 성공할 것이라 예상하고 경쟁을 견디고 힘들게 나아갔는데 결과가 사회의 변화에 의해 성공적이지 못할 때의 실망감이란 얼마나 클까? 농담처럼 하는 이야기가 생각난다. 나폴레옹이 군사를 이끌고 고지를 점령하기 위해 힘들게 산을 올랐는데 '이 산이 아니다.'라고 할 때의 나폴레옹과 병사들의 심정은 어땠을까? 과도한 경쟁은 교육의 본질인 평등성을 벗어나 있다. 경쟁에서 성공한 결과는 일부에게만 주어진다. 나머지는 루저(실패자)이다. 2등과 3등의 인생으로 살아갈 수는 있지만 그들은 늘 1등을 동경한다. 그래서 경쟁에서 이기기 위해 모든 수단을 동원한다. 학생들 스스로 공부하고 노력하는 것만으로는 결과를 뒤집을 수 없다. 이기기 위해서는 부유한 가정의 뒷받침과 고급 정보가 필요하다. 공교육의 힘으로만도 안 된다. 이미 사교육에 점령을 당한 지 오래이다. 공교육도 사회의 변화에 따라 새로운 시도로 노력하지만 시간이 지날수록 사교육의 벽을 실감하고 더 무기력해진다.

안전하리라 선택한 길도 힘들긴 마찬가지다. 단지 그 길의 끝에 성공이 보인다는, 그리고 소수만 그 결과를 얻는다는 사실뿐이다. 보인다는 그리고 많은 이가 간다는 이유만으로 자기에게 맞지 않는 길을 열심히 걸어가고 있는 학생들이 많은 현실이 안타깝다. 장밋빛 미래의 성공을 위해 현재의 고통을 참아 내고 소모하는 시간과 재원과 노력들이 아깝기만 하다.

중학교 1학년 과학 교과서에 '운동'이 나온다. 운동은 속력과 방향으로 표시된다. 운동을 인생(공부)으로 보자면, 지금껏 우리는 경쟁에 이길 수 있는 속력에 관심을 보였다. 하지만 운동하는 물체가 어느 방향으로 가는지가 중요하듯 마찬가지로 우리의 인생(공부)의 목표가 무엇인지 어디인지 계속해서 확인하는 것이 중요하다. 복잡하고 불확실성하고 모호하고 변화가 심한 미래 사회에서는 내가 가고 있는 길이 어디인지, 어디로 가야 할지를 알려 주는 나침반이 필요하다. 그 나침반을 OECD 프로젝트에서 제시했다.

웰빙으로 가는 길은 다양하다. 지름길로 가는 길도 있고 멀리 돌아가는 길도 있다. 나침반을 들고 웰빙으로 가는 길은 과정이 중요하다. 미래를 위해 현재를 소모하는 길이 아니다. 미래의 웰빙을 위해 지금 웰빙하는 것이다. 자신에게 맞지 않는 길은 소모적일 수 있지만 자신에게 맞는 길을 찾는 것은 그렇지 않다. 지금 해 봤을 때 즐겁고 행복한 것이 미래에도 그럴 확률이 높다. 남이 인정하는 성공이 아니라 자신의 웰빙을 찾는 것이 중요하다. 맛있는 음식도 먹어 본 사람이 그 맛을 알고 자주 먹는다. 많이 해 보고 자신에게 맞는 것을 찾아야 한다. 웰빙으로 가는 길은 쓸데없이 소비되는 과열된 경쟁을 피한다. 각자의 길을 가다가 힘들면 그 마음을 알기에 서로를 응원하게 된다. 친구가 경쟁자가 아니라 협력자가 된다. 협력을 경험하면 삶의 질이 높아진다. 나 혼자 못하는 것은 친구와 협력하면 이룰 수 있다. 성공의 경험도 늘릴 수 있다. 학교는 그 길을 갈 힘을 키우는 곳이어야 한다. 그 힘은 속력을 높이는 것에도 쓰이지만 내가 가는 길이 옳은지, 나에게 맞는지 방향을 찾아 주는 역할도 한다. 학교는 학생들이 자신의 나침반을 들고 자신의 방향으로 힘 있게 걸어가는 곳이다. 걷는 동안 삶에 필요한 배움으로 미래 사회를 자신 있게 살아가는 미래 역량이 커지게 된다.

학생의 행위 주체성, 패키지여행과 배낭여행

'OECD 학습 나침반 2030'에서는 학생의 행위 주체성을 강조한다. 우리나라에서는 행위 주체성이라는 단어를 잘 사용하지 않는다. 대체해서 사용하는 단어가 주도성이다. 행위 주체성의 영어인 Agency의 사전적 의미는 '어떤 전문적인 영역의 일을 대행해 주는 업체', 즉 대행사로 해석된다. 여행사는 Travel Agency이며, 광고 대행사는 Advertising Agency이고, 수입 대행사는 Import Agency이다. 자주 쓰지 않는 말이라 이해하기가 쉽지는 않다. 건신대학원대학교 대안교육학과 이병곤 교수는 영화 '공작'의 공작원Secret Agent으로 학생의 행위 주체성을 설명한다. 공작원이 북한에 갔을 때 한국과 모든 연락이 두절되어 상부의 명령 없이 스스로의 역량으로 모든 것을 판단하고 어려움을 해결해 나가는 행위가 공작원의 행위 주체성이라고 이야기한다.

여행으로 행위 주체성을 설명할 수도 있다. 여행의 형태 중에는 패키지여행과 배낭여행이 있다. 패키지여행은 일반적으로 여행사가 여행의 주제와 일정 등의 계획을 짜고 적당한 가격으로 광고를 한다. 여행객은 자신에게 맞는 상품을 선택하고 주어진 일정으로 가이드의 안내에 따라 여행을 한다. 여행 일정은 전문적인 여행사의 준비에 의해 별다른 문제 없이 계획대로 진행이 된다. 간혹 일정에 차질이 생기면 책임은 여행 상품 약관에 따라 여행사가 진다. 하지만 배낭여행은 다르다. 여행의 목적과 목표를 여행자 스스로 정한다. 여행지도 스스로 선택한다. 그곳으로 가기 위한 방법도 경제적인 요인과 편안한 방법 등을 고려하여 스스로 결정한다. 잠자리나 먹거리도, 하고 싶은 것도, 볼 것도 모두 스스로 결정하고 책임진다. 그러나 아무리 계획을 철저히 짰다고 해도 여행지에 가면 늘 문제가 생긴다. 그래도 문제는 스스로 해결해야 한다. 기차를 놓치면 다음 기차를 타든지, 다른 교통수단으로 변경해야 한다. 미리 찾은 정보가 맞지 않은 경우도 많다. 문제가 생기면 모든 과정을 스스로 결정하고 책임진다. 그러면서 여행의 기억은 오래 남고 만족도는 높아진다. 배낭여행하기 위해서는 행위 주체성이 있어야 하며 배낭여행을 통해 여행자의 행위 주체성이 자라난다.

삶은 여행에 비유된다. 패키지여행처럼 남이 짜 준 대로 살면 무슨 재미가 있을까? 설사 재미있더라도 과연 그렇게 살아갈 수 있을까? 교육이 배움을 통해 학생들의 자립 역량을 키워야 한다면 학생들의 삶은 배낭여행이어야 한다. 인생은 누가 대신 살아 줄 수 없다. 여행을 스스로 느낄 수 있어야 한다. 자신의 길은 자신이 걸어야 한다. 이렇듯 자신의 삶을 온전히 살려면 행위 주체성이 필요하다. 행위 주체성을 발휘해서 살다 보면 자연스럽게 행위 주체성이 커지는 선순환이 생긴다.

아래는 'OECD 학습 나침반 2030'에 있는 학생의 행위 주체성을 요약한 글을 우리말로 옮겨 적은 내용이다.

학생 행위 주체성(Student Agency)의 개념은 'OECD 학습 나침반 2030'의 맥락에서 알 수 있듯이, 학생 스스로 자신과 주변에 대해 긍정적인 영향을 미칠 수 있는 능력과 의지를 갖고 있다는 이론에 기초한다. 그러므로 학생의 행위 주체성은 목표를 세우고, 생각하고, 결과에 대해 책임감 있게 행동하는 능력으로 정의된다. 그것은 실행되는 것이 아닌 실행하는 것이고, 형성되는 것이라기보다 스스로 만드는 것이고, 타인이 내린 결정을 받아들이는 것이 아닌 스스로 책임 있는 결정과 선택을 내리는 것에 관한 것이다.

학생이 자기 학습의 당사자가 될 때, 즉 자신이 무엇을 어떻게 배울지에 대해 적극적으로 참여할 때, 배움에 대해 더 큰 동기를 보이고 스스로 학습 목표를 정하는 경향이 있다. 이들은 또한 배우는 방법, 즉 그들이 삶에 사용할 귀중한 기술을 배우게 된다.

역량은 다양한 상황에서 훈련될 수 있다. 도덕, 사회, 경제, 창의성. 예를 들어 학생들은 타인의 권리 및 요구와 관련한 결정을 내릴 때 도덕적 역량의 도움을 필요로 한다. 잘 개발된 행위 주체성이 개인의 장기 목적을 달성하게 하고 역경을 극복하게 돕는 동안 학생들은 자신의, 그리고 사회의 이익에 행위 주체성을 적용하기 위해 기초적인 인지, 사회 그리고 정서적 역량을 필요로 한다.

행위 주체성은 나라마다 다르게 인지되고 해석된다. 어떤 언어에는 OECD 학습 나침반에서 사용된 '학생의 행위 주체성'이라는 용어에 해당하는 어휘가 없다. 해석은 사회와 맥락에 따라 광범위하고 다양할 것이다.

그럼에도 교육에 학생들이 적극적으로 참여한다는 개념은 학습 나침반의 중심 개념이고, 점점 더 많은 나라가 그 개념을 강조하고 있다.

학생의 행위 주체성을 장려하는 교육 체제 안에서, 배움은 교수와 평가뿐만 아니라 함께 교육 과정을 구성하는 일에도 참여한다. 협력적 행위 주체성은 교사와 학생이 교수 학습 과정에서 협력적 창조자가 될 때 일어난다. 협력적 행위 주체성의 개념은 학생, 교사, 부모와 지역이 학생들이 그들의 목표를 향해 나아가는 것을 돕기 위해 함께 하는 것을 뜻한다.*

행위 주체성, 건강한 어른으로 성장하는 길

가수 몽니의 2012년 발매한 앨범에 〈소년이 어른이 되어〉라는 곡이 있다. 가사를 따라 이 노래를 들으면 자연의 이치를 깨닫게 된다. 청소년이 자라면 어른이 된다. 그렇다면 어른이 자라면? 죽는다. 어른은 더이상 자랄 수 없는 단계이다. 어른의 사전적 의미는 '다 자라서 자기 일에 책임을 질 수 있는 사람'이다. 어른에게는 책임이 따른다. 사회적으로도 어른은 경제 행위를 해서 세금을 내는 책임이 있는 사람이다. 그래서 어렵고 힘들다. 새 생명이 탄생해서 건강한 어른으로 성장하는

* "Student Agency For 2030"(In Brief), https://www.oecd.org/education/2030-project/teaching-and-learning/learning/student-agency/in_brief_Student_Agency.pdf

것은 매우 중요하다. 그렇기에 사회에서는 다양한 제도를 마련해 지원하고 있다. 그 제도 중에서 교육이 가장 중요하며, 교육을 담당하는 곳이 학교다. 모든 사람은 교육받을 권리와 의무가 있다. 이는 법에서 보장한다. 모든 청소년은 교육을 받는다. 그러기에 청소년은 대부분 학교에서 시간을 보낸다. 어른이 되기 바로 전 단계가 청소년이다. 그렇다면 학교는 청소년을 건강한 어른으로 성장시키고 있는가? 몽니 노래 가사에도 나오듯이 어른이 되면 사람을 알아 가고 세상을 알아 간다. 그 과정은 힘이 든다. 뜻하지 않던 많은 요구와 거친 입술들을 만나기도 한다. 건강한 어른으로 성장하지 못하면 하얀 마음은 점점 어두워지고 잠 못 이루는 날이 많아진다. 학교는 청소년이 건강한 어른이 되도록 도와줘야 한다. 미성숙한 존재로 어른들이 시키는 일만 아무 생각 없이 따라 하는 것이 아닌, 자신의 존재를 인식하고 스스로 계획하고 실천하고 책임지는 연습을 학교에서 해야 한다. 이 과정을 거쳐야 건강한 어른이 된다. 어른이 되어 '미련한 나의 모습'이 아닌 건강하고 희망찬 모습을 회상할 수 있어야 한다. 이는 기회를 주면 가능하다. 기회를 주면 처음에는 서툴러도 나중에는 능숙해진다. 기회를 얻어 학생들 스스로 무엇인가를 할 때 학생의 행위 주체성이 생긴다. 학생의 행위 주체성이 바로 '소년의 꿈을 이뤄 줄 작은 노래'이다.

노래 한 곡을 더 살펴보자. 옥상달빛의 2017년에 발표한 〈어른이 될 시간〉이란 곡이다. 이 노래는 학교나 어른(교사)의 역할을 다시 생각하게 한다. 누구나 어른이 될 시간이 필요하다. 시간은 모두에게 공평하게 주어진다. 공평하게 주어진 1초, 1분, 1시간이라는 물리량에 각자가 의미를 부여한다. 모두에게 똑같은 양이 주어지는 시간은 저절로 흘러간다. 붙잡을 수 없다. 그래서 어떻게 보내느냐가 중요하다. 건강한 어른이 되려면 건강한 청소년의 시간이 필요하다. '작은 바람에도 넘어지고 완벽하지 않은 날들'이 필요하다. '아주 오랫동안 걸어야 할 가끔은 외로운 그 길'을 걷는 시간도 필요하다. 추운 시간도 필요하다. 겨울이라는 시간이 겹겹이 쌓여 봄이 오듯이, 청소년기의 힘겨운 시간들이 쌓여 어른이 된다. 그 결과는 꽃이다. 건강한 어른이라는 선물을 받게 된다. 우리는 청소년들에게 너무 단순한 시간들을 강요한다. 학교와 교사의 역할은 학생에게 다양한 시간들을 제안하고, 힘들고 외로운 시간들을 응원하는 것이다. 하지만 정작 교사도 이런 시간을 보내지 못했다. 그러나 교사에게는 학생들에게 주는 이런 기회가 과거에 자신이 보내지 못한 다양한 시간을 만회할 또 다른 시간이기도 한다. 이 시간들로 학생의 행위 주체성을 지원할 협력적 행위 주체성(Co-Agency) 또는 교사의 행위 주체성이 생긴다.

뷰카 시대에 필요한 역량

뷰카VUCA*는 변동성Volatile과 불확실성Uncertainty, 복잡성Complexity, 모호성

* 1990년대 미국에서 처음 사용되었는데, 상황이 제대로 파악되지 않아 즉각적이고 유동적인 대응 태세와 경각심이 요구되는 상황을 나타내는 군사 용어였다. 그러다 그 의미가 확장돼 상황이 급변하고 변동성이 커, 당장 내일도 예측하기 힘들어진 금융 위기 이후 경제·사회적 상황을 일컫는 데 사용되기 시작했다.(출처, 다음 사전)

Ambiguity의 머리글자를 딴 신조어이다. 뷰카란 예측 불가능하고 불확실하고 복잡하고 모호한 미래를 뜻한다. 1990년대에 나온 말임에도 4차 산업혁명 시대, 포스트 코로나 시대인 요즘에 많이 사용되고 있다. 이러한 뷰카는 미래 사회의 특징을 아주 잘 설명하고 있다. 미래 사회는 어떻게 변할지 모른다. 오늘 배운 것이 내일 필요 없게 되는 사회가 될지도 모른다. 이런 미래 사회를 살아갈 우리에게는 어떤 역량이 필요할까? 성공을 염두에 둔 역량은 수동적인 역량이다. 목표 지점에 맞게 역량을 키워 달성하면 된다. 그런데 미래 사회는 목표 지점이 계속 바뀐다. 그럴 때마다 거기에 맞는 역량을 다시 키워야 한다. 변하는 사회에 맞게 능동적인 역량을 키워야 한다. 'OECD 학습 나침반 2030'에서는 변혁적 역량을 이야기한다. 나와 사회를 변화시키는 역량이다. 빠르게 변하는 사회를 따라가는 역량이 아니라 그 변화를 생각해 보고 '전 지구적으로 행복(웰빙)하고 지속 가능한 세계를 만드는 것에 도움'이 되는지를 판단하여 그 방향으로 나와 사회를 이끄는 역량이다. 변혁적 역량은 수동적이 아니라 능동적이다. 그렇기 때문에 학교에서는 따르라고만 가르쳐서는 안 된다. 스스로 생각하고 판단하고 행동하라고 가르쳐야 한다. 그리고 그렇게 할 수 있는 기회를 줘야 한다. 모든 학생이 변혁적 역량이 성장하도록 관찰하고 지원해야 한다. 아래는 'OECD 학습 나침반 2030'의 변혁적 역량을 요약한 글을 해석했다.

〈변혁적 역량〉

세 가지 변혁적 역량은 학생들이 우리 세상에서 성공적으로 자라고 더 나은 미래를 만들게 할 것이다.

21세기 난제를 해결하기 위해, 학생들은 자율권이 있어야 하고 자신과 타인 그리고 전 지구적으로 행복(웰빙)하고 지속 가능한 세계를 만드는 것에 도움이 되는 것에 뜻을 두어야 한다. 학생들이 세상에 기여하고 번영하며 더 나은 미래를 만들기 위해 'OECD 학습 나침반 2030'은 학생들이 필요로 하는 세 가지 "변혁적 역량"을 명시했다.

새로운 가치 창조는 더 나은 삶을 개혁하는 것을 의미한다. 예를 들어, 새로운 직업과 사업체와 서비스를 창출하고, 새로운 지식과 통찰력과 아이디어와 기술과 전략과 해결책을 발전시키고, 이를 오래되거나 새 문제에 적용하는 것을 말한다. 학습자가 새로운 가치를 창조할 때, 현 상태에 의문을 가지고 다른 사람과 협력하며 "틀에 벗어난" 사고를 하려고 노력한다.

긴장과 딜레마 해소하기는 겉으로 보기에 모순되거나 양립할 수 없는 아이디어, 사고, 입장들 사이에 상호 연관성과 상호 관련성을 고려하여 단기적 관점과 장기적 관점에서 행동의 결과에 대해 감안하는 것이다. 이러한 과정을 통해, 학생들은 다른 입장에 대해 심층적으로 이해할 수 있고, 자신의 입장을 지지하기 위해 논쟁을 전개할 수 있으며, 딜레마와 갈등을 해소하기 위해 실질적인 해결책을 찾을 수 있다.

책임감 가지기는 개인의 경험과 교육에 비춰 보고 개인적, 윤리적, 사회적 목표를 감안해 자신의 행동을 되돌아보고 평가하는 능력과 관련이 있다.

〈키 포인트〉

학생들은 우리가 원하는 미래를 만들기 위해 다음 세 가지 변혁적 역량을 습득해야 한다.

1) 새로운 가치 창조하기: 학생들이 새로운 가치를 창조할 때, 혁신적인 해결책을 찾기 위해 질문하고, 타인과 협력하고, 틀에 벗어나 생각하려고 노력한다. 이는 비판적 사고와 창조성의 목표 의식과 어우러질 수 있다.

2) 긴장과 딜레마 해소하기: 상호 의존적인 세상에서 학생들은 모순적이거나 겉보기에 상호 양립할 수 없는 논리와 요구 사이에서 균형을 맞출 수 있어야 하고, 복잡성과 모호함을 용인할 수 있어야 한다. 이를 위해 공감과 존중이 필요하다.

3) 책임감 가지기: 자신의 행동에 책임을 질 수 있는 학생은 도덕적 기준이 높다. 이러한 학생은 사려 깊은 반성을 할 수 있고, 다른 사람과 협업할 수 있고, 지구를 존중할 수 있다.*

---

* "Transformative Competencies for 2030"(in Brief), https://www.oecd.org/education/2030-project/teaching-and-learning/learning/transformative-competencies/in_brief_Transformative_Competencies.pdf

3장

우리나라의 미래 교육,
2022 개정 교육 과정

어제 가르친 것처럼 오늘의 학생들을 가르친다면 그것은 그들의 내일을

빼앗는 일입니다. — 존 듀이

우리나라는 1954년 1차 교육 과정을 시작으로 2~7차 교육 과정과 2007, 2009 개정 교육 과정을 거쳐 2024년 현재 2015 개정 교육 과정을 시행하고 있다. 또한 2024년부터 초등학교에, 2025년부터 중고등학교에서 2022 개정 교육 과정이 시행된다. 시대의 변화에 따라 교육 과정도 변한다. 그러나 학교 현장에서는 교육 과정의 변화에도 불구하고 교육의 방향이나 수업의 모습이 좀처럼 변하지 않는다. 이유는 여러 가지가 있겠으나 대학 입시가 가장 큰 원인으로 보인다. 대학 입시는 사회 전반의 문제와 복합적으로 연결되어 있다. 쉽게 풀리는 문제도 아니다. 이를 위해 학교에서는 교육의 본질을 고민하며 실행에 옮기고, 사회와 정치에서 해법을 찾아 풀어야 한다.

'구슬이 서 말이어도 꿰어야 보배'이듯이 아무리 좋은 교육 과정이 만들어진다고 해도 학교에서 실행되지 않으면 헛일이다. 국가 수준 교육 과정은 교육부를 통해 각 시도교육청에 전달된다. 시도교육청은 시군교육지원청을 통해 담당 교사 1~2명을 대상으로 연수를 실시한다.

그 연수 인원들은 다시 각 학교 교육 과정 담당 교사들에게 전달 연수를 진행한다. 최근에 2022 개정 교육 과정 전달 연수를 들은 담당 교사와 대화를 한 적이 있다. 교육 과정의 의미와 방향 등의 핵심은 빠지고, 교과 시수 조정 등 새로 시도되는 교육 과정을 현재의 학교에 시행하기 위한 편법을 이야기했다고 한다. 물론 모든 곳에서 이런 파행적인 전달 연수가 일어나지는 않지만 차이는 크지 않다고 본다. 학교에는 교육 과정 전문가가 부재하다. 교육 과정이 변한다고 하더라도 교과 내용이 크게 변하지 않기에 교육 과정에 의해 만들어진 새로운 교과서로 기존의 내용과 방법을 입시에 맞춰 가르치는 풍토가 만연하다. 이런 상황에서는 현장에서의 교육 과정 전문가가 만들어질 수 없다.

시대 변화에 맞는 의미 있는 교육 과정을 학교에 안착시키기 위해서는 정성이 필요하다. 현장 교사들에게 교육 과정 변화의 의미와 중요성과 필요성을 상세히 설명하고 이해시켜야 한다. 그리고 학교의 교사들도 새로운 교육 과정에 대한 소통과 협의를 통해 시수 조정만이 아닌 의미와 필요성이 공감되는 교육 과정을 재구성 혹은 디자인해야 한다. 최근 새 학기 준비 연수 등을 통해 학기 시작 전 교육 과정 협의회를 하는 학교가 늘고 있다. 교육청과 교육지원청은 이 시기에 교사들이 교육 과정을 충실히 협의할 수 있도록 다방면으로 지원해야 한다. 또한 교사들은 방학 기간 동안 새로운 교육 과정과 관련한 자료를 모아 연구해야 한다. 각자의 연구를 기본으로 새 학기 준비 연수가 진행된다면 교육 과정은 서류에서 실행으로 옮겨질 것이다. 그 실행들은 교사의 전문성을 높여 어떠한 새로운 교육 과정이 시행되더라도 당황하지 않고 실천할 수 있는 힘이 되어 줄 것이다.

이미 우리 사회는 미래 사회로 변하고 있고, 그에 따른 교육의 변화를 요구한다. 그 변화의 요구에 응하지 않고, 미래 사회의 학교로서 역할하지 않는다면 학교는 사라질 위기가 올 수 있다. 코로나19 팬데믹을 겪으며 이 사실은 조금씩 드러났다. 이 시기에 고등학교, 특히 특목고나 일반계 고등학교에서 등교를 원치 않는 학생들이 많았다. 가정 체험 학습 기간을 늘려 달라는 요구도 많았다. 그 이유가 전염병 감염 확산을 막기 위함이 아님을 우리는 안다. 오로지 입시에 도움이 되는 공부만을 하겠다는 욕심에서 나온 요구이다. 학교에서 아무리 노력해도 이런 학부모의 요구가 많아지면 학교는 점차 사라질 것이다. 거기에 최첨단 기계와 AI의 등장은 그 속도를 더 높일 것으로 보인다.

이제 학교는 교육의 본질을 찾아야 한다. 사회의 변화에 따라 교육의 본질을 체계화시킨 게 교육 과정이다. 2022 개정 교육 과정은 앞 장에서 말한 OECD 교육 2030 프로젝트의 미래 교육을 담고 있으며, 학생의 행위 주체성을 학생의 주도성으로 설명하고 있다. 한국 사회도 2022 개정 교육 과정의 교육을 통해 성공에서 웰빙의 사회로 변해야 한다.

역량 중심 교육 과정

학력學力은 배우는 힘이다. 교육에서 학력은 매우 중요하다. 그러나 우리는 학력이란 단어를 잘못 사용하고 있다. 학력을 지식이나 개념을 외우거나 이해하는 정도로 사용한다. 학력을 키우는 것을 지식을 외우고 이해해서 시험을 잘 치르는 것이라고 생각한다. 또한 학력學力을 학력學歷으로 사용하기도 한다. 잘못 사용하고 인식되는 학력이라는 단어 대신에 역량이라는 단어를 사용할 필요가 있다.

개념이나 지식을 외우거나 이해하는 것은 매우 중요하다. 어떻게 보면 공부의 시작일 수 있다. 과거에는 지식을 잘 외워서 적절한 곳에 사용하거나 활용하면 되는 세상이었다. 그러나 지금은 단순히 외운다고 되는 세상이 아니다. 이미 외우는 능력은 기계가 사람을 초월하고 있다. 그래서 학교에서 배우는 행위, 즉 교육이 단순히 지식이나 개념을 외우고 익혀서 시험을 치르는 것에 국한되면 미래 사회를 살아갈 수 없다. 그럼에도 우리나라는 아직도 지식에 국한된 공부를 하고 있다. 지식이나 기술을 외우고 이해하는 단계를 넘어 그것을 삶에 적용시킬 수 있어야 한다. 그래야 문제 해결력이 생긴다. 학교에서 생활하다 보면 많은 문제들이 생기게 마련이다. 그 문제들을 스스로 해결해 보면 역량은 자연스럽게 길러진다. 수업에서도 융합 수업이나 프로젝트 수업을 통해 지식을 외우고 기술의 습득을 넘어, 문제를 해결하는 경험을 해야 한다.

우리나라 2015 개정 교육 과정에 역량이 등장한다. 2015 개정 교육 과정의 핵심 역량은 자기 관리 역량, 지식 정보 처리 역량, 창의적 사고 역량, 심미적 감성 역량, 의사소통 역량, 공동체 역량 등의 여섯 가지로 구성되어 있다. 이미 우리나라 국가 교육 과정에서도 지식 위주에서 역량 중심으로 변해야 한다고 이야기하고 있다. 세계적으로도 역량 강조는 OECD DeSeCo 프로젝트에서 이미 언급이 되었다. 이 프로젝트에서 말하는 핵심 역량으로는 도구를 상호 작용적으로 사용하기(Using tools interactively), 이질적 집단에서 상호 작용하기(Interacting in heterogeneous groups), 자율적으로 행동하기(Acting autonomously)이며, 이 역량에 따른 하위 핵심 역량 세 가지씩을 자세히 이야기했다. 사회의 변화에 따라 지식 위주에서 역량 중심으로의 교육 변화는 매우 필요했으며 또한 적중했다. 그러나 급변하는 사회 변화에 따라 DeSeCo 프로젝트는 교육과 기술의 미래 2030 프로젝트로 수정하게 된다. 앞에서 이야기했듯이 교육의 목표가 개인과 사회의 성공으로 잘못 설정되었기 때문이었다.

그렇다면, 무엇을 위해 역량을 쌓을 것인가? 성공을 목표로 둔다면 경쟁을 전제로 할 수밖에 없다. 아무리 의미가 좋은 역량이라도 목표를 향한 과정이 문제가 된다면 이제는 쓸모없는 역량이 될 것이다. 다음 표에서처럼 우리나라의 2022 개정 교육 과정에서는 '자기 주도적인 사람, 창의적인 사람, 교양 있는 사람, 더불어 사는 사람'의 네 가지 인간상과, '자기 관리 역량, 지식 정보 처리 역량, 창의적 사고 역량, 심미적 감성 역량, 협력적 소통 역량, 공동체 역량'의 여섯 가지 핵심 역량과, '언어 소양, 수리 소양, 디지털 소양'의 세 가지 기초 소양을 제시했다.

인간상 (2022 개정 교육 과정)	
자기 주도적인 사람	전인적 성장을 바탕으로 자아 정체성을 확립하고 자신의 진로와 삶을 개척하는 자기 주도적인 사람
창의적인 사람	폭넓은 기초 능력을 바탕으로 진취적 발상과 도전을 통해 새로운 가치를 창출하는 창의적인 사람
교양 있는 사람	문화적 소양과 다원적 가치에 대한 이해를 바탕으로 인류 문화를 향유하고 발전시키는 교양 있는 사람
더불어 사는 사람	공동체 의식을 가지고 다양성을 이해하고 서로 존중하며 세계와 소통하는 민주시민으로서 배려와 나눔, 협력을 실천하는 더불어 사는 사람

핵심 역량 (2022 개정 교육 과정)	
자기 관리 역량	자아 정체성과 자신감을 가지고 자신의 삶과 진로를 스스로 설계하며 이에 필요한 기초 능력과 자질을 갖추어 자기 주도적으로 살아갈 수 있는 자기 관리 역량
지식 정보 처리 역량	문제를 합리적으로 해결하기 위해 다양한 영역의 지식과 정보를 깊이 있게 이해하고 비판적으로 탐구하며 활용할 수 있는 지식 정보 처리 역량
창의적 사고 역량	폭넓은 기초 지식을 바탕으로 다양한 전문 분야의 지식, 기술, 경험을 융합적으로 활용하여 새로운 것을 창출하는 창의적 사고 역량
심미적 감성 역량	인간에 대한 공감적 이해와 문화적 감수성을 바탕으로 삶의 의미와 가치를 성찰하고 향유하는 심미적인 감성 역량
협력적 소통 역량	다른 사람의 관점을 존중하고 경청하는 가운데 자신의 생각과 감정을 효과적으로 표현하며 상호 협력적인 관계에서 공동의 목적을 구현하는 협력적 소통 역량
공동체 역량	지역·국가·세계 공동체의 구성원에게 요구되는 개방적·포용적 가치와 태도로 지속 가능한 인류 공동체 발전에 적극적이고 책임감 있게 참여하는 공동체 역량

기초 소양 (2022 개정 교육 과정)	
언어 소양	언어를 중심으로 다양한 기호, 양식, 매체 등을 활용한 텍스트를 대상과 목적, 맥락에 맞게 이해하고 생산·공유·사용하여 문제를 해결하고 공동체 구성원과 소통하고 참여하는 능력
수리 소양	다양한 상황에서 수리적 정보와 표현 및 사고 방법을 이해·해석·사용해 문제 해결·추론·의사소통하는 능력
디지털 소양	디지털 지식과 기술에 대한 이해와 윤리의식을 바탕으로, 정보를 수집·분석하고 비판적으로 이해·평가하여 새로운 정보와 지식을 생산·활용하는 능력

　　2022 개정 교육 과정은 학생들이 언어, 수리, 디지털 기초 소양을 기본으로 미래 사회에 필요한 자기 관리, 지식 정보 처리, 창의적 사고, 심미적 감성, 협력적 소통, 공동체 역량을 키워 자기 주도적이고 창의적이며 교양이 있고 더불어 사는 사람으로의 성장을 목표로 한다.

　　디지털 혁명, 코로나와 같은 전염병 확산, 인공 지능 탄생, 기후 위기 등으로 인해 사회는 빨리 변하고, 더 빠른 변화를 예고한다. 이러한 사회의 변화에 맞춰 교육도 변화해야 한다. 이 변화를 잘 대비하면 기회가 되고 대비하지 못하면 재앙이 된다. 그러나 대부분의 학생들은 이 변화에 주도적으로 다가서지 못한다. 이 변화를 감지하고 연구하고 함께 실천하는 노력은 공교육 교사들을 포함한 어른들의 책무이다. 학생들의 미래를 의미 있게 만들기 위해 교사로서 당연히 해야 할 일이다. 그러나 학교와 사회는 학생들에게 다음과 같은 가스라이팅을 하고 있어 안타깝다.

가스라이팅 1―열심히 하면 좋은 대학 간다

우리나라의 교육은 대학 입시로 귀결된다. 입시의 공정성을 위해 상대 평가를 시행하고 있으며 이 상대 평가는 경쟁을 전제로 한다. 경쟁은 학생들을 1등에서 꼴찌까지 서열화시킨다. 내가 올라가려면 어느 누군가는 내려가야 한다. 여기에서는 친구도 소용없다. 오로지 올라가는 것만이 중요하다. 올라가기 위해서는 방법이 중요하다. 나의 성적을 높이는 것이지만 늘 주위를 살펴야 한다. 내 성적이 절대적으로 오르는 것은 의미가 없다. 내 성적이 친구의 성적보다 높거나 나보다 높은 성적이 내려와야 그제야 내 성적에 의미가 부여된다. 그러기 위해 성적이 높은 친구들을 이기기 위한 방법을 찾는다. 부모님의 도움이 필요한 건 당연하거니와 학교의 구조적인 도움도 필요하다. 내가 1등급이 되기 위해서는 나보다 성적이 낮은 친구들이 필요하다. 어떤 학교에서는 인문계와 자연계의 인원수가 정해져 있다. 학생들의 적성에 맞는 선택을 기본으로 한다고 하지만, 그 그룹에서 1등급이 나올 만큼 숫자를 정해 놓고 선택을 하게 한다. 그 숫자에 못 미치면 선택이 아닌 강제가 된다. 학교의 명예 혹은 학교의 지속 가능성을 위해 학생들이 1등급의 분모가 되는 비교육적인 행태가 학교에서 버젓이 벌어지고 있다. 상대 평가에서는 열심히 해도 좋은 성적을 얻는 학생은 정해져 있다. 결과적으로 나머지 학생들은 열심히 하지 않은 자신을 탓한다. 정확히 말하면 내가 친구보다 열심히 하지 않은 것이다. 친구가 4시간 잘

때 난 3시간을 잤어야 하는데 그렇지 않았던 자신을 미워하게 된다.

　경쟁을 하게 되면 대부분은 만족할 수가 없다. 수험생은 각자의 목표를 정해 열심히 공부한다. 이렇게 공부한 결과로 몇 군데의 대학에 원서를 넣고 합격을 기다린다. 서열화된 대학 구조에서 순위가 가장 높은 대학에 합격한 친구는 만족하고, 그렇지 못한 친구들은 불만족스럽다. 자신이 원했던 두 번째나 세 번째 대학이라 하더라도 첫 번째 대학에 대한 기대가 없어지는 것은 아니다. 그렇게 입학한 대학은 만족보다는 아쉬움이 크다. 그 아쉬움은 시간이 갈수록 지워지지 않아 현재 살아가는 인생의 불만족 조건이 된다. 용감한(?) 청년들은 다시 도전하기도 한다. 2023년 대학수학능력시험 응시생 중에서 재수생 비율이 30퍼센트가 넘었다. 의대 광풍의 영향으로 비율이 높아지긴 했으나 해마다 재수생 비율이 높다는 것은 후회하지 않기 위한 몸부림으로 보인다. 재수생이 대학 합격을 많이 하면 고3 학생들이 떨어진다. 재수생이 성공하면 재학생은 실패한다. 실패가 성공의 어머니이긴 하지만 우리 학생들은 쓸모없는 실패를 너무 많이, 너무 당연히 경험하고 있다.

가스라이팅 2―대학 가면 행복하다

한국에서는 자신의 진로를 너무 일찍 결정하게 한다. 자신의 앞날을 미리 생각하고 찾아보는 것은 매우 중요하다. 그런데 자유 학기제의 도입 이후 중학교 1학년부터 진로를 탐색한다. 다양한 체험을 하지만

50

제대로 알 수 있는 충분한 경험이 아닌 수박 겉 핥기 식의 체험에 그치는 경우가 많다. 한 번의 체험으로는 자신에게 맞는지 알기 어렵다. 더구나 시기적으로도 너무 이르다. 아동의 발달 단계를 보더라도 진로 탐색과 결정은 중학교 3학년 혹은 고등학생 나이인 15~19세 정도가 적당하다고 한다. 우리나라는 이 나이 때가 입시의 가장 중요한 시기이기에 충분하게 고민하지 못한 채 진학 또는 진로를 결정하고 공부에만 매진한다. 그렇게 선택하고 진학한 대학에서의 생활은 어떤가? 앞에서 이야기했듯이 다니다 다시 재수하거나, 선택한 전공과 전혀 관계없는 공부(공무원 시험 등)를 하거나, 지금껏 한 공부가 아까워서 나와 맞는지를 고민하기보다 지금 하는 공부에서 길을 찾으려고 한다. 중고 등학교에서는 좋은 대학을 가기 위해 지금 조금만 참고 열심히 공부하라고 한다. 마치 대학에 들어가기만 하면 행복이 보장되어 있는 것처럼 말이다. 그러나 대학을 가도 불안은 좀처럼 줄어들지 않고, 걱정거리들도 사라지지 않고 오히려 더 늘어난다. 그것은 직장을 다니는 어른이 되었을 때도 마찬가지다.

가스라이팅 3—배우는 것은 즐겁다

새로운 것을 배우는 일은 즐겁다. 그러나 자발적으로 배울 때에야 즐거움이 생긴다. 억지로 하면 즐거움이 줄어든다. 학교는 배우는 곳이다. 그러한 학교에서 학생 모두는 공평하게 교육받을 권리가 있다. 중학교부터는 전공한 교사들이 수업을 하기에 학문이 시작되는 시기라고 말할 수 있다. 그런데 배우면 배울수록 아이러니하게도 학문을 포기하게 된다. 삶에 필요한 배움이 아닌 입시에 필요한 배움을 강요받기 때문이다. 물리를 전공한 나는 주위 동료들에게 '우린 더 이상 가르치지 말자. 가르칠수록 물리를 포기하니(제물포: 제(재) 때문에 물리 포기, 가물치: 가(갸) 때문에 물리가 치가 떨림 등) 가르치지 않으면 포기라도 안 할거 아냐.'라는 우스갯소리를 하곤 한다. 웃픈 현실이다. 즐거움이 일어나는 배움이지도 않으면서 배우는 것은 즐거운 일이라고 강요한다. 배우는 과정이 즐겁지 않은 학생들은 자신이 부족해서라며 스스로에게 책임을 전가한다. 배움이 즐거우려면 배운 것이 자신의 삶에 적용되어야 한다. 배우는 행위는 어렵다. 처음에는 누구나 하기 싫다. 그러나 배우는 재미를 알게 되면 억지로 시키지 않아도 스스로 배우게 된다.

사실 위의 가스라이팅 1, 2, 3에 대한 내용은 모두 가스라이팅이 아니다. 학교에서 좀 더 솔직하게 얘기하고 교육의 본질대로 수업하면 모두 맞는 말이기 때문이다. '공부를 열심히 하면 좋은 대학에 간다. 그러나 모두가 가는 것은 아니다. 그래서 과도한 경쟁보다는 자신의 길을 찾는 것이 중요하다.'라고 솔직히 이야기해야 한다. 유명 대학이 아니더라도 자신이 원하고 자신과 맞는 학과에 진학한다면 '대학 가면 행복하다.'라고 당당히 말할 수 있을 것이다. 그리고 삶과 연결된 배움으로 강요에 의한 것이 아니라 스스로 배울 수 있는 기회를 준다면 우리 학생들도 '배우는 것이 즐겁다.'라는 말을 자신 있게 할 수 있을 것이다.

우리나라 교육이 바뀔 기회는 있었다. 2014년 4월 16일 온 국민이 울었다. '가만히 있으라.'라고 한 안내 방송이 학교에서도 자주 일어나고 있다고 반성했다. 다시는 이런 일이 일어나지 않아야겠지만 불의의 사고가 발생해도 스스로 생각하고 행동할 수 있는 주도성을 가지도록 교육해야 한다고 반성했다. 세월호 침몰 사고가 일어난 이후 학교 교육이 바뀌어야 한다는 요구가 많아졌다. 그러나 이 사고가 있은 후 십 년이 지나도록 우리 교육은 바뀌지 않고 그대로이다.

이번에도 교육이 바뀔 기회가 오고 있다. 이번에는 나라 내부가 아닌 외부 요인으로 인해서이다. OECD가 나선 것이다. 사회의 요구에 의해 교육이 억지로 변할 수는 있지만 그때가 되면 이미 늦다. 그래서 미리 예측하고 실행해야 한다. 그러나 미리 예측하고 실행해야 한다고 해서 새로운 교육을 해야 한다는 것은 아니다. 미래 교육은 교육의 본질로 돌아가는 것이다. 미래 교육에서 말하는 학생의 주도성은 학생 자치이다. 핵심 역량은 전인적 성장이다. 기초 소양은 기초·기본 학력이다.

대학도 변하고 있다. 세계적인 기업인 구글이나 애플 등에서는 이미 채용의 방법도 바뀌고 있다. 우리나라도 IT 벤처기업을 중심으로 채용 방법이 다양해지고 있다. 이미 사회는 변하고 있다.* 더디지만 학교도

* 『채용이 바뀐다 교육이 바뀐다』(교육의봄 등저, 우리학교, 2021) 참고.

변하고 있다. 입시 경쟁 교육에서 조금 벗어나 역량 중심 교육 과정을 충실히 운영한 학교의 사례도 늘고 있다.

급하고 예측하기 힘든 미래는 우리에게 도전이다. 도전은 기회를 수반한다. 도전을 잘 대처하고 극복하면 기회가 온다. 미래 교육은 학교가 교육의 본질로 돌아가는 기회일 수 있다.

미래 교육의 시작,
학생 자치

학생들에게 '배울 것'이 아니라 '할 것'을 주십시오. '할 것'은 생각을 요구
하는 그런 성질이 있습니다. 거기서 배움은 자연스레 생깁니다. ─ 존 듀이

기표함을 나온 기호 1번 학생자치회 회장단 후보 신우의 눈이 붉어
졌다. 선거의 사무는 미리 구성된 학생선거관리위원들이 진행하고 있
었고, 학생부장인 나는 중요한 순간의 기록을 위해 사진을 찍으며 학
생들을 관찰하고 있었기에 신우의 눈을 또렷이 볼 수 있었다. 투표용
지를 들고 투표함까지 가는 동안 신우의 발걸음은 담담해 보였다. 기
념사진을 남기기 위해 기호 1번 회장단 세 명(회장 1명, 부회장 2명)을 나
란히 세워 투표함 앞에서 포즈를 취하게 했다. 하나, 둘, 셋. 찰칵. 그런
데 사진을 찍고 자신의 투표용지를 투표함에 넣은 신우가 갑자기 울
음을 터트렸다. 엉엉 서럽게 울었다. 주위에 있는 모두는 깜짝 놀랐다.
조용히 가서 안아 주었다. 왜 우냐고 묻는 건 예의가 아닌 것 같아 '수
고했다.' 위로하며 등만 두들겨 줬다. 기호 2번 학생자치회 회장단들도
기념 촬영을 끝내고 투표를 마감했다. 전교생은 감골책방에 다 모였
다. 학생선거관리위원회가 개표를 시작했다. 몇 번을 헤아리며 점검했
다. 학생부 담당 선생님의 감표까지 끝이 났다. 결과는 기호 2번 후보

의 표가 더 많았다. 전교생이 눈이 초롱초롱해져서 선거관리위원장의 입만 바라보고 있었다. "투표 결과 기호 2번 회장단 후보의 표가 더 많이 나왔습니다."라는 말에 모두가 "와~" 박수를 치며 축하해 줬다. 애초부터 선거를 축제처럼 진행하자는 선관위의 취지를 살려 누구의 당선에만 초점을 맞추지 않고 수고한 두 후보단에게 마무리 소감을 이야기할 기회를 줬다. 아깝게 그리고 아쉽게 낙선한 신우가 입을 열었다.

"사실 아까 제가 운 이유는 기쁨의 눈물이었습니다. 3월 한 달 동안 선거를 준비하면서 '이 어려운 것을 내가 왜 한다고 했지?'라는 생각과 함께 후회가 많이 되었습니다. 그러다 투표를 마치고 나니 이 어려운 것을 이겨 낸 제 자신이 너무 대견해 갑자기 울컥 올라왔습니다. 많이 배웠고 또 즐거웠습니다. 함께해 준 부회장 후보와 선거운동원 모두 고맙습니다. 더 많이 친해진 것 같아 좋습니다. 떨어졌지만 저에게 표를 주신 분들에게도 고맙다는 인사를 드립니다."

모두가 함성과 함께 진심이 담긴 수고의 박수를 보내 줬다. 이번에는 기호 2번 학생자치회 회장단 후보인 윤준이에게 마이크가 넘어갔다. 그런데 갑자기 윤준이도 뒤돌아 눈물을 훔쳤다. 부회장 후보인 재인이가 대신 마이크를 넘겨 받아 이야기를 이어 갔다.

"사실 저희가 안 될 줄 알았어요. 1차 공약 토론회 이후 여론 조사를 했잖아요. 그 전까지는 저희가 당연히 앞설 줄 알았는데 여론 조사 결과가 반대로 나와서 사실 충격이었죠. 그래서 그때부터 더 열심히 선거 운동을 했어요. 만약 여론 조사에서 우리가 앞서게 나왔다면 지금의 결과는 반대였을 거예요. 여하튼 당선이 되니 기쁘기도 하고 두렵기도 하네요. 고맙습니다."

나중에 들은 이야기이지만 2학년 때 학생자치회 부회장 경험이 있는 재인이와 평소 인기가 많았던 윤준이가 한 팀이 되어서 회장단을 꾸렸기 때문에 자신들도 친구들도 모두 기호 2번이 당선될 거라고 확신했다고 한다. 그러다 여론 조사 결과로 많이 놀랐던 모양이다. 감정을 추스린 두 후보단은 활짝 웃으며 서로를 안아 주었다. 그 훈훈한 모습에 친구들과 후배들 그리고 선생님들은 손바닥이 아프도록 큰 박수를 보냈다.

'학교의 주인공은 학생'―2학년 말부터 분위기 만들기

학생 자치의 가장 큰 일은 선한 의지가 있는 학생자치회 회장단 구성이다. 그런데 많은 학교에서는 공부를 잘하거나 착실하거나 해서 선생님과 친구들에게 신임을 얻었거나, 친구들 사이에 인기가 있거나, 아니면 감투에 관심이 있거나, 진급을 위한 점수가 필요하거나, 혹은 부모님의 기대에 의해 학생자치회 회장이 되곤 한다.

학생자치회 회장단은 학생들을 대표하고 대변하는 공식적인 기구이다. 회장단 개인의 의견도 중요하겠지만 친구들과 후배들, 즉 전체 학생들의 의견을 수렴하고, 선생님들과 협력하여 그 의견이 실천이 되도록 구체적인 방법을 찾아 노력하는 것이 더욱 중요하다. 그래서 무엇보다 학생자치회 회장단에 관심이 있는 친구들은 '내가 친구들보다 잘났다' 또는 '난 리더의 기질이 있다'라는 생각보다는 '학교의 주인공인 학생들의 의견을 수렴하고 실천하겠다'라는 생각으로 도전하는 게 중요하다. 학생자치회 회장단으로의 권한도 있지만 그만큼 의무와 책임도 다해야겠다는 생각으로 학생자치회 회장단에 참여하는 것 또한 중요하다.

학생자치회 회장단은 후보자가 여러 팀이어야 한다. 그래야 선의의 경쟁을 통해 공약이 다듬어지고 흥미진진한 선거가 될 수 있다. 큰 학교에서는 여러 팀이 나올 가능성이 높지만 작은 학교에서는 그렇지 못한 경우가 많다. 2년 동안 학교에서 동고동락하면서 이미 자기들끼리 결정해 놓는 경우도 많다. 그래서 2학년 말부터 미리 분위기를 만드는 것이 중요하다. 민주 시민 교육으로 수업 시간 중 일부를 활용하여 2학년 학생들에게 다음과 같이 이야기했다.

"학교에는 여러 구성원이 있는데 그중 주인공은 누구라고 생각하니? 당연히 학생이지. 선생님도 학교 건물도 모두 학생들을 위해 존재해. 부모님은 그런 학생들의 보호자이고. 이제 청소년이 된 중학생은 스스로 행복을 찾을 수 있어야 해. 그것을 배우는 곳이 학교이고 그 과정이 학생 자치야. 학생자치회를 주도할 학년은, 당연히 3학년이지. 한 학기만 지나면 너희들이 3학년이니까, 학생자치회를 구성해야 해. 학생자치회를 잘 구성하기 위해서는 학생자치회 회장단 선거가 중요하지. 학생자치회 회장단 선거가 축제처럼 재미나게 진행되고 학생들을 위한 공약이 잘 정리되기 위해서는 최소 두 팀 이상의 후보가 나와야 해. 선의의 경쟁을 통해 공약을 다듬고 서로 자극도 되고 도움도 되기 때문이야. 학생자치회 회장단은 잘나거나 리더의 기질이 있는 친구만 하는 것은 아니야. 세상에는 조용한 리더들도 많아. 그리고 리더가 '나를 따르라.'라고도 해야 하지만 '함께 하자.', '내가 먼저 할게.'라고도 할 수 있어야 해. 우리 모두는 다 학생자치회 회장단이 될 수 있어. 남자도 여자도, 키가 커도 작아도, 성적이 좋아도 나빠도, 운동을 잘해도 못해도, 집이 잘살아도 못살아도 누구나 할 수 있어. 그것이 민주주의야. 무엇보다 중요한 것은 학생자치회 회장단을 하면 배울 수 있는 점이 많아. 우리가 학교를 다니는 이유는 배우기 위해서잖아. 교과 시간에 배우는 것도 많지만 학생자치회 활동을 통한 배움은 어디에서도 쉽게 배울 수 없는 값진 배움이야. 우리 학교는 모두가 학생자치회 소속이라 자립하는 역량을 배우겠지만 회장단을 하게 되면 다른 친구들보다 더 많은 기회가 주어져. 그래서 '내가 잘났기 때문에 해야 해.'가 아니라 '힘들겠지만 학생자치회 회장단을 하며 더 많이 배우겠어.' 하는 마음이 중요해. 마지막으로 우리는 용기가 필요해. 기회가 왔을 때 기회를 잡는 용기. 지금도 선생님이 '내년에 한번 도전해 볼 사람?' 하면 손을 번쩍 드는 친구도 있지만, 들까 말까 망설이는 친구도 있을 거야. 그 망설임이 있다는 것은 자격이 충분히 있다는 거야. 그때 '에라이, 모르겠다.'라며 눈 질끈 감고 손을 번쩍 드는 용기, 그 용기가 우리에게 배움을 줄 것이며 그 배움들이 쌓이면 어른이 되는 거지. 아주 멋진 어른. 한번 해 볼 사람?"

이렇게 이야기하면 망설이다가 여러 명이 손을 든다.

"손 들어 줘서 고맙다. 용기를 내어 준 모두를 위해 박수!"

다음 해 학생자치회 회장단이 잘 구성되지 않을 때를 대비해서 손을 든 학생의 얼굴과 이름을 잘 기억해 두면 새 학년이 되어 도움이 된다. 새학년이 되면 새로운 계획이 생기기도 하고 손 들었던 용기가 사라지기도 하기 때문이다. 그때 기억해 둔 친구들에게 응원의 말을 하며 다시 용기 내기를 부탁하면, 기억해 준 걸 고마워하며 학생자치회 회장단에 다시 도전하기도 한다. 2학년 말에 학생자치회 담당 교사뿐 아니라 담임 선생님, 교과 선생님이 학생자치회 회장단 출마 이야기를 다 같이 하면 효과가 높아진다.

학생 자치의 시작은 학생 선거관리위원회 구성

"하영아. 이번에 회장단 선거에 나가 보는 건 어때? 너한테 좋은 기회가 될 것 같은데."

"선생님 제안은 감사하지만, 저는 1학년 때부터 선관위가 하고 싶었어요. 그래서 3학년 반장 또는 부반장 선거에 나갈래요."

학생자치회 회장단 선거의 업무는 학생부에서 담당한다. 학생 자치 활동의 기본은 학생 활동을 통해 학생들이 스스로 할 수 있는활동을 찾고 교사는 그를 지원하는 것이다. 교사들이 직접 업무를 하면 학생들에게 맡기는 것보다 사실 편하다. 경험으로 일머리가 있기 때문이다. 혹여 경험이 없는 교사는 선배 교사들의 조언과 도움, 예년도에 작성된 자료나 공문 또는 인터넷 자료와 책의 도움으로 쉽게 해결할 수 있다. 그러나 학교는 기본적으로 학생들에게 배움이 일어나는 곳이어야 한다. 더불어 교사는 배움이 일어나는 학생들을 관찰하고 지원하며 그 결과를 피드백하고, 다시 적용하면서 전문성을 갖춰 나갈 수 있어야 한다. 미래 교육에서 역량을 강조하지만, 교사가 단순히 가르쳐서 학생들의 지식과 경험을 쌓게 하는 게 아니다. 학생이 스스로 하고 교사는 성공하면 축하와 격려를, 실패하면 다시 지원하면서, 학생 스스로 성공을 만드는 경험들을 쌓게 하고자 하는 게 바로 역량 교육이다.

선거관리위원회는 2학년과 3학년 반장과 부반장의 총 네 명으로 구성된다. 2학년과 3학년은 이미 1~2년 동안 알고 지냈기 때문에 3월 첫 주면 구성될 수 있다. 3월 말에 학생자치회 회장단 선거가 있기에 3월 첫 주에 선관위를 꾸려야 바쁘지 않게 일정이 진행된다.

선관위가 꾸려져서 선거 업무를 맡는다고 해도 교사의 역할은 줄지 않는다. 선관위를 자주 만나서 진행을 확인하고, 지원할 부분을 찾아야 해서 오히려 선관위 구성 전보다 바쁘다. 담당 교사는 선관위와의 첫 만남에서 선관위의 할 일을 말해 줘야 한다. 무엇보다 앞서 할 일은 교사가 선관위 봉사에 참여한 학생들의 마음에 고마움을 표하고 격려하는 것이다.

선거관리위원회의 할 일

일자	과정	할 일
3.7(월)	선거관리위원회 구성	2, 3학년 반장, 부반장 선출
3.8(화)	학생자치회 선거 공고	각 반에 공고, 등록 서류 배부, 러닝메이트제 설명
3.9(수)~3.11(금)	입후보자 등록	등록 서류 수합, 공통 공약 만들기(교무실에 협조 구하기), 최소 두 팀 이상 모집, 선거 운동원 모집, 회장과 부회장 역할 정하기
3.11(금)	기호 추첨	후보 팀 기호 추첨
3.14(월)	입후보자 공고	후보자 공고
3.14(월)~3.23(수)	선거 유세	후보별 포스터·동영상·슬로건·공통 공약·팀별 공약 등 점검, 1차 토론회 준비, 공정 선거 유도 및 감시, 선거 분위기 조성 및 지원
3.18(금)	후보자 1차 토론회	토론회 진행
3.22(월)	후보자 여론 조사 및 결과 발표	여론 조사 실시 및 결과 발표, 투표소 준비(지역 선관위 방문), 투표용지 제작
3.23(수)	후보자 2차 토론회	2차 토론회 준비 및 진행, 후보별 최종 소견 발표 준비
	투표 및 개표	투표소 설치, 투표 및 개표 진행, 후보단 소감 발표
3.24(목)	회장단 당선자 공고	당선자 공고, 선거관리위원회 해산
정기적인 회의: 위원회 구성 후 매일 아침(점심) 시간에 회의 진행(장소: 도서실)		

선거관리위원회의 목적과 방향

공정한 선거	부정 선거 미연 방지 및 대책 마련
축제와 같은 선거	유권자의 관심 유도
학생들을 위한 공약 유도	공약 컨설팅 사무소 운영, 공약 토론회 준비 및 진행, 여론 조사
후보팀들의 공정한 지원	선거 사무소 및 활동 공간, 선거 운동 물품 제공, 예산 지원, 선거 운동 준비 시간 제공

"선관위가 된 것을 축하한다. 그리고 이 어려운 일에 선뜻 마음을 내어 주어 고맙다. 학교는 학생이 주인공이고 제대로 된 주인공이 되려면 학생자치회 회장 선거가 가장 중요한데, 너희들의 노력으로 학생자치회가 결성되니 더욱 의미가 있다고 생각한다. 이 일을 하면서 우리도 배울 수 있으니 함께 열심히 노력하자. 파이팅! 그리고 선거가 과열되어 서로 경쟁만 하는 것이 아니라 학생의 의견을 대변해 줄 대표자를 뽑고 일 년 동안의 학생 복지를 향상시킬 수 있는 공약이 만들어지는 기간이기에 축제처럼 즐겁고 기쁘게 진행되면 좋겠다."

선관위 역할을 담당하는 학생들에게 처음부터 역할을 정확하게 이야기하고 정해 주는 게 중요하다. 그리고 그 역할을 스스로 혹은 협력해서 할 수 있도록 온전한 기회를 준다. 한 번 이야기한다고 해서 다 알아듣고 기억하며 잘 진행할 수 있는 학생은 드물다. 대부분의 학생들은 할 일을 놓치거나 실수를 한다. 시간이 급하지 않다면 그때마다 다시 기회를 줘야 한다. 그렇게 스스로 할 수 있도록 선관위가 해야 할 일을 교사가 문서로 작성해서 전달해 주면 좋다. 때론 빈칸을 두고 그 자리를 선관위와 교사가 같이 채워 보는 것도 좋다.

학생들이 스스로 할 수 있으려면 목적을 정확히 주지할 필요가 있다. 학생들은 조금만 몰라도 질문한다. 질문이 나쁘지는 않지만 한두 번 더 생각하거나 팀원에게 물어보거나 협의하면, 충분히 스스로 해결할 수 있는 게 많다. 그때 목적이나 방향을 말해 주고 한 번 더 생각하라고 하면서 시간과 기회를 주면 곧잘 해결해 간다.

선거관리위원회 회의

학생들에게 집중할 수 있는 기회를 주는 것은 매우 중요하다. 한두 시간, 혹은 하루 정도의 짧은 시간이 아니라, 1~3주 정도의 시간 동안 무언가 하나에 집중해서 계획하고 진행하고 반성해 보는 경험은 쉽게 접하기 힘들다. 선관위에게는 바로 이런 기회가 주어진다. 선관위가 구성되고 개표를 한 후 당선자 공고가 날 때까지 학생들은 초집중 상태가 된다. 또한 선관위 활동 자체로도 배움이 일어난다. 후보단을 구성하고, 공약을 내고, 토론회를 거쳐 공약을 다듬고, 선거 분위기를 만드는 선관위의 역할은 매우 중요하다. 그 역할을 긴 기간 동안 유지하기 위해서는 교사의 관심이 필요하다. 선관위를 구성하여 그 일을 학생들에게 맡기면 신경 쓸 일이 많아진다. 교사가 선관위의 업무를 직접 하면 쉽겠으나 기회를 얻은 학생들에게 배움은 크지 않게 된다. 학생들이 선관위의 역할을 잘 수행할 수 있도록 매일 아침 시간(혹은 점심시간)에 선관위 회의를 진행할 필요가 있다. 처음에는 전체 일정과 오늘 할 일들을 협의하는 시간이 필요하다. 협의 사항이 없더라도 모여서 일의 진행 상황을 공유하며 점검하는 시간을 가지면 선관위원들의 자세가 달라진다. 1년 동안 학생자치회 활동의 성패가 학생자치회 회장단 선거에 달려 있다면, 학생자치회 회장단 선거의 성패는 선거관리위원회에 달려 있다.

담당 교사에게 주는 조언

① 3학년들에게 학교에서 하고 싶은 일 또는 학교에 바라는 일 등을 말하라고 하면 곧잘 말한다. 이 의견들은 훌륭한 공약이 될 수 있다. 이런 점을 이야기하면서 공약 만들기가 어렵지 않다는 것을 말해 보여 주면 학생들의 자신감이 올라간다.

② 큰 학교일수록 인기 선거가 아닌 공약 선거가 될 수 있도록 준비한다. 교사가 먼저 학교의 개선할 내용이나 학생 복지 활동, 동아리 활동 등 공약이 될 만한 내용을 미리 생각해서 제안하는 것도 필요하다. 경험하지 못한 학생들에게 새로운 생각을 내 보라고 하면 의견이 잘 나오지 않는다. 하나둘 자연스럽게 제안하다 보면 봇물 터지 듯 아이디어가 나오는 경우가 많다.

③ 담당 교사의 의지가 가장 중요하다. 학교의 주인공은 학생이고 학생자치회의 존재 이유가 학생임을 잊지 않고 지원하겠다는 의지가 중요하다.

④ 고등학교의 학생자치회 구성은 더 쉬울 수 있다. 고등학생들은 스펙을 쌓기 위한 의미보다 진정한 학교민주주의를 실현하겠다는 의지가 중요하다고 설명하면 이에 동의하는 친구들이 많을 것이다.

러닝메이트제

"선생님. 저는 학생자치회 회장단 후보에 나가고 싶은데 함께하려는 친구가 없어요."

"그래? 규린이의 의욕이 떨어지겠구나. 그런데 회장이 되는 것도 중요하지만 과정도 중요하거든. 너의 진심을 친구들에게 알리고 설득하면 함께할 친구가 생길 것 같은데. 선생님도 도와줄게. 다시 해 보자."

대표자를 선출하는 방법은 여러 가지가 있다. 일반적으로 회장과 부회장을 따로 투표해서 뽑거나 혹은 투표 결과 득표가 가장 많은 친구가 회장, 두 번째 많은 친구가 부회장이 된다. 학생자치회 구성을 위한 선거에서 러닝메이트제를 활용하면 장점이 많다.

첫째는 학생들끼리 협력하는 역량을 키울 수 있다. 미래 교육에서의 핵심 키워드 중 하나가 협력이다. 학교에서는 모둠 프로젝트 수업 등을 통해 협력하는 역량의 성장을 돕는다. 각 학생자치회 회장단은 3학년 회장 후보 1명, 부회장 후보 1명, 2학년 부회장 후보 1명을 후보로 구성한다. 세 명의 회장단 후보가 머리를 맞대고 공약을 생산하고 선거 운동 방식을 협의해 나가다 보면 각자의 생각들을 조정하고 조율할 수 있는 능력이 생긴다.

두 번째는 책임에 대한 분산 효과가 있다. 꼭 하고 싶어서 하는 학생이 있는 반면 해야 되어서 마음을 낸 친구들도 있다. 많은 학교에서는 학생회장이 대부분의 역할을 담당하고 부회장은 그 역할을 보조하거나 회장 부재 시 대신하는 경우가 많다. 이렇듯 학생회장에게 많은 책임이 돌아간다면 누구나 부담스러울 것이다. 그렇기에 선거 운동 준비 과정에서부터 회장과 부회장들의 역할을 정해서 실천해 나간다면 일 년 동안의 학생자치회 활동에서 권한과 책임이 골고루 분산되고 많은 학생에게 배움의 기회가 주어질 수 있다.

세 번째는 다양한 의견을 수렴할 수 있다. 후보단에서 역할을 나눠

설문을 학년별로 진행하기 때문에 학생들에게 필요한 의견을 모으기 수월하다. 특히 2학년에 부회장 후보가 있기에 2학년들의 학생자치회 회장단 선거에 대한 관심이 높다.

네 번째는 지속 가능한 학생자치회를 준비할 수 있다. 2학년에 부회장 후보가 있기 때문에 미리 학생자치회 회장단 선거와 학생자치회 활동을 경험하게 되어 자연스럽게 학생들끼리 경험과 역할이 전수된다. 처음 선관위를 구성할 때는 교사 주도가 되겠지만 1~2년 후에는 학생들이 스스로 주도하게 된다.

선거 운동원은 선관위가 후보단에게 적당한 인원수만 정해 주고 학년, 성별 등을 골고루 배치해서 뽑으면 유리하다는 팁을 제공하면 된다. 선관위에서 너무 많이 결정해 주면 후보단 안에서 협의하는 기회가 줄어들 수 있다.

러닝메이트제를 하면 어려운 점도 있다. 작은 학교에는 희망하는 학생이 적어 단독 후보단이 출마할 수도 있다. 내서중학교에서는 2020년 단독 후보 출마로 인해 찬반 투표로 학생자치회 회장단이 구성되었다. 코로나의 영향도 있었지만 단독 출마로 인해 선의의 경쟁이 있는 활기찬 모습이 아니어서 출마자도 유권자도 풀이 죽은 모습이었다. 이렇게 시작한 학생자치회는 선거 기간 동안 자존감이 높아져 활동한 예년보다 학생자치회 활동 자체가 소극적으로 진행되는 것을 볼 수 있었다. 그렇기 때문에 2학년 말부터 학생자치회 구성에 대해 분위기를 띄우는 게 중요하다. 그리고 3월 새 학기가 시작하는 동시에 3학년 담임 선생님과 학생부가 긴밀히 협의하고 전 교직원이 힘을 합쳐 후보단의 구성을 지원해야 한다. 특히 선관위로 구성된 친구들이 적극적인 권유와 협력으로 후보단을 두 팀 이상 만드는 작업에 매진해야 한다. 작은 학교임에도 세 팀의 후보가 나오는 경우도 있다. 후보 팀이 많으면 학생자치회 구성에 도움이 된다. 선거 후에 낙선한 후보자들의 공약을 모아 새로운 공약을 짜고 적극성을 보인 후보자들이 부서의 부서장 역할을 하게 되면 더 활기찬 학생자치회가 구성될 수 있다.

학생들은 러닝메이트제가 좋은 점이 많다고 말한다. 나 혼자보다 세 명이 생각하니 공약이 풍성해졌고, 힘들 때 포기하고 싶었지만 함께한다는 게 많은 의지가 되었고, 준비 과정도 즐거웠다고 한다. 다만 팀으로 할 때의 단점은 열심히 했음에도 낙선했을 때 팀원들에게 미안한 마음이 커서 부담스럽다는 의견도 있었다.

공약共約

공약에는 두 가지 종류가 있다. 공통 공약과 개별 공약이다. 공통 공약은 모든 후보단에게 두 개 정도가 주어진다. 첫 번째 공약은 일 년 동안 학생지치회 안에서 활동할 부서를 조직하는 것이다. 작은 학교의 경우 전교생이 부서원으로 활동할 수 있기에 부서의 개수를 정하고 학생자치회 활동이나 학생 복지에 필요한 부서를 계획해서 공약으로 낸다. 전교생이 60명의 작은 학교인 내서중학교의 경우 해마다 일고여덟

개의 부서가, 전교생 40명의 규모인 낙운중학교의 경우에는 여섯 개의 부서가 조직되었다.(부서 조직은 뒤에서 자세히 이야기하도록 한다.)

두 번째 공약은 평소 학교생활에서 서로 민감하거나 모두 함께 고민하며 약속으로 정해서 지켜야 할 것들이다. 예를 들면 핸드폰 사용 약속, 학생 휴게실 사용 약속 등이다. 학생 생활 규정(또는 약속)에서 핸드폰 사용은 자율적이지만, 사용하는 동안 다른 사람에게 피해를 주는 경우도 있고 너무 많이 사용하는 친구들에 대한 선생님들의 걱정을 담아 모두를 위한 슬기로운 약속을 미리 생각해서 정해 본다. 핸드폰 사용을 억제하는 방향의 약속을 제안하면 투표에 영향을 줄 것이라 예상해 소극적일 수 있을 것이라 생각되지만 막상 공약으로 나온 것을 보면 교사들이 생각하지도 못한 의미 있는 아이디어들이 나오곤 한다. 낙운중학교에서는 매달 핸드폰 없는 날을 정하여 각 부서에서 준비한 행사로 핸드폰을 대신할 재미를 찾는다. 또, 학생 휴게실은 전교생이 쓰는 공간이기에 학생들끼리 마찰이 자주 일어난다. 핸드폰 게임을 하는 친구가 볼륨을 크게 틀면, 휴식하는 친구들에게 방해된다는 민원이 많다. 휴게실 사용 후 정리하지 않고 가면 다음 사용자가 불편하다는 민원도 많았다. 이렇게 학생 휴게실 사용에 관련한 학생들의 의견을 수렴해 슬기로운 해결책을 공약으로 생각해 보면서 소통과 협력의 역량이 생긴다. 공통 공약은 학생부 혹은 선관위에서 전체 학생들과 교직원의 의견을 수렴해서 회장단 후보 구성 전에 제시할 수도 있다.

개별 공약은 후보단별로 자유롭게 정해서 제시한다. 개별 공약을 짜면서 후보단은 유권자인 학생들의 다양한 의견을 청취하며 수렴하게 된다. 학생들이 제안한 다양한 의견들을 후보단이 점검하며 공약으로 완성하는 과정에서도 배움이 일어난다. 일단, 다양한 의견을 어떻게 모을 것인가? 모아진 의견들 중에 무엇을 공약으로 만들 것인가? 만약 의견이 다양하지 못하면 어떻게 해결할 것인가? 의견 중 실현 가능성은 어느 정도인가? 의견들을 실천할 수 있는 구체적인 방법은 무엇인가? 소요 예산은 어느 정도인가? 누구의 도움을 받아야 하는가? 등의 다양한 질문이 생기고, 그 질문에 답을 찾아 가는 과정에서 문제 해결력이 자연스레 생긴다.

학생자치회 회장단 선거에서 단골 공약은 급식의 질 개선이다. 학교 생활에서 급식, 즉 먹는 즐거움은 매우 중요하다. 매일 맛있는 급식을 먹으며 행복한 시간을 갖기 위해서는 학생들의 의견을 적극 반영할 필요가 있다. 그런데 그 만족도는 학교마다 학생마다 매일 바뀐다. 급식의 메뉴와 맛도 영양교사와 조리사에 따라 다 달라진다. 그렇기 때문에 급식 메뉴 결정 과정에서 학생들의 의견이 충분히 반영되었냐가 중요하다. 만약 반영이 되지 않았다면 급식의 질 개선의 공약은 매우 훌륭한 공약이 될 수 있다. 학생자치회 회장단 후보들이 영양 선생님과 교장 선생님을 찾아다니며 실현 방법을 찾는 과정이 상상이 된다. 그 과정이 바로 배움의 과정이다.

2022년 낙운중학교의 학생자치회 회장단 후보는 세 팀이 나왔다. 각 팀의 공약은 아래와 같다.

[기호 1번]   핸드폰 없는 날 지정 운영.

무선청소기 각 반에 비치.

아나바다 장터 운영.

[기호 2번]   건의함 설치 및 주기적인 한자리모임.

급식 의견 반영 — 두 줄 서기.

우산 및 독서대 대여.

청소 물품 배치.

운동장 나무 심기 및 교내 식물 배치.

[기호 3번]   우산과 거울 비치.

노후 청소 도구 및 신발장 교체.

쉬는 시간에 노래 사연 방송.

  비슷한 공약이 나오기도 하지만 팀마다 특색 있는 공약이 많이 제
시된다. 팀이 많을수록 의견들이 다양하다. 각 팀은 공약을 찾기 위해
학교 곳곳을 살피고 후배들을 만난다. 어디 위험하거나 불편한 곳이
없는지 학생의 시각으로 공간을 살펴본다. 이런 과정은 학생이 학교의
주인공으로서 꼭 필요한 행동이다. 말로만 하는 것이 아닌 행동으로
필요를 찾아낸다. 유권자는 많이 움직이고 다가와서 묻는 후보에게 마
음이 간다. 이렇게 만들어진 공약이 유권자의 마음을 움직일 수 있다.

공약 컨설팅 사무소

쉬는 시간 교직원 티타임에 3학년 수업을 마치고 내려온 사회 선생님이 이야기한다.

"사회 시간에 민주 시민 교육 파트가 있어요. 지금 3학년이 학생자치회 선거 중이고 팀별로 공약을 짜고 있는데 너무 힘들어하길래 제가 공약 컨설팅을 해 준다고 했어요."

"오, 그래요? 너무 좋은 아이디어네요. 아예 교무실에 공약 컨설팅 사무소를 차리는 건 어떨까요?"

"공평하게 모든 후보에게 두세 번의 컨설팅을 해 주면 좋겠어요."

"사무소 운영도 학생자치회에 경험이 있는 선생님과 학생부장님과 사회 선생님이 같이 하면 더 좋을 것 같아요."

"컨설팅을 받으러 오지 않는 팀이 있으면 어떻게 하죠?"

"공평한 기회를 줬는데, 필요하지 않다고 하면 할 수 없지 않나요?"

학생부장 선생님이 정리한다.

"선거관리위원들과 공약 컨설팅 사무소 이용에 대해 협의 후 공식화할게요. 선생님들, 좋은 의견 주셔서 고맙습니다."

학생자치회 회장단 선거 공약 컨설팅 사무소는 선거관리위원회 회의를 거쳐 공식적으로 출범을 했다. 학생들이 공약을 스스로 만드는 일은 쉽지 않다. 보석도 땅에 묻힌 돌을 가공하여 만들 듯 공약도 다듬어야 빛을 발한다. 각 팀에서 생각하여 만든 거친 공약을 스스로 다듬을 수 있게 힌트를 주는 곳이 공약 컨설팅 사무소이다. 과거에 선배들이 낸 공약이면 그때의 후배 입장에서 다시 생각하게 한다든지, 이 공약이 학생들에게 꼭 필요한 공약인지, 공약을 지키기 위해서는 어느 정도의 예산이 드는지, 공약이 지켜지는 과정에서 어떤 절차가 필요한지 등 학생들이 미처 생각하지 못한 부분을 건드려 준다. 그리고 교사가 보기에도 훌륭한 공약이면 아낌없이 칭찬을 한다. 선거 공약 컨설팅 사무소 존재 자체가 학생자치회 회장단 선거를 돕고 지원하겠다는 학교의 의지이다.

학생자치회 후보단 토론회와 여론 조사

공약을 실현 가능하게 최종적으로 다듬는 과정이 토론회이다. 학생자치회 회장 선거에서 어느 후보가 단순히 '급식의 질을 개선하겠다.'라는 공약을 발표하고 모두가 박수 치고 끝낸다면 그 공약은 공수표가 될 가능성이 크다. 상대 후보의 공약을 들어 보고 분석하여 토론하는 과정에서 서로의 공약이 다듬어지는 경험을 하게 된다. 우리가 미처 발견하지 못한 부분을 상대방이 날카롭게 찾아내어 지적하면 할 말을 잊게 된다. 가슴은 아프지만 공약은 다듬어진다. 그렇게 다듬어진 공약은 학생 모두에게 도움이 된다. 또한 토론회 과정도 배움이다. 나의 잘못을 찾아내 주는 상대편 후보단에게 고마움을 느낄 필요도 있다.

어차피 토론회에서는 상대 잘못을 지적하는 장면이 나올 수밖에 없다. 사람은 완벽하지 않기 때문이다. 토론회 전 후보단과 선관위원들과 담당 교사가 모여 토론의 목적과 방향을 미리 이야기하면 토론회를 통한 상처는 줄어들고 배움의 기회는 늘어날 수 있다.

2022년 낙운중학교의 선관위는 토론회를 축제처럼 준비했다. 후보 중 코로나 확진자가 있어 어려운 상황이었지만 태블릿을 이용해 온라인 접속으로 현장에 참여시켰다. 그리고 딱딱하고 무거워질 수 있는 토론회 분위기를 각 후보단의 특색이 잘 드러나도록 준비시켜 토론회장을 축제 분위기로 만들었다. 후보단의 춤과 노래가 토론을 기다리는 유권자의 마음을 부드럽게 만들었으며 더 많은 관심을 유도했다.

잘 준비된 선거관리위원회의 토론회는 후보단의 토론의 질을 높이고 유권자의 관심을 증가시킨다. 중학교에 입 학하여 처음으로 큰 행사를 경험하는 1학년 학생들은 토론회를 보면서 선배들이 멋있다고 말한다. 초등학교에서는 볼 수 없는 장면이 눈 앞에 펼쳐지기 때문이다. 쓸데없는 말장난이나 말꼬리 물기 등의 토론이 아닌 사뭇 진지하고 논리적인 토론을 보면서 자신의 1~2년 후를 생각하는 후배들도 있다.

1차 토론회 후 선관위는 여론 조사를 실시한다. 여론 조사 결과는 각 후보단에게 긍정적인 자극을 준다. 여론 조사에서 이기는 결과가 나오면 자신감을 주고, 지는 결과가 나오면 새로운 선거 운동 방식을 고민하게 한다. 앞에 소개한 신우는 여론 조사에서 이기고 있었다. 상대편 회장 후보인 윤준이는 여론 조사 결과가 나오고 집에 가서 울었다고 한다. 2학년 때 학생자치회 부회장을 했고 학교에서 인기도 있고 공약도 멋지다고 생각해서 당연히 여론 조사에서 자기 팀이 앞설 것이라 생각했는데 아니어서 충격을 받았다고 했다. 그 눈물의 의미는 자신의 교만함을 발견한 부끄러움이었으리라. 이후 윤준이팀이 선거 운동 방식을 바꿨다. 결과는 박빙으로 윤준이팀이 당선되었다. 여론 조사 결과는 자세하게 발표하지 않고 어느 후보가 우세하다 정도로만 발표한다. 선관위가 하는 여론 조사는 대면 조사 방식이기에 신뢰도가 매우 높아 후보단이 깊이 고려해야 하는 자료이기도 하다.

투표하기 바로 직전에 2차 토론회를 개최한다. 1차 토론회 때 나온 의견을 수렴하고 공약을 보완하여 2차 토론회에 참가하는 후보단의 의지는 결연하다. 2차 토론회는 투표 바로 전에 실시되기에 표에 많은 영향을 준다. 여론 조사 결과도 결연한 분위기에 한몫한다. 선관위의 협의에 따라 1차 토론회는 공통 공약을 중심으로, 2차 토론회는 개별 공약 중심으로 토론회를 진행하기도 한다.

공약을 현실로—학생자치회 회장단 수련회

2차 토론회를 거쳐 서로의 공약을 다듬고 선거 운동 기간 후보단의 노력을 본 유권자들은 선택의 기로에 선다. 기표소에 들어가기 전 마지막까지 고심하는 모습을 쉽게 볼 수 있다. 모든 투표가 끝나면 선관위가 개표에 들어간다. 모두 이 순간을 가슴 졸이며 기다린다. 참관하는 교사들도 긴장이 된다. 누가 될까? 궁금하지만 아무도 예측하지 못한다. 이런 흥미진진한 선거가 매해 치러진다. 이 과정을 통해 학생들은 민주주의를 배운다. 학생자치회 회장단 선거도 중요한 수업이다.

선거가 끝나면 후보단이 제시했던 공약을 모으는 작업이 진행된다. 전문 퍼실리테이터를 강사로 모시고 올해 학생자치회의 목적과 목표를 설정한 뒤 후보단이 냈던 공약이 꼭 필요한지를 살펴본다. 당선된 후보단의 공약뿐 아니라 낙선한 후보단의 공약도 살핀다. 필요하다면 공약을 융합해 새로운 공약을 탄생시키기도 한다. 이렇게 정리되면 개별 공약 중 올해 필요한 공약을 추려서 실현 가능한 방법을 협의 후 확정한다. 공약이 확정되면, 올해의 학생 수에 맞는 부서의 수와 하는 일을 생각해 보고 부서를 정한다. 그런 뒤 공약을 기획하고 실행할 부서를 배정한다. 이 과정은 3학년을 중심으로 학생자치회 회장단 수련회를 겸해서 하면 좋다. 학교를 벗어나 1박 2일 다른 장소에서 진행하면서 한달이었던 학생자치회 회장단 선거 동안의 모든 수고를 서로 칭찬한다. 또한 앞으로의 희망찬 계획을 세우고 누구보다 수고한 선관위에게 감사하며 마무리하는 목적이라면 의미 있는 수련회가 될 것이다.

부서 조직

부서는 학생자치회의 기본 조직이다. 모든 학교에서는 회장단이 결정되며 부서장을 선임한다. 부서장은 고입 내신 성적에도 가산점이 부여되는 매우 중요하고 공식적인 자리이다. 부서는 학생들의 복지나 학생자치회 회장단의 공약을 이행하기 위해 존재해야 한다. 그러나 과거에는 그렇지 않은 사례가 많았는데, 대표적인 부서가 선도부이다. 학생부에서 하고 있는 일(학생들을 통제하는 선하지 않은 일)을 선도부장과 부원에게 권한을 위임하여 행사할 수 있게 했다. 학생 수가 많아서 크고 작은 사고가 넘치는 과거 학교에서는 필요했을지 몰라도 미래 사회로 가는 지금은 필요 없는 부서이다. 내서중학교에서는 학생자치회에서 일 년 동안 활동할 계획에 필요한 부서를 학생들 스스로 조직하게 했다. 학생들이 가장 원하는 부서의 1위는 매점부였다. 내서중학교와 낙운중학교는 학생자치회를 본격적으로 시작하는 첫해부터 매점부가 탄생했다. 부서는 해마다 학생자치회 회장단 공통 공약에 따라 다르게 구성되기도 하나 크게 변하지는 않는다. 부서가 하는 활동은 부서 상황에 따라 조금씩 수정 보완된다. 아래는 내서중학교와 낙운중학교에서 일반적으로 꾸려지는 부서들과 하는 일을 정리한 것이다.

○ 체육부_ 학생들의 건강과 체력을 담당하는 부서. 운동을 좋아하는 친구들을 위한 일. 운동을 좋아하지 않는 친구들을 위한 일. 체육 활동을 통해 학생들의 관계를 만드는 일. 체육대회 기획 및 진행. 체육관 및 체육 물품 관리 등.
○ 도서부_ 학생들의 독서 활동 지원을 담당하는 부서. 책 읽기를 좋아하는

친구들을 위한 일. 책을 잘 읽지 않는 친구들을 위한 일. 독서 행사(밤샘 독서, 별책 부록, 비경쟁 독서 토론 등) 진행. 도서 대출 등 도서관 관리.

○ 방송부_ 학생자치회 활동을 영상으로 기록하는 부서. 상황에 따라 라이브 방송 진행. 축제 등 큰 행사 때 영상 제작. 학교 영상 및 음향 장비 관리 및 사용. 축제 등 큰 행사에 영상, 음향 장비 구동.

○ 매점부(생활부)_ 학생자치회 매점(내서중: 팔아다있스, 낙운중: NOW 25)을 운영하는 부서. 학생의 건강한 먹거리 설문 조사 실시.

○ 생태환경부_ 기후 위기 생태 전환 교육을 실시하는 부서. 지구의 날 행사 기획 및 운영. 학교 내 환경 실천 운동 기획 및 진행.

○ 행사부_ 학교 행사의 기획이나 진행을 담당하는 부서. 학기당 버스킹 1회 진행. 축제 기획 및 사회, 진행.

○ 복지부_ 학생들의 복지 증진 부서. 월 1회 마니또 행사 진행. 아침 데이트 관리. 행사시 주의 사항 전달. 학생 휴게실 관리 및 운영.

○ 문예부_ 학생자치회 활동 홍보를 담당하는 부서. 학생자치회 행사 포스터나 현수막 제작. 학생자치회 문예 행사 기획 및 진행.

부서 활동

부서 활동은 주로 매주 수요일 오후에 두 시간의 자치 시간에 이루어진다. 3월 말 학생자치회 회장단 선거가 끝나고 부서가 조직되면 구체적인 일 년 부서 활동 계획을 세운다. 확보된 수요일 시간에는 부서별 세부 계획을 짜거나 부서 활동이 진행된다. 예를 들면 행사부의 버스킹, 생태환경부의 지구의 날 행사 등의 계획을 짜거나 방송부가 부서 활동 영상을 찍는다. 문예부는 홍보 포스터나 현수막을 제작하고 복지부는 마니또 계획을 짠다. 부서의 계획에 따라 하는 일이 정해지거나 행사가 잡히면 점심시간이나 쉬는 시간을 이용하기도 한다. 매점부 같은 경우에는 중간 쉬는 시간 20분 정도(시정표를 조정하여 2, 3교시 사이에 시간 확보)와 점심시간에 매점을 열어 활동을 한다. 도서부도 점심시간에 도서관을 개방하고 운영한다. 행사부가 점심 식사 후 야외 광장에서 버스킹을 하기도 한다. 부서 조직은 작은 학교라 전교생이 학년별로 골고루 편성된다. 부서 활동을 하면서 후배는 선배에게 배우고, 선배는 가르치는 경험을 자연스럽게 한다. 부서 활동을 통해 학생들은 스스로 행사를 기획하고 진행하기도 하고 계기 교육을 디자인하고 실행한다.

부서 활동에서 시간 확보는 매우 중요하다. 교육 과정에서 창의적 체험 활동 중 자치 활동 시간의 쓰임은 다양하다. 큰 학교에서는 주로 반에서 활용되지만 작은 학교에서는 학생자치회 전체 시간(한자리모임)과 부서 활동 시간 그리고 학급에서 다양하게 활용된다. 내서중학교는 학생자치회 활동이 배움이 일어나는 수업이라고 교직원 회의에서 평가가 되어 교과 시간을 줄이고 자치 활동 시간을 확대했다.

학생들은 부서 활동을 힘들어한다. 배우는 과정은 힘들다. 힘이 들어도 배움이 일어나는 수업이기에 학생들도 이해하고 느끼고 동의하여 열심히 참가한다. 가르쳐 주는 수동적 배움이 아닌 스스로 해 보는 능동적인 배움이 일어난다.

학생자치회 부서 활동은 유네스코에서 이야기하는 미래 교육(교육의 공동재)*을 기반으로 한다. 학생자치회 부서 모두가 학생을 위해 조직되고 학생의 복지에 초점이 맞춰져 있다. 내가 속한 부서 활동이 귀찮고 힘들지만 계획을 잘 실천하면 다른 공동체 구성원이 그 혜택을 누린다. 더불어 나도 나머지 부서 활동의 혜택을 누리게 된다. 일곱 개의 부서가 있다면 여섯 개의 다른 부서 활동으로 나는 혜택을 누릴 수 있다. 물론 나의 부서 활동 자체가 배움이 일어나는 수업이기도 하다.

[TIP] 공동재의 이해를 돕는 기사들

① "국가가 모든 학생에게 동일하게 지원하고 교육 내용도 표준화하고 학생 능력을 판별하는 공공재 교육은 한계에 직면했다"며 "앞으로 교육은 누군가가 만들어 주는 것이 아니라 교육 공동체 구성원이 함께 만들어 가는 공동의 자산, 즉 공동재가 돼야 한다"고 말했다.("공공재에서 공동재로… 경남 미래 교육 주제 사흘간 다룬다", 노컷뉴스, 2023. 8. 17)

② 앞으로의 교육은 누구에게나 제공돼야 할 '공공재'로서의 원칙에서 전 사회적 참여와 노력으로 함께 만들어 가야 한다는 '공동재' 의미로 확장될 것으로 보인다.("지역 교육, 공공재서 공동재로… 동두천 '공유학교 정책 모델' 토론회", 뉴시

---

* 유네스코의 국제미래교육위원회(International Commission on the Futures of Education)가 작성한,「함께 그려 보는 우리의 미래: 교육을 위한 새로운 사회 계약(Reimagining Our Futures Together: A New Social Contract for Education)」미래 교육 보고서의 내용.

스, 2023. 10. 19)

③ 교육을 공동재로 본다는 것은 교육을 자본주의적 '소비-교환-구매'의 대상 밖의 것으로 규정한다는 의미이다. 그것은 또한 교육의 매개가 되는 지식이 인류 공동의 역사적 산물이고 이것의 이용은 모두에게 무상으로 열려 있다는 의미이기도 하다. 33년의 현장 경험을 토대로 개인적으로 한국 교육 체제 전반을 보자면, 공동재의 기반이 빈약한 공적 재화의 불평등한 사적 전환 체계라고 규정하고 싶다. 교육을 공동재로 인식하는 관행habitus은 언감생심이고 교육을 공공재로 보는 인식도 일천하다. 교육이 공적 재화의 사적 전환 체계로 기능하는 불평등을 재생산하는 패턴은 초·중학교 영재 교육-수직 계열화된 고등학교-수직 계열화된 대학 서열 체제-수직 계열화된 노동시장이라는 통로를 통해서 이루어진다.(김기중, "교육은 공동재이다", 영암신문, 2022.4.7)

매점부의 기본 소득

매점부는 학생자치회에서 가장 바쁜 부서이다. 매일 오전 휴식 시간과 점심시간에 매점을 열어야 하기 때문이다. 그래서 당번을 정해서 문을 연다. 매점부를 통해 학생들은 먹는 즐거움을 찾는다. '팔아다있스', 'NOW 25'라는 매점의 이름도 학생들이 스스로 정했다. 매점이 열리는 시간에는 학생들이 활기차다. 그런데 매점을 자주 이용하는 학생이 있는가 하면 매점을 한 번도 이용하지 않는 친구가 있음을 알게 되었다. 그래서 교사 협의회를 거쳐 학생자치회 활동 간식비 예산을 매점 상품

권으로 모든 학생에게 지급하기로 결정했다. 학생들의 반응은 뜨거웠다. 매점부 담당 학생들은 바빠졌으나 자신이 담당하는 부서가 인기가 높아졌다는 것에 뿌듯해했다.

한자리모임—다모임

한자리모임은 다 같이 모이는 날이다. 사안에 따라 학생들만 모일 때도 있고 전 교사가 함께 모일 때도 있다. 모임은 학생자치회가 큰 결정을 하거나 다 같이 해결해야 할 문제를 주로 다루는데, 매달 마지막 수요일 자치 시간에 진행된다. 낙운중학교의 최근 한자리모임 주제는 '매점부 금고 돈을 분실한 사건에 대한 슬기로운 해결'이었다. 매점부장이 학생회장에게 제안해서 시작되었는데, 처음에는 고전적인 해결책이 제시되었다. '선생님이 학생 한 명씩 불러서 조사해야 한다.'라는 내용의 의견을 듣고 조금 기다리면 다른 학생이 안 되는 이유를 설명한다. 이런저런 이야기가 내부적으로 제안되고 설명되었다. 최종 결정은 '돈을 가져간 친구에게 기회를 주자. 매점 한 곳에 돈통을 둬서 아무도 모르게 가져간 돈을 갖다 놓을 수 있게 하자.'였다. 그런데 얼마 지나지 않아 돈통에 돈이 돌아왔다. 전액이 아닌 일부였지만 기적적인 일이 아닐 수 없었다. 매점부 학생들은 나머지 돈이 자발적으로 돌아오기를 바란다고 홍보물을 제작하여 여기저기에 붙였다. 결과는 놀라웠다. 없어진 돈보다 더 많은 돈이 돌아왔다. 한자리모임을 하다 보면 집단 지성의 힘을 느끼게 된다. 서로 이야기하면서 서로에게 배운다. 함께한 교사들은 잘 듣고 잘 관찰한다. 그리고 부정적인 분위기로 흘러갈 때 간혹 개입하여 긍정적인 분위기로 유도한다. 큰 이슈가 없을 경우에는 한자리모임 시간에 관계 형성 행사를 하기도 한다. 학기 초에는 선후배가 친해지는 친교 게임을 하기도 하고 작은 체육대회를 열기도 한다. 한자리모임은 학생자치회 회장단이 계획하고 진행한다.

학생부의 역할—선도가 아닌 지원으로

학교에서 학생부는 기피 업무에 속한다. 학교에서 일어나는 다양한 사건, 사고를 처리하고 해결하는 업무라는 생각에서다. 특히 사소한 학생들 간의 갈등에서부터 학교 폭력 사안까지 이미 일어난 일을 해결하는 과정은 매우 힘들다. 청소년기에 새로 만난 친구들 사이에서 갈등이 일어나는 것은 당연하다. 학생들은 갈등을 겪으며 조절하고 조정하는 법을 배워야 한다. 그래야 관계를 건강하게 형성할 수 있는 어른이 된다.

학생부는 복잡하고 큰 사건을 처리하거나, 사고가 일어나기 전에 예방 활동을 한다. 큰 학교에서는 친구들 간의 건강한 관계가 형성되기 전에 감정이 폭발해 갈등이 깊어지는 경우가 많다. 학생 수가 많으니 사건, 사고의 건수도 많다. 이 일을 학생부가 처리하기도 바쁘다.

작은 학교인 내서중학교는 이런 학생부에 대한 인식을 바꿔 놓았다.

낙운중학교 부서별 교사 업무 분장		
학생안전지원부 (5명)	부장	o 학생안전지원부 업무 총괄 o 학생자치회 운영 o 여행 융합 수업 업무 주관 o 학생자치회 주최 행사 계획(입학식, 졸업식 등) o 자율 동아리 조직 및 운영 관련 업무 o 낙운제 총괄, 동아리 발표회 총괄
	1학년 담임	o 자유 학기제 운영 o 신입생 오리엔테이션 학생 지원 o 1학년 상담 및 지원
	2학년 담임	o 2학년 상담 및 지원
	3학년 담임	o 진로 관련 업무 o 꿈끼 탐색 주간 운영 o 3학년 상담 및 지원
	보건, 안전 담당	o 학생 안전 관련 업무 o 보건 관련 업무 o 학생 상담 지원 업무
교무소통부 (2명)	부장	o 교무소통부 업무 총괄 o 교육 계획 수립 및 추진 o 각종 의식 행사 계획 및 총괄 o 주간 교직원 회의 관련 업무
	평가 담당	o 평가 관련 업무 o 정기고사 실시 및 결과 처리 o 학생 체력 역량 강화 지원
정보연구부 (2명)	부장	o 정보연구부 업무 총괄 o 정보 관련 및 학교 정보 공시 업무 o 전문적 학습 공동체 및 컨설팅 업무 o 융합 수업, 원격 수업 관련 업무
	미래 교육, 수업 담당	o 학부모회 관련 업무 o 기후 위기 환경 교육 관련 업무 o 학교 특색 사업 관련(미래학교) o 학교 공간 혁신 관련 업무 o 시간표 작성 및 수업 관련 업무

낙운중학교 교사 업무 분장 약속(2022년)

1. 순환 업무제 추진—업무 2년 후 순환
2. 부장, 담임, 비담임—본인 희망과 학교 상황을 고려하여 결정(학생부와 담임)
3. 공평한 업무 분장을 통해 새 학년 계획을 세운다.
4. 기본적인 업무를 상황에 맞게 분배하여 담당자를 결정하고, 나머지 업무는 할 사람과 교과목 상황에 맞게 분장한다.
5. 창체는 수업 시수가 적은 교사에게 우선 배정하여 운영한다.
6. 모든 업무 분장은 전 교사의 희망을 반영하여 최종 결정한다.
7. 세밀하고 엄격한 업무 분장을 통해 업무 경계를 명확히 구분하고 추진 담당자는 책임을 지고 사전 계획 및 교직원, 학생들과 소통하며 충분한 시간을 확보하여 운영하도록 노력한다.
8. 부득이한 경우를 제외하고 학사 일정 조정은 없는 것으로 하며, 준비 부족이나 시간 지연으로 운영이 어려운 경우는 그 사업을 진행하지 않을 수 있다.
9. 공동체 의식을 가지고 서로 협력하고 배려하면서 교육 활동을 운영하며 계획한 모든 사업들이 완수될 수 있도록 최선을 다한다.
10. 업무 추진 과정에서 협조를 요청하면 적극 협조하여 즐겁고 보람된 한 해가 될 수 있도록 노력한다.

* 업무 분장의 원칙은 해마다 조금씩 바뀐다. 구성원들의 민주적인 협의를 거쳐 원칙을 정하고 업무 분장에 들어가면 업무를 서로 안 하겠다는 분위기에서 서로 하겠다는 방향으로 바뀐다.
* 새 학년이 시작되기도 전에 업무에 불만이 생기면 일 년이 피곤하다. 새 학년 준비 연수에서 학교의 교육 목표와 교육 과정의 방향을 미리 설정하고, 업무 분장의 원칙을 정하고 업무를 골고루 나누고, 적절한 교사의 배치를 하게 되면 모두가 이해하고 합의하게 되어 새 출발에 힘이 난다.
* 아직까지 업무 분장의 권한은 관리자에게 있다고 생각하고 관리자가 원하는 방향을 미리 짜 두고 인사자문위원회를 하는 경우도 많다. 그렇다 할지라도 논의의 중심이 업무가 아니라 교육의 방향이 되면 많은 동의를 구할 수 있다.

학생들을 학교의 주인공으로 만들어 주고 학생자치회 운영을 권장하고 지원하며, 갈등의 문제를 단순 가해와 피해의 이분법이 아닌 이해와 소통과 적절한 지원으로 해결하려고 노력했다. 그래서 부서의 이름도 학생부에서 학생지원부 혹은 학생복지부로 바꿨다. 현재 낙운중학교는 도교육청에서 안전을 강조하면서 명칭을 학생안전지원부로 사용하고 있다. 학교의 주인공은 학생이고, 교육 과정의 중심은 학생이며, 학교의 모든 활동은 수업이다라고 학교의 방향이 바뀌니 학생안전지원부의 역할이 많아졌다. 대부분의 학교는 교무부의 일이 많고 업무 분장에서도 많은 인원수를 차지한다. 내서중학교와 낙운중학교는 학생안전지원부에 담임을 포함시키고 업무는 부장 중심으로, 생활 지도나 지원은 담임 중심으로 역할을 나누었다. 그래서 교사 아홉 명 중 다섯 명이 학생안전지원부 소속이다.

학생 자치 기반 조성 1―학생 생활 규정 개정

학생자치회 활성화를 위해서는 학생 생활 규정을 점검하는 것이 우선되어야 한다. 학생에게 자율권을 보장한다고 말만 하는 것이 아니라 규성을 점검하여 학생 인권이 보장된 방향으로 개정해야 한다. 아직도 학교에서는 학생을 '미성숙한 존재'로 바라보는 시각이 많다. 어른들의 시각으로 학생들이 지켜야 할 것들을 규정으로 만들어 놓지 않았는지 살펴봐야 한다. 이 과정도 쉬운 일은 아니다. 내서중학교와 낙운중학교는 학생자치회 활동을 본격적으로 하기 전에 학생 생활 규정을 점검하고 개정하는 노력을 했다. 이를 위해 교육 3주체가 모여서 대토론회를 개최했는데, 서로의 생각이 달라 열띤 토론이 전개되었다. 토론을 통해 입장 차가 좁혀지는 부분도 있었지만 그렇지 않은 것도 있었다. 교복이나 염색 등 학생의 복장과 관련된 것은 미래 지향적으로 개정이 쉽게 되었다. 그러나 핸드폰 소지 및 사용 문제는 첨예하게 대립했다. 낙운중학교의 경우에는 '핸드폰 소지 및 사용에 대한 약속을 학생들이 원하는 방향으로 한 달만 생활해 보자. 그리고 잘 지켜지지 않거나 우려하는 일이 발생할 경우 세부적인 안을 세우자.'라고 제안이 들어와 모두 합의했다. 결과는 성공적이었다. 토론에 참가한 학생들은 우려하는 지점을 정확히 알고 약속을 지키기 위해 노력했다. 토론 과정에서 어른들이 자신을 믿어 주는 마음이 전달되어 학생들 스스로 핸드폰 사용에 대한 생각을 해 보는 계기가 되었다. 학생들은 자신의 물건을 자유롭게 소지했지만, 자신의 행동이 남에게 혹은 모두에게 방해가 되지 않는지 생각하며 행동했다. 한 달간의 유예 기간이 잘 지켜져서 '핸드폰 사용 자율'이라는 규칙이 정해졌다. 하지만 해가 바뀌면서 학생들의 경각심(?)은 둔해졌다. 그렇다고 규칙을 다시 개정할 수는 없었다. 이 문제를 학생자치회 한자리모임의 안건으로 올렸다. 학생들은 자치를 경험하고 나서 문제를 바라보는 시선이 달라졌다. 핸드폰 사용을 많이 하는 것이 어른들의 걱정인지는 알지만 그렇다고 강제적인 규칙을 정해서 학생들이 지키게 하는 방법은 옳지 않다고 이야기했다. 학생들 자신이 이 문제를 이해하고 서로 돕고 때론 충고를 하면서 자신들이 스스로 절제할 수 있는 힘을 길러야 한다고 이야기했다. 학생 자치를 통해 성숙된 사고를 하게 된 것이다. 그래서 각 부서별로 '핸드폰 없는 날'을 정해 핸드폰 사용을 줄이는 재미있는 방법들을 찾아보자는 의견이 나왔다. 아직도 이 문제는 뜨거운 감자다. 해마다 신입생이 들어오기에 갈등이 생기는 것은 당연하다. 그렇다고 해서 어른들의 시각으로 규정에 넣어 모두가 일방적으로 지키게 하는 방법은 옳지 않다. 해마다 구성원들이 문제를 협의해서 슬기로운 방법을 찾는 과정이 수업이고 배움이다.

학생 생활 규정은 말 그대로 학생들에게 적용되는 것이다. 규정이 학생의 배움과 성장에 도움이 되는 것이지만 그 안에 학생의 인권과 복지가 들어가 있는지 점검하는 것도 매우 중요하다. 학교는 학생을 중심으로 한 3주체의 소통과 원활한 협의가 중요하다. 학생들은 어른들에게서 배운다. 그렇다면 우리는 완벽한 어른인가? 아니다. 그럼에도 교사 생활 규정이나 학부모 생활 규정은 없다. 그래서 혁신학교나 대안학교에서 시행되고 있는 교육 3주체의 약속을 자세히 들여다볼 필요가 있다. 어른의 시각으로 학생 생활 규정을 정한 뒤 그것을 지키지 못하면 처벌을 하는 방향이 아니라, 어른들부터 생각을 바꾸고 행동의 모본을 보이며 학생들의 생활을 유도하는 방법이 교육적 효과가 높을 것이다.

제4장 학생의 용의 복장 (학생 생활 규정 예시)

제10조(두발)
① 두발은 자율로 한다.
② 두발은 청결을 유지한다.
③ 학교 활동에서 안전과 건강에 문제가 될 경우 협의를 통해 제한할 수 있다.

제11조(복장)
① 복장은 자율로 한다.
② 교복(생활복 포함), 체육복 등의 착용 여부 및 디자인 결정 등은 학생, 학부모, 교직원의 의견을 수렴하여 학교운영위원회에서 심의, 의결한다.
③ 지정된 교복(생활복 포함), 체육복, 실내화 이외의 의류, 양말, 신발 등에 대해 학생의 안전과 건강을 해치지 않는 범위에서 디자인과 색상의 선택권을 보장한다.

제12조(용모 및 장신구)
① 용모는 단정하고 청결하게 유지하도록 노력해야 한다.
② 안전, 건강에 문제가 되는 장신구의 착용은 제한할 수 있다.
③ 안전, 건강에 문제가 되는 복장이나 용모에 관하여 유해성 교육을 실시한다.

제13조(신발 및 가방 등)
① 신발은 자유롭게 착용하나 안전을 위협할 수 있는 경우(슬리퍼 등) 제한할 수 있다.
② 실내화는 교내 허용 지역에서만 착용한다.
③ 가방은 자유롭게 선택하나 학교생활에 편리한 것으로 한다.

학교 공동체 약속(예시)

1) 학생의 약속
① 교실, 복도 등에서 큰소리로 떠들거나 심한 장난을 치지 않고 친구의 학습을 방해하지 않는다.
② 서로 인사하며 배려하고 웃음이 넘치는 학교 분위기를 만든다.
③ 감정적 대꾸보다는 타인의 말을 존중하고 이성적 대화를 예의 바르며 소신 있게 한다.
④ 학생 상호 간에 욕을 하지 않고, 존중하며 친절한 태도로 대한다.
⑤ 컴퓨터 사용 시간을 줄이고, 게임을 자제한다.

⑥ 공동의 비품을 파손하지 않고 아끼고 청결하게 사용한다.
⑦ 거짓말, 핑계, 내숭을 떨지 않고 솔직하게 말한다.
⑧ 아침 일찍 일어나고, 정리정돈과 청소를 자율적으로 한다.
⑨ 두발, 화장, 피어싱은 개성의 표현을 존중하되, 공동체에 지나친 위화감을 줄 경우는 3주체 공동체생활협약위원회의 결정에 의해 시정을 요구할 수 있다.

2) 교사의 약속
① 체벌을 하지 않는다.
② 준비를 철저히 하여 지루하지 않게 학생이 참여하는 수업을 한다.
③ 학생의 자율성을 존중한다.
④ 학생에게 기회를 균등히 주고 학생 의견을 경청하며, 차별하고 비교하지 않는다.
⑤ 학생을 인격적으로 대하고 감정적이고 모욕적인 언사를 하지 않는다.
⑥ 학생 개개인의 조건과 상황에 따라 일대일 상담을 많이 한다.
⑦ 학생들에게 친절하고 상냥하지만 혼낼 때는 단호하고 따끔하게 한다.
⑧ 칭찬을 많이 하고 학생의 작은 실수는 관용과 사랑을 바탕으로 이해해 준다.
⑨ 원인 행위가 없을 경우는 학생의 소지품을 검사하지 않는다.
⑩ 학부모와 항상 거리감 없는 대화와 상담을 한다.
⑪ 교사 각자의 학습, 교육 자료를 공유하고 힘든 일은 서로 도우면서 함께한다.
⑫ 항상 밝게 웃으며 많은 대화와 소통으로 즐거운 학교가 되도록 노력한다.

3) 학부모의 약속
① 학교 일에 관심 갖고 적극적으로 참여하면서 서로 소통한다.
② 학교 일에 뒤에서 비난하지 않고 자신 있게 공식적 통로를 통해 의견을 개진한다.
③ 학생과 일주일에 한 번 이상 대화하고, 학교생활에 관심을 갖는다.
④ 학생들의 사춘기 상황을 이해하고 차분하고 냉정하면서 이성적인 대화를 한다.
⑤ 아침밥은 꼭 먹이며, 군것질보다는 가정에서 간식을 챙겨 준다.
⑥ 한 달에 한 번 이상 자녀와 등산, 영화 보기, 연극 관람, 운동 경기 등을 함께한다.
⑦ 친한 친구의 이름을 알고, 관심을 갖고 내 자식처럼 대한다.
⑧ 자녀의 자기 결정권(장래 희망, 꿈, 진학, 진로 등)을 존중한다.
⑨ 타 학생과 비교하거나 간섭하지 않고 잔소리보다는 자녀를 신뢰하며, 인격적으로 존중한다.
⑩ 성적으로 모든 것을 평가하지 않고, 인성적 측면에서 감싸 준다.
⑪ 촌지를 갖다 주지 않는다.
⑫ 학생 앞에서 선생님을 비난하지 않고, 교육적 전문성을 존중한다.
⑬ 잠을 충분히 재운다.

학생자치회 기반 조성 2—학생자치회실과 예산 확보

학생들에게 학생자치회 활동의 필요성을 이해시키고 시작하는 것은 매우 중요하다. 학생들은 어른들이 하라고는 하는데 그 이유는 잘 설명해 주지 않는다고 한다. 학생들에게 '왜 해야 하는지?', '왜 이렇게 되었는지?', '무엇 때문에 되는지 혹은 안 되는지?'를 자세히 이야기해 준 뒤 하라고 하면 곧잘 한다. 이야기에 그치지 않고 물리적인 지원을 하면 학생들은 필요성을 더 느낀다. 어른들의 응원과 함께 지원을 받게 되면 학생들은 고무된다. '우리를 이렇게 생각해 주시는구나.'라며 말에 진심을 느끼게 된다.

낙운중학교는 2019년부터 학생 자치를 중심으로 한 미래 교육 과정으로 변화했다. 당시 폐교 위기였던 터라 교육청으로부터 예산 지원이 적거나 거의 없었다. 낙운중학교에 부임한 뒤 학교 내에 여유 공간이 있는지부터 살폈으나 거의 없었다. 더구나 교과 교실 등 활용도가 낮은 공간들이 배치되어 있었다. 처음부터 공간 협의를 하기에는 아직 서로를 몰랐기에 어설프게 이야기했다가는 오해를 살 수도 있겠다 싶었다. 그러던 중 창고로 쓰던 건물에 들어가 보았는데, 지붕을 받치고 있는 트러스가 인상적이었다. 요즘 유행하는 빈티지 그 자체였다. 보수를 해야 했지만 그리 많은 예산은 들지 않을 것 같았다. 교장, 행정실장과 몇몇 교사와 협의해서 그 공간을 학생 자치실로 만들기로 했다. 학부모님에게 도움을 구하니 학부모회에서 도와주셨다. 벽을 뚫어 창을 만들고 바닥에 분필로 그림을 그리고 에폭시 마감도 했다. 필요한 가구는 목공 수업으로 학생들과 직접 만들었다. 한 달여 만에 학생 자치실이 완성되었다. 상상만 하던 공간이 현실로 보이니 학생들은 놀라워했고 자신들을 지원하는 어른들을 신뢰하기 시작했다. 그리고 그 신뢰를 바탕으로 기회에 도전하는 용기가 생기기 시작했다. 낙운중학교는 학생 자치실을 시작으로 학생들의 수업과 생활에 중심이 된 공간 혁신을 완성시켰다. 학교에서는 꿈을 꾸라 하지만 그 꿈이 현실이 되는 것을 잘 보지 못한다. 그래서 학생들은 꿈만 꾸는 것으로 그친다. 하지만 낙운중학교의 공간 혁신 사업은 학생들에게 꿈을 현실로 만드는 경험을 선사했다.

학생자치회 활동을 하려면 예산이 필요하다. '뭐 하고 싶어? 마음껏 해 봐!'라고 학생들에게 묻고 응원하면, 학생들은 '이거 하고 싶어요.' 하고 나선다. 하지만 예산이 없어서 못한다고 하면, 어렵게 생긴 사기가 꺾이게 된다. 작년에 편성된 예산이기에 학생자치회 예산이 적다면, 교직원협의회에서 예산을 점검하고 협의하여 추경을 통해 증액시킬 수 있다. 해마다 연말이 되면 예산이 남는 경우가 많기에 예산서를 잘 들여다보면 추경할 부분이 보인다. 첫해는 충분하지 않더라도 학생자치회 예산을 추가로 확보하면서 활동을 하다 보면 연말에 내년 예산을 세울 때 충분히 반영할 수 있다. 낙운중학교는 학생자치회 활동비, 부서별 활동비, 자율 동아리 활동비, 학기별 학급 운영비 등 다양하게 예산을 편성해 두었다.

학급 자치—러닝메이트(2학기)

낙운중학교에서는 학생자치회 활동을 중심으로 하다 보니 학급 자치회가 잘 운영되지 않았다. 4년 동안 학생자치회가 어느 정도 정착이 되니, 최근에 1학기 평가에서 학급 자치회 활동이 필요하다는 이야기가 나왔다. 모두가 동의를 하여 2학기부터는 학급 자치회 운영 계획을 세웠다. 그리고 전문가에게 학급 운영에 대한 컨설팅과 연수를 받았다. 1학기는 학교 전체의 학생자치회 구성과 조직 운영이 원활하게 진행되는 데 초점을 맞추고, 2학기에 학급 자치회를 본격화하는 게 적합하다. 작은 학교에서는 3학년 대부분이 학생자치회 회장단과 부서장의 직책을 맡게 되며, 직책이 없는 친구도 부서에서 중요한 역할을 하게 된다. 그리고 1학기 반장 부반장은 선거관리위원을 해야 하기에 되도록 빨리 뽑아야 한다. 2학기에는 학생들이 학년에 대한 적응도 되어 있고 반 친구들의 상황도 이해하고 학생자치회의 경험도 있기에 훨씬 수월하다. 반장 부반장 선거를 러닝메이트제로 하면서 학급에 필요한 공약을 세울 수 있다. 1학기 학생자치회 회장단 선거로 경험이 있기에 1학년도 곧잘 한다. 2023년 2학기에 낙운중학교에서 학급 자치회 반장 부반장 선거를 러닝메이트제로 진행하면서 학생도 교사도 모두 놀랐다. 수준 높은 공약이 나오고 반에서 진짜 필요한 사항들이 제시되었다. 1학년의 인상 깊은 공약 중 하나는 '월요병을 없애는 월요일 1교시 학급 활동 시간을 다양하게 계획하겠다.'였다. 학급 자치회 활동으로 담임 선생님의 학급 운영이 한결 수월해졌다. 낙운중학교의 학급 자치회 활동은 교사 주도 학급 운영이 아닌 학생 주도의 학급 운영이 되고 있다.

유전과 진화

중학교 3학년 과학 단원에 유전과 진화가 있다. 학생자치회 활동도 유전과 진화가 된다. 학생자치회 활동은 처음 일 년이 힘들다. 한 번도 경험하지 못했기에 교사도 학생도 힘들다. 그러나 1학기만 해 보면 3학년은 학생 자치의 맛을 알게 된다. 2학기에는 수월하다. 그렇게 일 년을 보내면 그 다음은 노하우가 쌓여 차츰 정착된다. 2학년은 첫해 3학년의 좌충우돌 학생자치회 활동을 보면서 배웠기에 일 년이 지나면 이미 경험자가 되어 있다. 내서중학교에서도 낙운중학교에서도 자연스럽게 유전이 되는 모습이 보였다. 또한 학생자치회 활동은 해마다 진화한다. 매년 담당하는 학생들이 바뀌기에 큰 틀은 변하지 않더라도 그 내용은 한층 발전한다. 2년을 경험한 학생들이 3학년이 되어 학생자치회를 주도적으로 운영할 때 과거 선배들의 좋은 점은 이어받고, 부족한 점은 보완하고, 새로운 것을 찾아낸다. 필요 없는 부서를 없애고 공약에 필요한 부서를 새로 조직한다. 학교 행사들도 선배들이 한 것을 바탕으로 인터넷 자료를 찾아 적용시켜 업그레이드가 된다. 교과서에도 없는 것들을 스스로 정보를 검색해 새로운 것을 만드는 것이 곧 '변혁적 역량'의 '새로운 가치 창출'이다.

학생 자치 = 학교 자치(민주적인 교직원협의회)

학생들에게 스스로 해 보라고 기회를 주고, 믿고 기다리고, 관찰하고 지원하는 일은 쉽지 않다. 그렇기에 교사들도 스스로 해 보고 맛봐야 한다. 이것은 교사 자치다. 교사 자치는 OECD 학습 나침반에서 이야 기하는 교사의 행위 주체성과 닮아 있다. 교사들도 교직에 들어오기 전이나 들어오고 난 후에 어디서도 배울 기회가 없었다. 배웠다 하더라도 해마다 새로 만나는 친구들에게 맞지 않을 수도 있다. 그래서 교사도 매번 배워야 한다. 교육 과정에 나오는 교과 지식은 이미 알고 있는 것이지만 그것을 매해마다 새롭게 만나는 학생들에게 적용하려면 배우고 연구해야 한다. 학생 자치 활동에서 가장 어려운 것이 교사의 지원(개입) 정도이다. 어느 정도를 도와야 할 것인가는 매번 평가회에서 나오는 단골 메뉴이다. 학생자치회 경험을 통해서 교사는 전문가가 된다. 학생들을 자세히 관찰하다 보면 이런저런 성격의 학생들이나 학년에게 얼마만큼 개입해야 할지 알게 된다. 그렇다 하더라도 올해의 학생들은 처음이다. 그 학생들을 지원하다 보면, 그 학생들에게서 또 새롭게 배운다. 학생의 행위 주체성이 향상되려면 교사의 개입은 적어야 한다. 그렇다고 너무 많이 줄이면 교사의 관심이 없다고 생각할 수도 있고, 학생의 자발적 참여 의지가 낮아질 수도 있다. 충분히 해결할 수 있는 문제면 스스로 할 수 있게, 스스로 하기에 벅찬 문제면 적절한 지원을 해야 한다. 그 알맞은 정도를 알아차리는 방법은 경험밖에 없다. 그 경험을 쌓으면서 교사는 학생을 성장시키는 전문가가 된다.

　교사의 행위 주체성을 높이기 위해서는 교사의 자발성이 중요하다. 관리자는 학생들과 직접 관계 맺고 있는 교사들을 신뢰할 필요가 있다. 믿고 맡기면 교사는 자발성이 생긴다. 실수를 줄이기 위해 관리자나 경험이 많은 교사 선배가 방법을 미리 설명하거나 일을 지시하게 되면 교사의 성장은 더디고 자발성은 생길 수 없다. 거기에 익숙하다 보면 교사도 직업이기에 시키는 일만 하게 된다. 수동적인 교사에게서 능동적인 학생을 기대하면 안 된다. 능동적인 교사가 학생을 시의적절하게 지원할 수 있으며 그 지원을 힘입어 학생들은 자발적으로 배우게 된다.

　민주적인 교직원협의회는 교사를 춤추게 한다. 교사가 새롭게 계획한 것을 실행하려면 부장과 교감과 교장의 라인을 거치면서 설명해야 한다. 관료제 조직에서 일반적인 일이긴 하지만, 단계를 거치면서 설명을 두 번 세 번 하는 것은 힘들다. 더구나 그 과정을 거치면서 계획이 다듬어지기도 하지만 많은 경우에는 실행할 수 없게 되기도 한다. 그러다 보니 새로운 일을 계획하기보다는 기존에 하던 일을 반복하면서 교과 수업 이외의 다른 부분들은 크게 신경 쓰지 않게 된다. 민주적인 교직원협의회는 관리사와 모든 교사들이 한자리에서 협의한다. 그리고 거기에서 계획을 제안하고 다듬고 결정한다. 이런 방식은 여러 번 설명하는 단계를 줄일 수 있으며, 협의한 결과가 곧 관리자의 승낙이기에 자신이 제안한 계획에 자신감이 생긴다. 중등학교는 교과와 업무가 분절적으로 존재하기에 집단 지성의 논의가 부족하다. 다행히 작은 학교는 모두가 모여 협의할 수 있다. 이로 인해 선배들의 경륜과 후배들의 새로움으로 학생에게 필요한 교육 과정을 재구성할 수 있다. 내서중학교와 낙운중학교는 매주 목요일 오후에 한두 시간 정도 교직원협의회를 가진다. 그 시간 학생들은 외부 강사들에게 전문적인 수업을 받는다. 회의를 좋아하는 사람은 사실 없다. 더구나 회의를 길게 하면 지치기 일쑤다. 그러나 자신의 의견이 존중받는 회의는 비록 힘이 들지만 지치지 않으며, 분절적이던 분위기를 융합적으로 만든다. 교사들도 서로의 생각을 알게 되어 관계가 깊어진다. 잘 계획되고 진행되는 협의회를 통해 교무실 분위기는 좋아진다. 그러다가 수업에 들어가면 수업 시간에 자연스럽게 웃게 된다.

교직원협의회 시간에는 학교 교육 과정 전반에 대한 이야기를 하지만 중심은 학생 생활에 대한 이야기이다. 'ㅇㅇ 학생이 수업에 집중을 하지 않는다.'라고 이야기를 꺼내면 다른 교과 시간에는 어떤지, 학생 자치 활동에서는 어떤지, 학급 자치 시간에는 어떤지 대부분의 교사가 그 학생에 대해 이야기한다. 그러다 보면 원인을 예측하게 되고 어떻게 지원할지를 다 같이 고민하고 방법을 찾는다. 상담이 필요하면 상담 프로그램을 지원하고 상담사와 담임 선생님이 긴밀히 협조하여 해결 과정을 모니터링한다. 모든 교사가 상황을 알고 있기에 수업 중이나 일과 시간에 그 학생을 응원하고 격려한다. 일정 시간이 지나면 어떤 변화가 있는지, 효과가 있는지, 아니면 다른 방법으로 지원할지를 다시 협의한다. 이렇듯 협의회를 통해 '예측 – 실행 – 성찰'을 진행한다. 이런 지원의 가장 기본은 교사의 관찰이다. 모든 학생들을 모든 교직원이 면밀히 관찰할 수 있다는 것은 소규모 학교의 가장 큰 장점이다. 관찰하고 예측하고 지원하고 성찰하는 과정에서 교사는 전문가가된다. 학교의 지원으로 학생의 성장을 경험하게 되면 학생에 대한 이야기는 협의회 시간 이외에 교무실에서 일상으로 일어난다. 학생의 성장은 수업과도 밀접한 관계가 있다. 수업 태도가 좋지 않은 학생을 나무라기만 한다고 해서 결코 좋아지지 않는다. 모든 교사가 지원하기 위해 관찰하고 실질적인 지원을 받고 자신을 도와준다는 것을 학생도 느끼게 될 때 학생의 태도는 좋아진다. 학교의 지원이 학생을 성장시킨다. 수업 태도도 좋아지고 교사와의 관계도 좋아진다.

[TIP] 신입생의 선거

① 1학년 반장과 부반장 선거는 입학 후 2주 정도의 시간을 가지며 서로가 조금 친해진 후에 선출하면 좋다. 그리고 1학년은 학생자치회의 경험이 없기 때문에 굳이 선거관리위원회에 포함시키지 않아도 된다. 인원이 늘어나면 오히려 선관위가 힘들어진다.

② 해미다 역할을 담당하는 학생의 기본 역량이 다를 수 있다. 그때마다 적절한 개입의 정도가 필요하다. 동료 교사와 함께 개입의 정도를 협의하면 좋다.

5장

미래 교육의 적용 1,
프로젝트 여행 수업

실패는 교육적입니다. 진정으로 생각하는 사람은 성공뿐 아니라 실패에

서도 많은 것을 배웁니다. ― 존 듀이

학생들이 스스로 무언가를 해 보는 경험은 중요하다. 그 중 학교생

활의 대부분인 수업에서의 경험이 가장 중요하다. 최근 우리나라의 학

교 수업에 대한 변화가 일어나고 있지만 입시 경쟁에서 자유롭지는 못

하다. 중고등학교의 경우에는 교과 간의 벽도 매우 높아 서로 교류하

기가 쉽지 않다. 학교에서의 교과는 분절적으로 학습되기 쉽다. 그러

나 사회에서는 학문들이 융합적으로 적용된다. 그런 의미에서 교과 간

의 협력을 통한 융합 수업은 미래 교육에서 중요한 요소이다. 교사의

일방적인 융합 수업이 아닌 학생들 스스로가 학습하고 문제를 찾아내

고 다양한 관점에서 해결해 나가는 과정이 곧 미래 지향적 수업이다.

수업의 변화는 평가의 변화를 견인한다. 때론 평가의 변화가 수업의

변화를 견인하기도 한다. 입시 경쟁 교육에서는 평가의 변화도 쉽지

않다. 평가가 상급 학교 진학을 위한 공정한 결과물로만 인식되는 현

실 때문이다. 2015 개정 교육 과정에서는 역량 중심 교육 과정으로 인

한 과정 중심 평가의 필요성을 이야기한다. 그러나 수능 성적이 좌우

하는 정시 모집으로 대학의 진학이 결정되는 현실로 인해 중학교에서의 평가 변화는 미미하다.

교직원협의회에서 협의하여, 중학교에서는 입시 교육보다 융합 수업과 과정 중심 평가를 확대하기로 결정했다. 현대 사회에서는 지식을 외워서 사용할 필요가 줄어들었다. 디지털 전자 기기들이 이미 대신하고 있기 때문이다. 그렇기에 지식을 이해하고 삶에 적용시켜 새로운 지식을 익히기도 하고 변화되는 문제를 해결해야 한다. 이를 위해 교사 개인의 수업 변화가 필수적이지만 강조한다고 해서 강제되는 것은 아니다. 그래서 융합 수업을 통해 자연스럽게 교과의 벽을 조금씩 낮추는 시도를 했다. 융합 수업을 디자인하다 보면 타 교과 내용을 들여다볼 수밖에 없다. 타 교과에 대한 간섭이 아니라 내 교과와의 연결 지점을 찾게 된다. 융합 수업에는 여러 교과가 결합하고 긴 시간이 필요한 프로젝트형과, 2~3개 교과의 단원 일부 내용을 적용하는 스마트형 등 수업 형태가 다양하다. 교사들이 교과서의 내용을 전달하고 외우게 하는 단계를 벗어나고, 교과 융합으로 새롭게 배울 의지와 용기만 있다면 융합 수업은 충분히 가능하다.

학생 자치 활동의 활성화로 교사들이 학생들의 변화와 성장을 경험했다. 학생들에게 기회를 주니 학생들이 잘해 나가는 모습이 눈에 보였다. 2~3년이 지난 학생들의 성장이 눈에 들어왔다. 학생들의 성장은 감동 그 자체였다. 이런 학생의 변화는 교사에게 전염되었다. 학생들의 성장은 교사를 춤추게 하여 교사들의 변화에 자극을 줬다. 자극을 받은 교사들이 많아지면서 자연스럽게 과정 중심 평가의 확대 이야기가 힘을 받게 되었다.

학생들이 기획하는 수업이 가능한가? 행사를 수업으로 생각한다면 가능하다. 해 보는 경험이 늘면 수업도 가능하다. 스스로 하는 수업을 통해 스스로 공부하게 된다. 평소 학생자치회 활동을 통해 학교의 모든 활동의 중심은 학생이며, 그 활동을 학생들이 기획하고 실행해 나갈 때 배움이 일어난다는 설명과 함께 기회를 주면 학생들은 스스로 할 용기가 생기게 된다. 한두 번의 경험이 늘어나면 학생들은 자신감이 생기고 실패를 두려워하지 않는다. 이런 경험을 통해 학생의 행위 주체성, 즉 주도성이 성장한다.

여행 수업의 시작

학교에는 소풍, 현장 체험 학습, 수학여행, 야영 등 학교를 떠나 배움이 일어나는 교육 과정있다. 그런데 이를 통해 배움이 일어나는지는 제대로 평가되지 않는다. 작년에 갔다 왔고 이듬해에도 갔다 왔고 그 이듬해에도 갔다 왔기에, 그리고 인근 학교에서도 가고 전임 학교에서도 진행되었기에 습관처럼 학사 일정에 편성한다. 더욱이 학생들이 학교를 떠나 하루 이틀 정도는 학업을 잊고 생활하는 걸 좋아해서 진행되기도 한다. 물론 평소 학업에 지쳐 있는 학생들이 많기에 바람도 쐬고 친구들 간의 추억을 쌓는 이런 시간들은 필요하다. 작은 학교에서 전

액 학교 예산으로 진행하는 수학여행을 따져 보자. 교사들이 알찬 코스를 계획해서 다녀와도 학생들의 만족도는 그리 높지 않다. 불만이 생긴다. 그래서 학생들의 의견을 수렴해서 코스를 짠다. 그래도 불만은 존재한다. 교사들은 수학여행이 힘들다. 학생들과 하루 종일 생활하며 신경을 써야 하기 때문이다. 학교는 정돈되어 있어 위험 요소가 적지만 학교 밖을 나가면 위험 요소가 많아져서 신경이 더 쓰이고 더 피곤하다. 학생들도 피곤하다. 단체 버스를 타고 목적지에 내려 한두 시간을 보내지만 역시나 재미가 없다. 특히 박물관이나 미술관이면 더 그렇다. 10분 만에 다 돌아본다. 이런 곳을 하루에 두세 곳 찾아다니지만, 대부분 자신이 원하지 않는 곳이니 관심이 없다. 관심이 있다 하더라도 촘촘히 볼 마음이 생기지 않는다. 반면 부모는 반긴다. 대부분 사춘기일 시기여서 잠시 떨어져 있으면서 서로를 생각할 시간을 가질 수 있다. 아니, 서로를 생각하지 않아서 좋다. 극단적인 설정이긴 하지만 그리고 이런 상황을 다시 겪지 않기 위해 매년 새로운 기획을 하지만 위에 말한 예에서 크게 벗어나지 않는다. 교육 3주체가 뭔가 불편한 이 여행을 지속할 필요가 있을까?

내서중학교는 교직원협의회에서 수학여행에 대해 돌아보기로 했다. 과연 수학여행은 필요한가? 학생들에게 도움이 되고 배움이 일어나는가? 모두가 냉정하게 사고했고 '아니다'라는 결론이 났다. 그럼 어떻게 할 것인가? 주위에 눈을 돌렸다. 간디학교에서는 이동 학습을 일주일 넘게 떠난다고 했다. 고민을 했다. 내서중학교에는 어떻게 적용해 볼까? 3년에 한 번씩 전교생이 가던 수학여행이 올해이니, 이번부터 여행 방식을 조금 바꿔 보자고 제안했다. '아니다.'라는 반성에서 새로운 도전을 낳았다. 여행하는 기간에는 학생들이 모두 다른 지역에 가서 학교를 이동시켜 수업을 하는 것이니 '이동 수업'이라는 이름을 붙이기로 결정했다.

배움이 일어나는 여행

이 또한 수업인만큼 학생들에게 배움이 일어나는 기획을 해야 했다. 마침 학생 자치 활동이 활성화되고 있던 중이라 이동 수업도 학생들에게 맡기기로 했다. 교사가 많은 수고를 들여 정교하게 계획을 해도 그 계획은 온전히 학생들 것이 되지 못한다. 이왕 맡기는 것, 하고 싶은 바를 스스로 찾게 처음부터 끝까지 다 맡겨 보기로 했다.

여행 장소는 교직원협의회에서 결정했다. 강원도였다. 학생들에게 '두레별(부서별)로 강원도의 시, 군 두 곳을 정해 여행 일정을 계획하시오.'라는 과제를 제시했다. 버스나 기차표를 예매하고 식당을 찾고 숙박지를 결정하고 주제도 체험 활동도 모두 학생에게 맡겼다. 학생들은 힘들어했지만 마치 배낭여행을 계획하며 설레는 여행자처럼 즐겼다. 교사들은 걱정이 많아졌다. 가능할까? 사고가 나면 어떻게 하지? 힘들지 않을까? 학생들이 진짜 좋아할까? 다녀와서 만족도가 낮으면 어떻게 하지? 수많은 걱정 속에서도 모두가 해 보자고 결심했다.

자치 활동 시간에 두레별(부서별) 시간을 줬다. 경험이 있는 3학년 선배, 관심 없는 2학년, 아무것도 모르는 1학년이 섞여서 계획을 짰다. 누가 가장 힘들어할지 눈에 선했다. 내버려 뒀다. 아니, 유심히 관찰했다. 가고 싶은 곳, 하고 싶은 것이 다 달랐다. 충돌이 일어났고, 선후배 간 갈등이 생겼다. 그럼에도 교사들은 개입하지 않고 시간을 더 줬다. 갈등이 조율되었다. 서로 이해하고 양보했다. 각자 역할도 나눴다. 누구는 길을 찾고 누구는 숙박지를 찾고 누구는 식당을 알아보고 누구는 1차 발표 PPT를 준비했다.

1차 발표와 답사 그리고 최종 발표

'여행은 세 번을 한다. 가기 전 상상하며 여행을 하고, 직접 가서 여행하고, 갔다 와서 추억하며 여행한다.'라는 말이 있다. 한 달여의 준비 기간 동안 학생들은 다양한 갈등을 겪으며 자신들만의 특색 있는 계획을 찾아냈다. 여행사가 짜 놓은 계획이 아니라, 세상에서 하나밖에 없는 계획이었다. 1차 발표회장은 긴장감과 기대감이 교차했다. 모두가 PPT 화면을 뚫어져라 보고 두레장의 마이크 소리에 귀를 기울였다. 발표하는 동안 한숨과 탄식과 웃음과 박수가 교차했다. 어른들의 눈에는 부족하다. 그러나 좌충우돌 자신들끼리 온전히 해낸 1차 과제는 무엇보다 가치가 있었다. 발표 후 질문을 통해 교사들은 조언을 했다. '더 짧은 동선은 없는가? 그 체험의 의미는 무엇인가? 쉬는 시간에는 무엇을 할 것인가? 숙박 장소는 안전한가? 그 지방의 특산품이나 맛집은 어디인가?' 등 학생들이 놓친 것들을 체크해 줬다. 계획하면서 머릿속으로 이미 자신들이 가 봤던 곳이기에 대답이 척척 나왔다. 미숙한 부분을 수정하면서 계획은 알차게 구성되었다.

　이동 수업 계획 시 '가장 어려운 부분이 무엇인가?'라고 학생들에게 질문하면 대부분은 '숙박 예약'이라고 답한다. 이동 수업의 기본 주제는 공정 여행이다. 그래서 숙박은 지역민들이 운영하는 숙박 장소로 결정해야 했다. 지금은 인터넷 예약 제도가 편리하게 되어 있어 주인과 통화를 하지 않고도 예약이 가능하지만, 처음 이동 수업을 시작할 당시에는 그렇지 않았다. (지금도 인터넷 예약 전에 주인과 통화로 숙소를 파악한 다음 예약을 권장한다.) 학생들은 먼저 낯선 사람과의 통화를 두려워했다. 숙박업소 예약 통화를 두레원끼리 가위바위보로 결정하기도 하고, 두레장이 맡기고 하고, 용감한 후배가 맡기도 했다. 교사는 도전해 보라고 응원만 하면 된다. 전화를 하면 숙박업소 주인은 학생의 목소리에 의심을 먼저 한다. 의심을 벗으려면 여행 수업의 취지를 잘 설명해야 한다. 한두 곳에서 귀찮다거나 조건이 안 맞거나 해서 거절을 당하면 학생들은 멘붕이 온다. 교무실로 달려온다. 다양한 숙소 검색법을 알려 주고 다시 용기 내 볼 것을 종용한다. 그러다 예약이 성사가되면 학생들은 환호성을 지른다. 자신들을 믿어 주는 어른이 얼마나 고마운지 당장이라도 앞에 있으면 안을 기세다. 그 안에는 자신들이해냈다는 자신감이 당연히 포함되어 있을 것이다. 두레별로 숙박 예약이 다 완료되면 교사가 답사를 간다. 세월호 사건 이후 살펴봐야 할 것들이 많아졌다. 첫째도 안전, 둘째도 안전이기에 꼼꼼히 살핀다. 서류도 점검해야 한다. 이 과정을 힘들어하는 주인은 계약 파기를 외치기도 한다. 난감하다. 하지만 몇 년간을 이런 상황을 경험한 교사는 중앙 정부나 지방 자치 단체장의 허가가 난 소규모 숙박업소(농어촌 민박 등)는 일 년에 몇 번씩 기본 안전 점검을 받기에 기본 서류만 확인한다는 것을 알고 있다. 대신 답사를 간 교사가 정말 안전한지를 꼼꼼히 살피고 답사 보고서에 기술한다. 만약 숙소가 안전하지 않다고 판단되면, 현장에서 학교로 전화해 두레장과 협의하에 다른 장소를 물색한다.(두레장과 통화하고 숙소가 변경된 경우는 한 번도 없었다.) 답사에서 숙소가 이상이 없으면 교사는 결제를 진행한다. 예약이 완료된 것이다. 숙소가 결정되면 대부분의 일정이 고정된다.

1차 발표 때의 질문을 통해 수정 보완 후 최종 발표가 진행된다. 1차 발표 때는 어디를 가고, 무엇을 보고, 무엇을 먹고, 어디서 자는지 등 일정과 동선 위주의 발표였다면, 2차 발표는 우리가 가고 보고 먹고 체험하는 것이 어느 교과와 연결되어 있고 어떤 배움이 예상되는지를 발표한다. 한마디로 수업을 디자인한다. 학생들은 1차 발표 때 질문을 받아 본 경험이 있기에 2차 발표에서는 여행 일정과 배움을 얼마나 말로 잘 가져다 붙이는지 입이 쩍 벌어진다.

모든 일정이 정해지면 예산을 짠다. 교통비, 숙박비, 체험비, 식비, 간식비. 일곱 두레가 따로 가니 학교 카드가 부족해 현금(개산급)을 가

겨간다. 행정실의 일이 늘어나지만 교직원협의회에서 행정실과 미리 협의하고 결정한 사항이라 불만은 없다. 모든 계획은 끝이났다. 이후 학생들은 캐리어가 아닌 배낭에 짐을 꾸린다. 배낭의 부피만큼 학생들의 희망은 부풀어 오른다. 교사들은 쓴웃음을 짓는다. 계획은 계획일 뿐…….

교사는 그림자다

상주는 농촌 지역이어서 대중교통이 발달해 있지 않다. '모든 길은 서울로 통한다'더니 상주에서 강원도로 가려면 서울을 거쳐야 한다. 이동 수업은 공정 여행이 기본 주제이기에 이동도 대중교통을 지향한다. 그런데 코로나 이후 줄어든 대중교통망은 바이러스가 물러간 후에도 다시 살아나지 않았다. 그래서 상주에서 그나마 가까운 대구, 경북, 부산, 경남으로 가는 이동 수업은 대중교통으로 진행한다. 그러나 강원도, 전라도, 충청도, 제주도는 대중교통이 어렵다. 그래서 두레별 첫 일정이 시작되는 거점 도시에 관광버스를 이용해 내려 준다. 강원도로 갈 때는 원주, 춘천에 내려 주었다. 전라도로 갈 때는 순천, 광주에 내려 주었다.

관광버스에서 내리는 순간 교사는 그림자가 된다. 교사는 학생들의 일정에 일절 개입하지 않는다.(단, 안전에 위협이 되는 순간이나 두레 안에서 갈등이 심할 때는 그림자의 판단에 의해 즉각 개입하여 도와준다.) 학생들은 관광버스에서 내리는 순간 긴장한다. 정확히 말하면 정신을 차린다. 집중력이 생겨 눈이 초롱초롱하다. 낯선 곳이기에 두리번거리고 서로 의지하는 마음이 생긴다. 한 번씩 그림자를 쳐다보지만 그림자는 애써 무시한다.

　여행하는 동안 각자의 역할이 있다. 두레장, 길 찾기 담당, 식당 담당, 체험 담당, 연락 담당, 돈 관리 담당, 영수증 담당 등 두레에서 알아서 계획해 두었다. 길 찾기 담당이 지도 앱을 켜고 1차 목적지로 향한다. 여기가 어디인지는 개의치 않는다. 그냥 앱의 목소리만 믿고 따라간다. 그림자는 제일 뒤에 따라간다. 얼마 가지 않아 학생들은 앱의 목소리가 친절하지 않다는 것을 알게 된다. 가라고 한 곳으로 가고 있는데 그곳이 나오지 않는 경우가 있기 때문이다. 어른도 차량 길 안내 앱을 처음 사용했을 때 혼란이 있는데, 학생들은 말해 무엇하랴. 그림자도 지도 앱을 열고 확인한다. 목적지가 바로 옆인데도 근처까지 와서 못 찾는 것을 보고 쓴웃음을 짓는다. 시내버스를 잘못 타는 경우도 있다. 목적지를 검색해서 나오는 버스 번호는 맞는데 반대 방향으로 타는 일은 흔하다. 어쩔 수 없이 그림자도 따라 탄다. 이때가 중요하다. 실패를 경험하는 것. 그림자는 이런 상황에서 갈등을 한다. 이동 수업을 처음 경험하는 교사는 '얘들아, 다시 확인해 볼래?'라고 말하기 쉽다. '야, 스톱!'보다는 낫지만 그래도 그 순간을 이겨 내야 한다. 목젖까지 올라온 말을 애써 삼켜야 한다. 기다려야 한다. 기회를 줘야 한다. 학생들이 온전한 실패의 경험을 맛봐야 한다. 학생들 대부분은 버스를 타자마자 자신들의 실수를 알아차린다. 길잡이뿐 아니라 모두가 긴장하며 예의 주시하고 있기 때문이다. 술렁술렁한다. '선생님, 잘못 탔어요.' 이런 외침이 들리면 조용히 답한다. '응, 그래. 그럴 수 있지. 내리면 돼.' 이렇게 몇 번을 반복하면 학생들은 버스 대신 걷기를 선택한다. 오히려 걷는 게 편하다고 한다. 이동 수업에서 매일 2만 보를 걷는 것은 대단한 일이 아니다. 학생들은 여행이 쉽지 않음을 점점 알아차린다.

어렵게 찾은 식당 밥은 꿀맛이다. 미리 찾아 놓은 식당이기에 메뉴는 금방 파악이 된다. 각자 먹고 싶은 것을 시킨다. 이때쯤 이동 수업을 주관하는 학생부 담당 교사의 미션 문자가 두레장에게 날아온다. '그 지방의 특색 있는 음식의 특징과 레시피를 조사하시오.' 먹는 게 먹는 게 아니다. 먹을 때는 개도 안 건드린다던데 여기서는 안 통한다. 그래도 시장이 반찬이라고 게 눈 감추듯 먹어 치운다. 식사를 마친 두레장은 식당 주인을 찾아간다. 자초지종을 설명하고 레시피를 파악한다. 공정 여행이기에 프랜차이즈 식당일 리가 없다. 인터넷에서 소문난 그 지방의 맛집을 찾아가기에 손님이 북적이지만 식당 주인은 순수한 학생들의 물음에 성실히 답을 해 준다. 그리고 '기특하다'는 말로 칭찬한다. 그 칭찬이 학생들에게 다음의 도전에 대한 응원이 된다. 식당에서의 일을 다 보고 마지막 계산을 한다. 하루에 쓸 돈을 두둑이 받은 총무는 늘 긴장이다. 이 모든 여행을 책임지는 두레장은 더 긴장한다. 돈을 지불하고 영수증을 챙긴다. 영수증이 없어지거나 받지 않으면 모든 일정을 뒤로 하고 다시 와야 한다.(만약을 대비해 그림자는 자신의 음식값을 현금으로 지불하고 영수증을 챙기는 버릇이 생겼다.) 학생들은 정산에 필요한 영수증을 놓치는 경우가 많다. 익숙치 않기 때문이다. 한두 번 실수할 때 그림자가 지켜보다 알려 주기도 한다. 그러다 보면 다시 돌아가는 수고를 스스로 하지 않기 위해 담당자와 두레장이 곧잘 챙긴다.

두레별로 특색 있는 계획을 하기도 한다. 행사두레는 평소 학교에서 버스킹을 한다. 그래서 전라도로 가는 이동 수업 기간 중 벌교역에서 버스킹을 하기로 계획했다. 버스킹을 하기 위해 부피가 큰 기타와 이동식 앰프를 챙긴다. 누가 시켜서 하는 일이었다면 가능했을까? 학생들 스스로 계획했기에 가능한 일이었다. 낮 시간이라 벌교역에는 아무도 없다. 황당한 상황이지만 묵묵히 앰프를 설치하고 기타를 준비하고 노래를 한다. 간간이 지나는 주민들이 박수를 보내 준다. 뻘쭘한 아이들의 얼굴에 미소가 번진다. 버스킹 후가 더 가관이다. 이제 숙소로 가서 저녁 식사를 하면 되는데 메뉴가 삼겹살 구이다. 그림자는 식당에서 먹고 가기를 원하지만 학생들의 결심은 굳건하다. 근처 시장에서 장을 본다. 공정 여행이라 대형 마트에는 갈 수가 없다. 저녁 식사 준비물이 두어 상자나 된다. 일주일 여행의 개인 짐에 기타에 앰프에 거기다 저녁 장거리까지……. 두레원 모두가 두 손 가득이다. 두 손은 무겁지만 얼굴은 밝다. 누군가가 시켜서는 절대 일어날 수 없는 일이다. 가르친다는 의미를 다시 생각하게 된다.

학교에서의 계획이 제대로 진행되는 두레는 많지 않다. 현장에 오면 인터넷 자료와 다른 것이 수없이 많다. 버스 시간이 달라졌거나, 식당이 폐업을 했거나 휴무인 경우, 체험처 예약을 안 한 경우 등이 다양하게 발생한다. 이럴 땐 현장에서 수정해야 한다. 이때에도 그림자는 기다려야 한다. 학생들은 처음에는 당황하지만 한두 번 경험하다 보면 의연해진다. 두레원끼리 협의하다 보면 해결책이 나오는 경우가 많다. 그리고 큰 문제가 아닌 이상 해답을 쉽게 찾는다. 이런 경험을 통해 학생들은 '문제는 해결하면 된다.'라는 자신감을 갖게 된다. 문제는 언제든 생길 수 있고 언제든 우리에게 주어진다. 그럴 때 문제에 주눅 들지 않고 해결할 수 있다는 자신감만 가지면 해결할 실마리를 잘 찾을 수 있다.

숙소로 가는 길은 멀고도 멀다. 대부분 늦은 밤이 되어서야 도착한다. 그렇게 계획했기 때문이기도 하지만 계획대로 되지 않기 때문이기도 하다. 그럼에도 학생들은 자신들이 계획한 여행이기에 시간이 늦어져도 임무를 다 수행하기를 원한다. 늦은 시각 숙소에 도착하면 과제가 있다. 다 같이 모여 그날의 소감을 발표하고 내일의 계획을 확인한다. 어떤 날에는 어떤 교과의 수행 평가 과제가 있기도 하다. 학교 구성원 소통 SNS에 소식도 올려야 한다. 드디어 바쁘고 긴장된 하루가 끝이 났다. 밤을 새워 이야기꽃을 피울 게 남았지만 밀려오는 잠에 장사가 없다. 아이들의 방에 불이 다 꺼지고 난 후 그림자도 쓰러진다.

다음 날 아침 학생들은 일찍부터 움직인다. 피로 회복의 속도가 빠르다. 평소 학교에서 아침에 보던 지친 모습이 아니다. 여독이 덜 풀린 교사와는 영 다르다. 평상시 학생들의 생활을 상상해 보면 늦은 시간까지 핸드폰을 만지고 있었을 것이다. 그러나 어제는 잠든 시간이 평소와 비슷하거나 오히려 더 빨리 잠들었을 수도 있다. 전자파에 덜 중독되어서 그런지 학생들의 표정이 밝다. 더구나 두 번째 날이라 이제 좀 익숙해져서 긴장이 덜하다. 어제의 실패 경험이 오늘 도움이 된다. 직접 경험해 보니 잊어버리지도 않는다. 그림자도 한숨 돌린다. 학생들이 체험할 동안 학생들이 보이는 근처 카페에서 구수한 커피 향을 맡을 여유가 생긴다.(하늘에 구름이 생기면 그림자가 잠깐 사라지기도 하니까.) 익숙해지고 잘 알게 되면 믿게 된다. 믿음은 관계의 기본이다. 하루나 이틀을 꼬박 함께 지낸 학생들은 학교에서 볼 수 없었던 선후배의 모습을 보게 된다. 그 모습이 갈등이 되기도 하지만 시간이 지나면서 갈등은 조정이 되고 조율이 된다. 한배를 탄 동료이기 때문이다. 낯선 곳에 와서 부닥치는 문제들을 협력하여 해결하는 과정에서 서로를 이해하는 마음이 생긴다. 서로를 깊이 있게 알게 된다. 그림자도 마찬가지로 함께한 학생들을 깊이 있게 알게 된다. 어른이 되어서도 갈등은 존재한다. 중요한 건 갈등은 피하는 게 아니라 슬기롭게 해결해야 한다는 점이다. 또한 갈등을 해결하는 과정에서 상대를 이해할 수 있음을 알게 된다. 학교에서 이런 배움이 필요하다. 이동 수업은 이러한 경험을 할 수 있게 한다.

두레별로 사나흘 활동을 하다가 모두가 다시 한곳에서 만났다. 이후 2일간의 활동은 반별 활동이다. 강원도로 갔을 때는 영서 지방에서 사흘을 지내다 강릉에서 모였다. 전라도로 갔을 때는 남도 각지에서 삼사일을 보내고 광주에서 모였다. 모이는 날은 잔칫날 분위기이다. 먼저 온 친구들이 나중에 도착할 친구들을 마중 나가 손꼽아 기다리기도 한다. 친구들이 모두 숙소에 도착한 순간 숙소는 '이산가족 상봉' 현장이 된다. 불과 사나흘 안 봤을 뿐인데 몇 년을 못 본 것마냥 얼싸안고 반갑게 인사한다. 사춘기 무뚝뚝한 남자 친구들도 하이파이브를 날린다. 지고 온 배낭은 벗어 던지고 이내 이야기꽃을 피운다. 사나흘 동안의 이야기가 청산유수처럼 흘러나온다. 돈으로도 살 수 없는 나만의 경험, 우리만의 경험은 머릿속에의 기억을 넘어 가슴에 새겨진다.

여행은 관계 맺는 것—그림자의 푸념

사나흘 동안의 두레별 여행에서 돌아오면 교사들의 모임은 푸념의 장이 된다. 학생들의 실패담을 포함해 힘들었던 여정을 풀어 놓는다. 두레에 혼자 따라간 그림자는 사람이 고팠는지 유독 더 말이 많다. 여행하며 24시간 이상을 함께하다 보면 서로 몰랐던 부분을 알게 되는 경우가 많다. 일상에서는 보이지 않던 집에서의 버릇이 나오기도 한다. 이동 수업을 사흘 이상 잡는 이유이기도 하다. 교사는 사흘 동안 학생들의 생활을 관찰한다. 그림자이기에 더 유심히 관찰할 수 있다. 하루 정도의 관찰로는 학생을 이해하기 쉽지 않다. 사흘이 충분한 시간은 아니지만 학생의 새로운 점이 보이고 때론 말과 행동들이 이해되기도 한다. 교실에서 봤던 학생의 모습과 완전 다른 모습을 보기도 한다. 교사들의 모임은 처음에는 푸념으로 시작했다가 이야기가 무르익으면 깊이 관찰한 학생들의 이야기로 전환된다. 그림자 교사들의 경험담으로 다른 두레의 학생들까지 깊이 있게 알아 간다. 어쩌면 그림자의 역할은 안전 지도가 아닌 관찰일 수도 있겠다는 생각이 드는 순간이다. 실패하는 학생들에게 처음부터 개입하여 가르친다면 교사의 위신은 높아질 수 있다. 하지만 그렇게 되면 학생들은 실패자로 남고 교사만 성공자로 남는다. 학생들에게 실패를 인정하고 스스로 해결할 시간을 주면 문제를 해결하는 과정을 관찰할 수 있다. 이때 학생들의 진면목을 알 수 있다. 문제 해결력이 있는 친구와 없는 친구가 보인다. 부족한 친구를 보게 되면 학교는 대책을 세울 수 있다. 학교는 그 친구를 지원하기 위해 새롭게 할 일이 생긴다. 푸념이 희망으로 변한다.

　두레별 여행에서 돌아오면 그림자의 역할은 끝이 난다. 역할은 끝났지만 경험과 습관은 남는다. 기다리며 기회를 주는 경험과, 실패를 성공으로 만드는 경험과, 자신감이 생기는 경험. 이와 같은 많은 경험들이 모여 습관이 된다. 습관이 되면 믿음이 생긴다. 이렇게 학생과 교사의 새로운 관계가 형성된다.

　친구와 선후배들 사이에도 관계가 형성된다. 여행하다 보면 수많은 갈등이 일어난다. 갈등이 생기면 힘들지만, 해결되면 단단한 줄로 이어진다. 울고 웃는 추억이 씨줄과 날줄이 되어 관계는 더욱 견고해진다. 걷다가 힘들어하는 후배의 짐을 대신 들기도 하고, 영수증을 챙기지 못한 총무가 무안해할까 봐 두레장이 뛰어가 받아오기도 한다. 그림자 옆에 슬쩍 와서 음료수를 건네기도 한다. 힘든 발걸음에 감동이 뒤따른다. 그 감동들이 마음의 벽을 허문다. 학생과 교사, 친구와 선후배들 사이에 따뜻한 관계의 줄이 돋아난다. 그 줄은 인간만이 생산할 수 있다. 디지털 세상에서 잊어버리고 잃어버린 줄이 다시 생겨난다.

끝난 게 끝난 것은 아니다

이동 수업은 두레별 여행에 이어 반별 여행으로 마무리된다. 이때는 조금 자유롭게 그 지역의 특성에 맞는 주제를 정한다. 강원도로 갈 때에는 영동 지방의 문화와 역사를, 전라도로 갈 때는 광주에서 5·18 민주화 운동 역사로 주제를 선정했다. 3박 4일 혹은 4박 5일의 일정을 모두 마치고 돌아오는 버스는 각자의 경험이 가득 찬 꿈나라가 된다.

　모든 여행은 상상과 몸과 기억으로 세 번 한다고 했듯이 이동 수업 후 일주일간은 추억 여행을 다시 한다. 피로가 다 풀리기 전 -여행의 기억이 생생히 남아 있을 때- 학생들은 보고서를 작성한다. 두레별로 경험하고 배운 내용을 특색 있는 발표 방식으로 준비한다. 가장 기본은 PPT이다. 어떤 두레는 영상을 제작하고 어떤 두레는 역할극을 준비하기도 한다. 다시 다 같이 모인 날 각 두레가 준비한 발표를 보고 들으며 이동 수업을 마무리한다.

　이동 수업 최종 보고서는 각 과목에서 수행 평가 자료가 된다. 수행 평가 계획 단계부터 교과별로 이동 수업과 관련한 평가 항목을 수립한다. 수업 기간 중 교과별로 과제를 제시하기도 하고 이동 수업의 계획과 진행, 결과 발표까지 전체를 프로젝트로 평가하는 교과도 있다.

여행 수업의 진화

4박 5일 제주도로 이동 수업을 갔을 때는 제주공항까지는 단체 버스와 비행기를 이용해 전교생이 같이 이동을 하고, 공항에서부터는 두레별로 대중교통을 이용해 이동했다. 대중교통의 불편함을 해소하고 만약의 사고를 대비하기 위해 지원 교사 두 명이 두 대의 승합차를 렌트했다. 이 승합차는 대중교통이 연결되지 않거나 시간이 촉박할 때 두레별로 한두 번의 이용권을 제공한다.

이동 수업의 지역 선정은 처음에는 교사들이 결정했다. 그러다 어느 해 학생자치회 회장단 선거에서 한 후보가 '이동 수업의 지역을 학생들이 결정하겠다'는 공약을 냈다. 교직원 회의에서 심도 있는 협의를 통해 학생자치회의 의견을 수용해서 그 이후부터는 학생자치회가 이동 수업의 지역을 선정하고 있다.

이동 수업에서 학생들을 관찰하고 돌아와 평가회를 하는 중 '내년부터는 각 지역에 대한 두레별 학습지를 만들자'는 제안이 들어왔다. 협의한 결과 학습지를 교사가 만들지 말고 두레별로 학생들이 여행 안내서로 만들기로 했다. 이렇게 해서 이동 수업의 일정과 내용을 두레원 모두가 공유하고 그날의 자신의 소감을 적는 여행 책자가 만들어졌다. '교사는 가르치는 직업이다'라고 생각하는 사람이 많다. 교사 스스로도 그렇게 생각하기도 한다. 하지만 이제 가르치는 데 그치면 안 된다. 가르치기도 하고 스스로 배우게도 해야 한다. 학생에 따라서 정도가 다르다. 그 정도를 적절히 판단하는 것이 교사의 전문성이다. 스스로 배우게 하는 기회를 주면 학생 행위 주체성은 성장하기 마련이다.

이동 수업에서는 두레장에게 과제로 날아가는 미션의 변화도 있다. 하루를 마무리할 시간에는 '힘든 여정을 함께한 옆 두레원에게 안마하기'라는 미션이 날아가기도 하고, 외국인 관광객이 많은 곳에서는 '영어권 외국인을 찾아 영어로 상주 혹은 내서중학교를 3분 동안 홍보하시오.'라는 교과 연계 미션이 날아가기도 한다. 이 미션을 받으면 영어 선생님의 전화기에 불이 난다. 어느 해 영어 교사는 미리 수업을 통해 준비를 하고 수행 평가 과제로 제시하기도 했다. 또 다른 미션으로는 '두레별 점프샷 찍어 올리기', '음식을 먹으며 행복한 모습 촬영하기', '부모님께 안부 전화하기' 등 다양하다.

아래는 2023년 내서중학교의 이동 수업 미션이다.

1. 각 지역별로 현지인 세 분과 대화하기입니다. 길을 물어도 좋고 특산물이 무엇이 있는지 물어도 좋습니다. 현지인과 대화한 주제, 내용, 느낀 점을 정리해서 목요일 저녁에 공유하는 시간을 갖도록 하겠습니다. 핸드폰과 인터넷이 아닌, 진짜 사람을 만나는 계기가 되길….

2. 두레티 보이게 단체 사진 찍기! 찍었으면 댓글에 사진 올려 주세요.

3. 각자의 지역에서 '상주'라는 단어 찾기입니다. 주위를 잘 살피고 '상주'를 찾아봅시다. 찾았다면 사진을 찍어서 댓글 남겨 주세요.

4. 두레 평가회 사진찍기와 원주에 안전하게 도착하기입니다. 원주에 도착하면 두레 인증샷 댓글에 올려 주세요.

(내서중학교 네이버 밴드, 홍성근 교사 제공)

이러한 미션들은 갑작스레 날아온다. 순간적으로 협의하고 판단해야 한다. 평소의 역량으로 새로운 문제를 해결해야 한다. 이 과정에서 학생들은 변혁적 역량이 생긴다.

수업 결손?—진짜 수업!

이동 수업에 대한 소문이 돌았다. '놀기만 하고 공부는 안 한다.', '수업 결손이 많이 일어난다.' 등 썩 좋지 않은 소문이었다. 이런 소문은 이동 수업을 제대로 알지 못하고, 자신이 경험한 일반 학교의 체험 학습 또는 수학여행이라는 틀에 갇혀 있기 때문에 발생한다. 처음 계획하고 진행한 첫해부터 수업 결손이라는 오해를 받지 않기 위해 일 년 동안의 학사 일정을 분석했다. 일 년 동안 학교를 떠나는 소풍, 체험 학습, 수학여행 날을 다 더해 보니 5일이 훨씬 넘었다. 그 일정을 다 모아서 한 번에 제대로 된 이동 수업을 진행하면 오히려 수업 결손은 줄어들 것이라 판단했다. 학교의 모든 행사나 활동은 수업이다. 수업을 통해 배움이 일어나야 한다. 그러기 위해서는 기존에 하고 있는 것에 대한 분석과 평가가 필요하다. 내서중학교의 이동 수업은 수업 결손이 아닌 학생들의 미래 역량을 키우는 진짜 수업이다.

첫해 실험적으로 실시한 이동 수업은 성공적이었다. 학생과 학부모, 교직원의 평가에서 매우 높은 만족도가 나왔다. 힘든 여정을 처음으로 소화한 교직원의 만족도가 높이 나온 것은 고무적이다. 평가회를 마칠 때 '이동 수업은 매해 실시하며 기간을 늘려 간다.'라는 결론이 났다. 더 나은 이동 수업을 가기 위해 학기 초부터 체력 훈련을 하겠다는 교사도 생겼다.

만족도 최상— 졸업생들의 안줏거리

교사가 기획한 여행은 만족도가 그리 높지 않다. 높다 하더라도 불만이 있는 학생들이 꼭 있다. 애초에 소풍, 현장 체험 학습, 수학여행은 학생들이 놀러 간다고 생각한다. 반면 이동 수업은 놀러 가는 것이 아니다. 학교를 옮겨서 그 지역에서 수업을 하는 것이다. 학생들 자신이 스스로 짠 수업을 스스로 진행하는 수업이기 때문에 수업의 만족도가 매우 높다. 이동 수업도 교사가 기획하고 진행한다면 만족도는 높지 않고 불만이 있을 것이다.

내서중학교를 졸업한 학생들을 만날 때가 있다. 서로 근황을 이야기하다가 자연스럽게 내서중학교 시절의 추억을 소환한다. 그중 으뜸이 이동 수업 관련이다. 졸업생끼리 모인 자리에서도 이동 수업은 꼭 이야깃거리가 된다고 한다. 고생한 것이 오래 기억에 남기도 하지만 제대로 배운 것도 오래 남는다. 실패의 경험담을 자랑스럽게 이야기하는 것을 보면 알 수 있다. 이동 수업을 다녀오고 결과 발표가 끝났을 때 3학년을 대상으로 물어보면, 힘들지만 다시 가고 싶다는 친구들이 대부분이다. 이렇게 배운 것은 평생 기억에 남는다.

여행 융합 수업의 시작

낙운중학교에서 여행 융합 수업은 2019년부터 실시했다. 전임 학교에서의 경험이 큰 힘이 되었다. 3월에 낙운중학교에 부임하여 학생자치회 활동을 제안했다. 교직원은 폐교 위기에 놓인 시골의 작은 학교라 교육 과정의 변화를 필요로 했다. 그래서 내서중학교에서 검증된 교육 과정인 학생 자치 활동의 제안을 환영했다. 그런데 복병을 만났다. 3학년이 반대한 것이다. 자치 시간에도 모자라 수업 시간에 들어가서 설명하고 설득했다. 학생들의 반응은 다 좋은데 귀찮다는 것이었다. 자기들 졸업하고 내년부터 하라고 했다. 낭패였다. 그도 그럴 것이 한 번도 경험하지 못한 일을 말로만 좋다고 해 보자 하니 학생들이 이해하지 못하는 것은 당연했다. 학생부장이 강제적으로 할 수는 있지만 학생자치회의 기본인 학생의 자율을 무시하면 결과는 어둡기 마련이다.

현장 체험 학습의 시기가 다가왔다. 그해에는 부산으로 가는 현장 체험 학습이 계획되어 있었다. 3학년 학생들에게 새로운 제안을 했다.

"학생자치회 활동은 여러 가지인데 현장 체험 학습을 학생들이 기획하고 진행하는 것도 그중 하나야. 이번 부산 여행을 너희들이 하고 싶은 것으로 짜고 진행해 보는 건 어때?"

3학년의 눈초리가 달라졌다. 새로운 제안이 귀찮고 싫었던 학생들이 기대 반 우려 반으로 호기심이 생기기 시작한 것이다. 기회였다. 곧장 교직원 회의에 제안했다. 선생님들도 걱정은 많았다. 한 번도 경험하지 못했기 때문이었다. 내서중학교에서 경험해 보고 검증되었다고는 하지만 확신이 들지 않았다. 현장 체험 학습의 2박 3일 중 하루만 적용해 보자는 절충안이 나왔다. 선생님들 모두가 합의했다. 흔히 교사들은 학생들에게 일정을 맡기면 사고 위험성이 높아진다고 생각한다. '저도 걱정은 되지만 선생님들이 하자면 동의합니다.'라고 했던 교장 선생님의 회의 마지막 말씀이 기억에 남는다.

수업 이름을 여행 융합 수업으로 붙인 이유는 내서중학교와 다르기도 하지만, 여행을 통해 여러 교과목이 융합해 현장에서 수업한다는 의미를 담았다. 이름만 들어도 어떤 수업인지 파악된다는 까닭도 있었다. 여행 융합 수업은 내서중학교의 이동 수업 준비 과정을 수정하여 낙운중학교에 맞게 적용했다. 비록 2박 3일 중 하루였지만 자신에게 주어진 시간을 스스로 계획하면서 학생들은 즐거워했다. 놀러 가는 것에서 수업하러 가는 것으로 바뀐 것에 불만은 있었지만, 자신들의 자율성을 존중해 주고 기회를 주는 선생님들에게 조금은 감사해했다.

학생 자치의 맛을 보다

현장 체험 학습 준비에 참여할 기회를 얻은 학생들은 일을 잘 해냈다. 처음엔 서툴렀지만 시간이 갈수록 알찬 계획들을 생산했다. 무엇보다 하고 싶은 일을 계획하다 보니 표정들이 밝았다. 몇몇 학생들은 부산 도심에서 쇼핑하기를 원했다. 되냐고 물어 왔다. "당연히 되지. 너희들이 그 시간 동안 어떤 배움이 일어나는지 설명 가능하면 돼."라고 대답하자, 그때부터 학생들은 이유를 찾기 시작했다. 단순히 내가 사고 싶은 걸 사기 위함이 아니라 이 쇼핑이 나에게 무슨 도움이 되는지를 생각했다. 생각하다 보면 이 물건이 나에게 꼭 필요한지 묻게 된다. 사회 혹은 가정 시간에 나올 법한 생각하는 소비를 스스로 생각하게 된다.

여행 융합 수업 사흘 중 첫날은 전체가 함께하는 일정이고, 둘째 날은 모둠을 나누어 스스로 짠 일정으로, 셋째 날은 교사가 제안한 두 가지 체험을 선택하여 실시하는 일정으로 구성했다.

둘째 날이 문제였다. 숙소에서 첫 목적지까지 대중교통으로 이동해야 했다. 해운대 인근 숙소에 목적지로 가는 방법은 버스나 지하철이 있었다. 그런데 지하철을 안 타 본 친구들이 대부분이었다. 버스 노선도 복잡했다. 문제에 봉착한 학생들은 그림자의 눈치를 살폈다. 그림자도 처음이라 어쩔 줄 몰랐다. 회의한 대로 그냥 내버려뒀다. 그러자 학생들의 집중도는 높아졌다. 그림자의 도움을 포기한 학생들은 지하철을 선택했다. 지하철역으로 내려가 매표소에 멈췄다. 학생들이 매표소 앞에서 서성거리니 지나가는 부산 시민들이 쳐다봤다. 어른 한 분이 와서 친절하게 물어보셨다. 자초지종 설명을 들은 어른은 매표하는 방법을 상세히 설명해 주셨다. 그림자는 그 상황을 그저 지켜봤다. 학생들은 매표를 하고 무사히 지하철을 탔다. 다들 호기심에 찬 표정이었다. 안내 방송에 귀를 기울이더니 자기들끼리 다음 역이라고 신호를 했다. 여유가 생겼는지 그림자도 챙긴다. 학생들은 이렇게 문제를 해결했다. 조금만 기다려 주면 스스로 방법을 찾고 주위에서 도와주기도 한다. 핸드폰의 앱을 활용하는 능력도 생긴다. 그리고 핸드폰에 모든 답이 있는 것이 아님을 깨닫는다.

하루 일정을 무사히 마친 학생들이 숙소로 다시 모였다. 아침에 헤어졌던 친구들과 어찌나 반갑게 인사하던지……. 모두의 무사 안녕을 축하했다. 3만 보를 찍은 그림자도 있다. 버스를 잘못 타거나 왔던 길을 되돌아가는 일은 부지기수였다. 고작 하루 대도시의 대중교통을 이용해 봤는데도, 돌아오는 길을 실수하지 않고 자신 있게 찾아왔다고 자랑도 한다.

부산을 다녀온 여행 융합 수업은 대성공이었다. 3학년들이 학생 자치의 맛을 느꼈다. 수업에 들어가니 예림이가 이야기했다.

"선생님. 이번 여행 엄청 재미있었어요. 다음에 또 가요. 근데 이런 게 학생 자치면 해 볼 만한데요?"

여행을 다녀온 후 학생자치회 회장단이 모였다.

"우리 2학기에는 더 재미난 걸 해 볼까?"

"네. 좋아요!"

2학기에는 학생자치회가 스스로 움직였다. 한 학기 동안 차근차근 해 본 경험으로 축제도 기획하고 준비하고 진행했다. 학예 발표회 형식의 축제가 자신의 개성을 뽐내는 코스튬 플레이(코스프레) 축제로 변했다. 학생 자치를 경험한 후배들은 학년 말 졸업식을 준비했다. 기회를 얻은 후배들은 기존의 내빈이 주인공처럼 느껴진 졸업식을 선배들이 주인공인 졸업식으로 변화시켰다. '고기도 먹어 본 놈이 많이 먹는다.'라는 속담이 있다. 학생 자치도 그 맛을 알게 되면 계속 찾게 된다. 문제를 만나는 것을 두려워했던 학생들이 당연한 것이라 여기고 이제 즐기고 있었다. 낙운중학교의 학생 자치는 일 년도 지나지 않아 학생들에게 깊이 스며들었다.

여행 융합 수업의 진화

부산을 다녀온 교사들도 자신감을 얻었다. 그리고 기존의 수학여행보다 학생들에게 더 의미 있고 배움이 일어나는 시간이라는 것을 알게 되었다. 돌아보기(평가회) 시간에 내년에는 여행 융합 수업의 기간을 3박 4일로 확대하자고 모두 뜻을 모았다. 고무적인 일이었다.

2020년에 뜻하지 않게 코로나 팬데믹으로 세상이 멈추었다. 먼 거리의 이동, 즉 여행은 불가했다. 특히 숙박은 전혀 허용되지 않았다. 코로나가 좀 잠잠할 때 학사 일정을 조정하여 당일 여행 일정을 여러 날 잡아 학교에서 가까운 대구와 경북으로, 그리고 충청도로 여행 융합 수업을 다녀왔다. 이런 여행의 의미를 알게 되니 제주도로 무박 2일 일정을 개발하여 1학년 자유 학년제 진로 체험을 다녀오기도 했다.

코로나가 잠잠해질 즈음인 2022년 2학기에 여행 융합 수업은 부활했다. 3년 전의 감동을 재현할 기회였다. 학생들도 잔뜩 기대에 부풀었다. 교사들은 조금 더 정교한 기획을 했다. 상주에서 가기 힘든 지역세 곳을 정해 순환으로 가자는 기획이었다. 2022년에는 전라도, 2023년에는 강원도, 2024년에는 제주도로, 다시 2025년에는 전라도. 그렇게 하면 낙운중학교에 입학한 학생들이 3년 거치면서 중복되지 않게갈 수 있다는 안이었다. 모두 동의했다.

2022년의 여행 융합 수업은 여섯 개 부서로 나누어 전라도로 향했다. 순천, 여수, 곡성, 함평, 목포, 나주를 자신들이 계획한 일정으로 3일 동안 여행하고 광주에 모였다. 광주 숙소가 또 이산가족 상봉 장소가 되었다.

2023년 새 학기 준비 연수에서 여행 융합 수업에 대한 새로운 안이제안되었다. 1학기에는 2박 3일로 여행 융합 수업을, 2학기에는 1박 2일 반별 진로 여행 수업을 진행하자는 안이었다. 1학년 자유 학년제가 자유 학기제로 축소되고 2학기에 진로 연계 학기가 새롭게 시작되는 교육청의 계획을 반영한 계획이었다. 1학기에는 2박 3일로 강원도를 다녀왔다. 역시나 마지막 날을 모두가 아쉬워했다. 도서부 부장인 지훈이는 이번 여행이 아쉽기도 하고, 많이 배웠는데 배운 것을 써먹기 위해 여름 방학에 같은 일정으로 혼자만의 여행을 떠나기로 계획을 세웠다. 그 포부를 학교 소통 밴드에 올렸다. 많은 분들이 응원을 보내왔다. 3박 4일 동안 무사히 다녀온 소감을 지훈이의 승낙을 얻어 이 책 9장에 올린다. 2학기에는 반별 진로 여행 수업을 다녀왔다. 2023년은 학급 자치를 도입하고 의미 있는 수업으로 평가되었다.

여행 융합 수업은 프로젝트 수업이다. 1학기에 전문가에게 프로젝트 수업 컨설팅을 받았다. 컨설팅 후 여행 수업을 더욱 정교한 융합 수업으로 만들 수 있었다.

배낭여행

관광과 여행은 다르다. 또한 여행에도 여러 가지 유형이 있다. 학교에서의 기존 여행은 패키지여행에 가깝다. 내서중학교의 이동 수업과 낙운중학교의 여행 융합 수업은 배낭여행이다. 배낭여행은 스스로 계획하고 스스로 실행한다. 그러다 보면 예기치 않는 일이 생긴다. 그러나 그 문제를 스스로 해결한다. 애초 계획대로 되지 않고 실패를 경험한다. 그러나 안전한 실패이다. 이 실패는 재미난 에피소드가 된다. 잘 해결하면 재미가 있고 활기가 넘친다. 여행의 맛에 빠져 다시 떠난다. 이렇게 여행하다 보면 여행에 자신이 생긴다. 학교라는 안전한 곳에서는 실패가 없다. 실패의 경험이 문제 해결력을 향상시키는 교육이다. 요즘은 이런 여행 컨텐츠로 영상을 제작하여 수입을 얻는 직업인(유튜버)도 많이 생겼다.

내서중학교의 이동 수업과 낙운중학교의 여행 융합 수업은 닮았다. 그러나 똑같지는 않다. 배낭여행이기 때문이다. 배낭여행은 OECD 교육 2030에서 이야기하는 학습 나침반과 닮았다. 배낭여행에서 생긴 예상하지 못한 문제들을 해결하는 과정이 학생의 행위 주체성이다. 그때 발휘되는 역량이 변혁적 역량이다. 학교에서 배운 지식, 기술, 태도, 가치들이 실전(삶)에서 변혁적 역량으로 경험되어야 한다. 여행 수업은 훌륭한 미래 역량 수업이다.

6장

미래 교육의 적용 2,
융합 수업과 행사 수업

교육의 목적은 개인으로 하여금 계속해서 스스로를 교육할 수 있게 하는 것입니다. — 존 듀이

　학교의 모든 행사는 학생들을 위해 존재한다. 학생들이 그 행사를 통해 배움이 일어나고 성장하면 그것이 바로 수업이다. 거기에 학생들이 기획하고 진행하고 정리하면 학생의 행위 주체성을 높이는 수업이 된다. 그 행사를 통해 학생에게 배움이 일어나고 실패와 성공의 경험으로 학생은 성장한다. 그 경험은 학생들의 자존감을 높이고 자신감을 주어 다른 행사를 기획하고 진행하는 데 도움이 된다.

입학식과 오리엔테이션—삶은 관계 맺기

새로운 사람을 맞이하는 일은 떨리는 일이다. 학교는 해마다 졸업생을 보내기도 하지만 신입생을 맞이하기도 한다. 새로운 관계가 없다는 것은 학교의 존재 이유가 없다는 것과 같다. 학교는 관계를 맺는 장이다. 3월이면 새로운 관계가 시작된다. 재학생들은 새로운 학년을 맞이하지만 크게 어색하지는 않다. 오히려 기대가 된다. 그런데 신입생은 다

르다. 익숙했던 곳을 떠나 낯선 곳으로 오는 이는 떨리고 긴장하기 마련이다. 입학식은 신입생을 위한 행사이다. 그러나 대부분의 입학식에서는 신입생을 전혀 고려하지 않는다. 주객이 전도되었다. 더구나 준비하는 사람이 우선이다. 새로운 관계와 관련이 없는 곳에 신경을 많이 쓴다. 어떤 귀빈을 불러야 하며 어느 자리에 앉혀야 하며 축사 순서에 누구를 먼저 해야 하는지를 신경 쓴다. 3년을 함께할 사람, 아니 평생 졸업장을 가지고 관계할 사람을 맞이하는 일은 중요하다. 새로운 사람을 만날 때 첫인상이 중요하듯 첫 만남을 소중히 생각해야 한다. 입학식은 일종의 의식이다. 그나마 기존의 형식을 깬 입학식이 요즘 많이 시도되고 있어 다행이다.

후배를 환대하는 마음으로 선배가 준비하는 입학식. 학생 자치를 시작하고 두 번째 해부터는 가능했다. 일 년 전 경험했던 선배가 준비하니 후배인 신입생 마음을 이해하고 배려할 수 있었다. 입학식은 새로운 관계를 맺는 장이기에 1부에는 국민의례 – 환영사 – 축사 순으로 짧게 식을 하고, 2부에는 서로를 알아 가는 시간을 마련했다. 신입생의 '나를 소개합니다'와 부모님의 '내 아이를 소개합니다'였다. 그런데 선배들이 신입생 발표 때 뒷배경으로 쓸 프레젠테이션 자료를 만들려니 신입생에 대한 간단한 정보조차 없었다. 또한 신입생 입장에서 낯선 공간에서 발표를 잘할 수 없을 것 같다는 학생자치회의 회의 결과가 있었다. 그래서 최종적으로 신입생 오리엔테이션(OT)을 하기로 했다. 2월 말에 진행되는 신입생 OT는 1학년(2학년으로 진급)이, 입학식은

2학년(3학년으로 진급)이 맡았다. 신입생 OT에서는 신입생의 등교하는 법(시내버스 타는 방법), 학교 소개, 선생님 소개 등과 함께 어색함을 없애 주는 레크리에이션이 진행되었다. 1학년이 책임감을 갖고 준비하는 첫 행사가 신입생 OT이다. 입학한 지 일 년밖에 되지 않았기 때문에 선배들의 학생 자치 활동을 어깨너머로 배운 것으로는 쉽지 않다. 막내는 주기보다는 늘 받기 마련이다. 그러나 OT를 준비하면서 이제 막내를 벗어나 선배 노릇을 배우게 된 것이다. 선배는 그냥 시간이 간다고 되는 것이 아님을 경험을 통해 알게 된다. OT를 준비하는 1학년의 공통된 어려움은 신입생의 입장이 되어 보는 것이라고 했다. OT 당일, 선배들은 일 년 전의 경험과 상대의 입장을 생각해서 기획한 프로그램을 진행하면서 잘 되고 있는지를 살핀다. 신입생들의 경계의 눈빛이 풀리면 1년 선배들의 입꼬리는 올라간다. 이렇게 자연스럽게 관계가 형성된다. 선배는 후배를 배려하고 후배는 선배를 인정하게 된다. 고압적인 선후배 관계는 처음부터 없다. 레크리에이션이 끝나면 입학식 때 쓸 기본 정보를 파악한다. 이때는 입학식을 맡은 2학년이 진행한다. 자신이 좋아하는 것(음식, 노래 등)과 MBTI 또는 성격 등의 정보를 파악한다. 무엇을 조사할지는 입학식을 준비하는 2학년이 회의를 통해 정한다.

입학식 당일, 신입생들은 입학식의 설렘과 함께 발걸음이 가볍다. 부모님의 많은 참여를 위해 오후에 입학식이 진행되었지만 학교 오는 법(버스, 도보, 자전거 등)을 입학식 전에 OT에서 배웠기에 혼자 등교가 가능하다. 혼자 등교할 수 있는데도 어색함 때문에 부모님과 함께 왔을 것이다. 오전 시간에는 입학식 준비로 재학생들은 분주하다. 식장을 꾸미고 축가를 준비하고 선물을 포장한다. 신입생을 주인공으로 모시기 위해 레드카펫을 깐다. 이런 세심한 배려가 감동을 만든다. 입학식의 2부는 갓 3학년이 된 선배가 진행한다. 얼마 전 졸업식을 경험했지만 최고 선배의 자격으로는 첫 행사다. 적당한 긴장감이 있지만, 서로의 마음이 통하는 행사가 진행된다.

입학식 2부의 첫 순서는 신입생 입장이다. 레드카펫을 밟으며 오전에 연습한 신입생 각자가 개성 있는 입장을 할 때는 박수와 함께 환호성이 터진다. 뛰어난 개성에 웃음바다가 되기도 한다. 각자 다르게 입장하는 것을 보면서 선배들과 교사들은 신입생들의 특징을 알아 간다. 입장 다음은 '나를 소개합니다' 시간이다. 신입생들은 첫 행사인 입학식부터 발표를 한다. 발표는 나의 의사를 표현하는 방법 중 하나이다. 관계에서 혹은 사회생활에서 매우 중요한 역량이기도 하다. 입학식에서 시작한 발표는 3년이 지난 졸업식까지 이어진다. 신입생들은 선배가 준비한 프레젠테이션 자료를 보면서 자신의 특징을 모두에게 소개한다. 쭈뼛대지만 안 하는 학생은 없다. 이 학교에 입학하면 당연히 해야 하는 것으로 받아들인다. 기회가 왔을 때 용기 내어 도전하면서 학생들의 역량은 조금씩 자란다. 신입생의 소개 시간이 끝나면 부모님의 '내 아이를 소개합니다'가 바로 이어진다. 학생들이 입학식 전 미리 부모님들께 전화 드려 부탁해 놓았기에 대부분의 부모님은 참석하여 자녀의 성장 과정을 이야기한다. 자랑을 하기도 하고 부탁을 하기도 한다. 이런저런 이야기에 웃음과 박수가 섞이며 서로를 알아 간다. 간혹 공감 어린 탄식이 나오기도 하고 울음바다가 되기도 한다. 상주는 농촌 지역이라 국적이 다른 부모님이 많다. 조금 부족한 한국말로 자녀를 소개하고 부탁하는 말에는 타국의 힘든 삶이 녹아 있다. 유명한 강사의 유창한 언변보다 굳은 마음을 녹이는 뜨거운 힘이 들어 있다.

입학식은 1시간을 넘어 2시간이 가까워졌다. 그래도 아무도 지루해하지 않는다. 한 명 한 명 모두를 주인공으로 만드는 입학식이었다. 신입생 대표도 없다. 평등한 입학식. 준비하는 학생과 교사가 기획 단계부터 목표로 세운 결과이다. 소개의 시간은 선후배 관계, 학생 교사 관계에 도움이 되지만 신입생끼리의 관계에서도 도움이 된다. 낯선 친구들을 빨리 알아 가는 계기가 된다.

신입생 소개가 끝나면 재학생 및 교직원 소개가 그 뒤를 잇는다. 첫날 새로움을 많이 접하는 신입생을 배려해 짧은 소개로 마무리한다.

마지막으로 입학생들은 선배가 준비한 정성스런 선물을 받고 입장했던 레드카펫을 다시 밟고 퇴장한다. 입장할 때와 퇴장할 때의 표정이 다르다. 이미 학교의 주인공으로 캐스팅된 배우의 익숙한 표정이다.

신입생 OT와 입학식은 12월부터 운을 띄우고 2월 말에 본격적으로 준비한다. 재학생들은 방학인데도 학교를 나온다. 교사가 억지로 불러서 나오는 것이 아니라 친구들과 자기가 맡은 일에 책임을 지기 위해서다. 긴 겨울 방학 동굴 생활이 익숙한 탓에 그리 밝은 표정은 아니지만 시간이 지나면 생기가 돌아온다. 재학생 입장에서도 3월 입학식과 동시에 새 학년을 시작하는 것보다 행사 준비 기간이 워밍업되기에 첫 시작이 훨씬 활기차다. 이렇게 준비된 입학식은 입학식의 주제어인 '환대'라는 말을 깊이 느끼는 하루가 된다.

입학식 후 교사들의 대화

아래는 입학식이 끝나고 교무실에서 나눈 교사들의 대화이다.

"선생님. 입학식이 너무 감동적이었어요."

"그래요?"

"눈물 나는 입학식이 말이 돼요? 처음이에요. 대부분 형식적으로 끝나잖아요."

"그렇죠. 뭔가 빨리 해치워야 할 것 같은 그런……."

"○○엄마가 이야기할 때 눈물이 너무 나더라고요. 다양함이 함께 존재하고, 강조하지 않아도 그것들이 자연스럽게 이해되는 분위기. 따로 다문화 교육이 필요 없을 것 같다는 생각이 들었어요."

"네. 저도 그랬어요. 눈물 참느라 혼났어요."

"많은 분들이 울었어요."

"저는 입학식 보면서 막 떨리더라고요."

"왜요?"

"제가 아들의 입학식에 가서 '내 아이를 소개합니다'를 하는 상상을 했어요. 뭐라고 말해야 하지? 내가 아들을 제대로 알고 있나? 하는 생각도 들었고요. 저를 다시 생각하는 계기가 되었어요."

입학식은 환대를 통해 새 관계를 형성하는 수업 이상의 수업이다.

부서가 준비하는 행사

학교에서의 핸드폰 사용에 대해서는 교사들 사이에서도 이견이 있다. 그러나 기본적으로 강제적인 수거는 답이 아니라는 결론이었다. 학생 생활 규정 개정을 위한 토론회 이후에 학생들은 핸드폰을 적절하게 사용했다. 당연히 수업 시간에는 사용하지 않고 쉬는 시간에만 사용했다. 어른 시각으로 보면 틈만 나면 핸드폰을 만진다고 생각한다. 물론 그런 학생들이 많아졌다. 그러나 점점 사용량이 줄어드는 친구들도 많다. 쉬는 시간에 핸드폰만 보던 친구들이 운동을 하거나, 악기를 연주하거나, 친구들과 수다 떠는 모습도 쉽게 볼 수 있게 되었다. 2022년에는 교사들의 핸드폰 사용에 대한 걱정이 학생자치회에 전달되었다. 학생자치회는 교사들의 걱정이 적절하다고 판단을 하고 한자리모임을 소집했다. 이런저런 의견들이 오가다 한 달에 한 번씩 부서별로 '핸드폰 없는 날'을 기획해서 진행하자는 제안이 나왔다. 모든 부서가 진행한다면 행사를 기획하거나 참여하면서 전교생이 핸드폰에 대해 생각해 보는 시간을 갖게 된다는 의견이었다. 모두가 동의했다. 먼저 도서부가 많았다. 도서부의 기획은 기발했다. 학생들은 주로 친구와 소통하는 기능으로 핸드폰을 사용하니 핸드폰이 없는 과거로 돌아가 엽서나 편지로 소통해 보자는 것이었다. 도서부원들이 모여 '나미야 잡화점의 기적'의 시간을 잇는 우체통을 만들었다. 빨간색 우체통은 눈에 띄었다. 도서관 서가 중 학생들의 왕래가 가장 많은 곳에 두었다. 누군가 엽서나 편지를 써서 넣으면 도서부원들이 배달을 해 줬다.

학생자치회가 정착이 되면 중학교에서도 이 정도의 행사는 학생들 스스로 기획하고 진행할 수 있다. 한자리모임에서 급하게 결정되더라도 미리 경험해 봤기에 부서원들이 협력하여 해결할 수 있다.

어울림 체육대회는 대표적인 부서 행사이다. 일반 학교에서도 체육대회를 계획할 때 학생들의 의견을 많이 반영한다. 그러나 그것은 학생 의견이 반영된 교사의 기획이다. 체육대회는 학생들이 가장 좋아하는 학교 행사이다. 체육대회를 통해 학생들은 학업 스트레스를 푼다. 또 적절한 경쟁으로 재미를 느낀다. 그 덕에 체력도 올라간다. 학생에게 필요한 것을 교사가 제공하는 것이다. 수업이기는 하지만 수동적인 수업이다. 그렇다면 체육대회가 학생의 행위 주체성을 향상시키는 능동적인 수업이 되기 위해서는 어떻게 하면 될까? 100퍼센트 학생들이 기획하고 교사의 의견을 반영해야 한다. 이는 학생자치회에 맡기면 해결된다. 체육부나 복지부에서 일 년 활동에 넣고 시기를 정하고 기획하고 진행하면 된다. 행사의 원칙이나 방향 혹은 예산은 부서 회의 시간에 담당 교사가 참석하여 같이 협의하면 된다. 학생에게 맡기는 게

월별 행사 또는 계기 교육과 담당		
2월	신입생 오리엔테이션	1학년
3월	입학식, 지구를 위한 한 시간	2학년, 1학년
4월	세월호 기억식(학생 안전의 날)	복지부
	지구의 날	생태환경부
	책의 날	도서부
5월	체육대회	행사부
6월	평화 수업	학년별 융합 수업
7월	방학식	학생자치회, 방송부
8월	개학식, 2학기 오리엔테이션	학생자치회
10월	독도의 날	행사부
	한글날	도서부
11월	학생의 날	학생자치회
12월	축제	축제준비위원회 혹은 학생자치회
1월	졸업식	2학년(1학년), 방송부

처음에만 어렵지, 맡기고 믿어 주면 잘 해낸다. 체육대회 진행과 심판
도 부서원이 한다. 그런데 진행을 하다 보면 정작 자신은 체육대회에
참석하지 못한다는 문제가 생긴다. 학생들은 어떻게 해결했을까? 학
생들은 다음과 같은 명쾌한 답을 내났다. '부서원이 나눠서 게임을 진
행하고 심판을 본다. 나머지는 게임에 참석한다. 심판을 보는 것도 체
육대회에 참석하는 일이다. 심판을 공정하게 보는 것은 특권이며 경기
에 참여한 것보다 더 재미있어 하는 친구도 있다.' 이런 해결책은 해마
다 부서 협의로 새로운 방법이 나온다. 창조적인 문제 해결 능력이 생

기는 것이다. 교사는 학생들이 감당할 수 없을 만큼의 큰 문제가 생겼을 때만 관여하면 된다. 물론 큰 문제가 생기지 않게 지원하는 것도 중요하다. 일부러 큰 문제를 조장할 필요는 없다. 더불어 체육 교사는 자신의 고유 업무를 학생들에게 빼앗겼다고 생각할 필요가 없다. 교사는 그 과정을 관찰하며 지원하면 된다. 그것이 교사의 역할이다. 간혹 간단한 문제도 해결하지 못하는 부서도 있다. 그럴 경우는 교사가 좀 더 깊게 관여하면 된다. 관찰을 통해 관여의 정도를 파악해 배움이 학생들에게 일어날 수 있게 하는 것이 교사의 전문성이다. 이렇게 진행되는 체육대회는 체육대회 자체의 즐거움과 재미도 있지만 준비하고 진행하는 부서에서는 배움이 일어나는 수업이 된다.

행사뿐 아니라 의미 있고 특별한 계기 수업도 학생자치회에 위임하여 학년 초 부서별 계획을 세울 때 분배하면 좋다. 세월호 기억식, 한글날, 독도의 날, 지구의 날 등은 충분히 부서에서 진행할 수 있다. 11월 3일인 학생의 날-학생독립운동 기념일은 학생자치회의 가장 큰 행사(계기 교육)이기에 학생자치회 회장단에서 맡아 진행하면 좋다.

융합 수업―기후 위기 생태 전환 교육

지구 온난화가 심각하다. 인간의 개발에 대한 욕심은 줄어들지 않고 있다. 기후 학자들이 예상한 임계점이 점점 다가오고 있고, 우리의 이산화탄소 감축 목표치는 늘어나지 않고 있다. 교육의 목표가 성공이든 웰빙이든 기후 위기 앞에서는 아무 의미가 없다. 자신의 노력으로 성공한 삶을 이루고 보장받았다 하더라도 기후 위기가 닥치면 물거품이 된다. 자신이 쌓은 재력으로 기후 위기를 대응할 수 있다고 생각하지만 오래가지 않을 것이다. 모두가 죽고 혼자 사는 것이 무슨 의미가 있겠는가? 웰빙의 사회에서는 안전한 지구는 기본이다. 잘 사는 것에 가장 우선은 안전이다. 불안해서는 잘 살 수 없다. 내가 공부를 하는 것도, 학교를 다니는 것도, 돈을 버는 것도 어떻게 보면 다 불안의 요소를 줄이기 위한 것이다. 내 삶의 행위는 안전할 때 의미가 있다. 인간의 힘으로 막을 수 없는 기후 위기 시대가 도래한다면 지금의 교육은 아무 쓸모가 없게 된다.

미래 교육에서 기후 위기 생태 전환 교육은 기본이다. 환경 교사를 늘려 환경 수업을 하는 것도 중요하다. 그러나 현실적으로 매우 어렵다. 그래서 선택 과목인 환경 과목에서만 수업으로 할 것이 아니라 모든 교과가 이 주제로 수업을 해야 한다. 기후 위기 생태 전환 교육은 융합 수업의 훌륭한 주제가 된다. 낙운중학교에서는 1학기의 융합 수업으로 전 과목이 환경을 주제로 정하고 교과별로 혹은 2~3개 교과가 융합으로 수업을 진행하고 있다.

특히 과학 과목은 환경 교육에 있어 필수 교과목이다. 과학의 무분별한 발전으로 지구의 환경이 파괴되었다는 사실을 반성해야 한다. 학교에서는 지구를 살리는 과학을 가르쳐야 한다. 에너지 단원에서는 지구의 에너지 순환을 이야기할 수 있다. 해수의 순환과 대기의 순환이

에너지 순환과 연결된다. 생물의 다양성 단원에서는 개발로 인한 멸종 위기 야생 동식물 이야기를 할 수 있다. 식물 단원에서 채식의 필요성과 중요성을 이야기하고, 전기 단원에서는 자연 에너지를 이용한 전기 생산 이야기를 할 수 있다.

사회·기술가정 환경 융합 수업 (3학년)		
주제	출동, 지구 수호대! 환경 문제를 탐구하여 인포그래픽을 제작하고 친환경 생활용품을 만들어 탄소 중립 실천하기	
단원명	사회	10. 환경 문제와 지속 가능한 환경
	기술가정	Ⅱ. 가정생활과 안전 3. 더불어 살아가는 주생활 문화
성취 기준	사회	[9사(지리)10-01] 전 지구적인 차원에서 발생하는 기후 변화의 원인과 그에 따른 지역 변화를 조사하고, 이를 해결하기 위한 지역적·국제적 노력을 평가한다. [9사(지리)10-02] 환경 문제를 유발하는 산업이 다른 국가로 이전한 사례를 조사하고, 해당 지역 환경에 미친 영향을 분석한다. [9사(지리)10-03] 생활 속의 환경 이슈를 둘러싼 다양한 의견을 비교하고, 환경 이슈에 대한 자신의 의견을 제시한다.
	기술가정	[9기가02-12] 쾌적한 주거 환경 조성을 위한 조건을 분석하고, 주생활과 관련된 안전사고의 예방 및 대처 방안을 탐색하여 실생활에 적용한다.
교과 역량	사회	지식 정보 처리 역량, 창의력 사고 역량, 문제 해결 역량
	기술가정	실천적 문제 해결 능력, 생활 자립 능력, 공동체 역량

학습 단계	학습 요소	교수 학습 활동	자료 및 유의점
도입 (5분)	동기 유발	(사회) 일상생활에서 접할 수 있는 환경 문제 -일상생활에서 볼 수 있는 환경 문제는 무엇일까? -일상생활에서 발견되는 환경 관련 문제를 보고 우리의 역할을 생각해 본다.	PPT 동영상
	학습 목표 제시	(사회) * 환경 문제의 원인을 설명할 수 있다. * 실현 가능한 환경 문제의 해결 방안을 토론할 수 있다. (기술가정) * 플라스틱 사용을 줄이기 위한 생활용품을 만들 수 있다. * 샴푸바와 허니랩을 사용해 탄소 중립을 실천할 수 있다.	PPT
전개 (80분)	수업 안내	(사회, 기술가정) 수업 진행 과정 안내하기 1. 환경 문제 인포그래픽 발표 2. 환경 문제에 대한 질의응답 3. 환경 보호를 실천할 수 있는 생활용품 만들기	
	발표	(사회) 환경 문제 인포그래픽 발표 및 질의응답 * 인포그래픽: 정보, 데이터, 지식을 시각적으로 표현한 것 으로, 정보를 빠르고 쉽게 표현하기 위해 사용됨 -자신이 선택한 환경 문제의 원인, 현상, 해결 방안 제시 -인포그래픽 속의 시각적 정보에 대한 소개 -발표 후 환경 문제에 대한 자유로운 질의응답	발표 시 주의 집중할 수 있도 록 지도
	제작	(기술가정) 친환경 생활용품 만들기 - 플라스틱 사용을 줄일 수 있는 고체형 샴푸바 만들기 : 지역 농산물과 코코넛 등 식물 유래 계면활성제로 구성 된 베이스에 천연 향료와 색소를 섞어 샴푸바를 성형한 후 건조한다. - 재활용이 가능한 천연 포장랩(허니랩) 만들기 : 유기농 면에 밀랍과 송진, 천연 코코넛 오일로 만든 왁스 를 녹여 코팅한 후 건조한다.	제품 제작 시 만드는 방법과 안전 수칙 안내 허니왁스를 녹일 때 고온에서는 연 기가 날 수 있 으므로 저온에 서 작업
정리 (5분)	정리 하기	(기술가정) - 자리를 깨끗이 정리한다. - 샴푸바와 허니랩을 일상생활에서 사용하여 탄소 중립 을 실천할 수 있도록 안내한다.	

학년	1	(영어, 과학 혼합 수업) 교수·학습 과정안	
수업 주제	새를 통해 생명의 다양성을 이해하고 표현하기		
활동	새명 프로젝트		

해당 단원 및 성취 기준

영어	2. Welcome to my school	[9영04-02] 일상생활에 관한 자신의 의견이나 감정을 표현하는 문장을 쓸 수 있다. [9영04-05] 자신이나 주변 사람, 일상생활에 관해 짧고 간단한 글을 쓸 수 있다.
과학	3. 생물의 다양성	[9과03-03] 생물 다양성 보전의 필요성을 이해하고, 생물 다양성 유지를 위한 활동 사례를 조사하여 발표할 수 있다.

수업 진행

차시	날짜	교시	과목	교수 학습 활동
1~7	4월		과학	새명 프로젝트 계획과 시작
	5/2~ 5/20		과학	새집 관찰하기
	5/23~ 5/26		영어	Be동사와 일반동사를 활용하여 새집 만들기 경험에 대해 글쓰기
8	5/27	2 3	영어 과학	-'새집 만들기'에 대한 글을 완성하고 발표하기 -드론을 날려 보며 새의 기분(생태)을 이해하기

평가

영어	① '새집 만들기'에 대한 자신의 경험을 글로 쓰기 ② 다른 사람 앞에서 발표하기	수행 평가: '새집 만들기'에 대한 자신의 경험을 영어로 쓰기
과학	① 드론 날리기 안전 수칙 점검 ② 드론을 날리며 새의 시점 이해 ③ 느낀 점 적고 발표하기	수행 평가: 새명 프로젝트 관찰 일기 적기

학생자치회의 부서에 생태환경부가 있다. 기후 위기의 심각성을 학생들 스스로 느끼고 실천하는 것이 중요하다는 의견이 모아져 학생자치회에서 자발적으로 부서를 조직했다. 생태환경부는 교내의 환경과 관련된 행사를 진행한다. 3월 마지막 토요일에 전 지구적으로 진행되는 '어스아워earth hour-지구를 위한 한 시간' 행사는 학생자치회 부서가 조직되기 전이라 1학년이 캠페인 활동을 하고 있다. 4월 22일 지구 환경을 보호하자는 취지의 전 세계 기념일인 지구의 날도 생태환경부가 진행한다. 플라스틱 페트병 뚜껑을 모아 플라스틱 방앗간에 보내기도 하고, '용기 내' 프로젝트*로 집에서도 일회용품 사용 자제를 실천할 수 있게 한다. 올해는 7월 3일 세계 비닐봉지 없는 날International Plastic Free Day을 기념하여 한 달 전부터 홍보하고, 학생들이 실천하는 모습을 사진으로 찍어 학교 소통방에 올리는 행사를 진행했다. 부서 활동 시간에 학생들이 스스로 자료를 찾고, 내용을 이해하고, 실천할 수 있는 방법을 기획한 후 홍보하게 된다. 이 과정에서 학생들은 행위 주체성이 높아진다. 누가 시켜서 억지로 하는 게 아닌 부서원부터 먼저 실천하고 그 실천이 친구들과 선후배 그리고 교직원과 가정에까지 확산된다.

자율 동아리

몸에 좋다고 해서 억지로 많이 먹으면 탈이 나기 마련이다. 교육도 그

* 배달 음식을 자제하고 식당에 다회용기를 가져가서 음식을 담아 오는 운동.

렇다. 어른들이 보기에 필요하다고 생각하는 것들이 학생들에게는 그렇지 않은 경우가 많다. 학교의 대부분의 교육 과정이 어른 시각으로 구성되어 있다. 학생들이 자기에게 필요한 것을 선택해서 행해지는 교육 과정이 부족한 현실이다. 학생들이 스스로 선택하게 되면 만족도는 높아진다. 강요가 아닌 자신이 선택하면 불만을 가질 수도 없다. 학생들은 자신에게 필요한 것을 스스로 찾고 생각하게 된다. 필요한 것을 찾기 위해서는 부족한 것을 돌아보게 된다. 청소년기에 자신을 돌아보는 시간은 매우 중요하고 필요하다.

자율 동아리는 금요일 오후에 진행된다. 한 주를 마무리하는 시간에 자신이 하고 싶을 것을 하면서 일주일의 교육 과정을 마친다. 동아리는 세 명 이상이면 조직할 수 있다. 3월 학생자치회 회장단 선거가 끝날 즈음 한자리모임에서 자기가 원하는 동아리 활동을 말한다. 자신의 제안을 친구들과 후배들에게 설명하고 설득한다. 동아리 담당 선생님도 직접 부탁해서 정한다. 일주일 정도 서로 조정하고 조율하는 시간을 갖는다. 이렇게 동아리가 결성되면 1학기 활동 계획을 짠다. 인터넷에서 자료를 찾기도 하고 선생님에게 묻기도 한다. 필요한 준비물을 적는다. 예산도 스스로 짠다. 활동할 장소도 정한다. 전문적인 기술이 필요할 경우에는 강사 요청도 한다. 이 모든 과정을 학생들 스스로 한다. 2023년 2학기에는 11개 동아리가 조직되었다.

자율 동아리를 처음 시행했을 때는 예술 체육 분야가 많았다. 예술 체육 분야의 정규 교과 시간이 부족했기 때문이기도 하지만 단순히 수업 시수가 많은 국어, 영어, 수학, 사회, 과학 과목을 기피해서 나타난 현상이었다. 그런데 시간이 지날수록 학생들은 자신이 부족한 과목의 동아리를 개설하기 시작했다. 일주일에 세 시간, 그 값진 시간에 자신에게 필요한 것을 하기 위해 학생들이 스스로 선택했다. 수학 선생님은 기꺼이 그 시간에 봉사한다. 스스로 또는 서로 배우는 방법을 이야기해 주고 자율적으로 운영될 수 있게 지도한다. 어떤 학생은 세 시간을 나누어 동아리 두 곳에서 활동하기도 한다. 기회를 주면 학생들은 스스로 하는 능력이 생긴다. 그것이 바로 학생의 행위 주체성이다.

학기 말이 되면 자율 동아리 체험 발표회를 한다. 각 동아리마다 활동 부스를 차려 한 학기 동안 해 보지 못한 동아리 활동을 체험하는 날이다. 이날을 준비하면서 한 학기 동안의 동아리 활동을 정리한다. 친구나 선후배가 체험하게 하려면 내 실력은 어느 정도 수준이 되어야 한다. 자신의 동아리를 알리기 위해 반짝이는 아이디어를 내기도 한다. 기타 동아리의 경우, 복도나 광장에서 버스킹을 한다. 밴드 동아리의 경우에는 음악실에서 공연을 한다. 스스로 계획하고 배운 내용들을 발표하고 체험하면서 하루를 즐긴다. 그리고 다음 학기를 기대한다.

여름 방학 파티―1학기 성장 발표회(여름 방학 계획)

방학하는 날은 누구나 즐거운 날일 것이다. 방학식만으로도 즐겁겠지만 1학기를 서로 보살피며 성장해 온 우리 모두를 위로하고 격려하기 위해 방학 파티를 열었다. 한 학기 동안의 자신의 성장을 돌아보고 발표한 뒤 학생자치회에서 준비한 선물을 하나씩 제비 뽑아 가는 방식이다. 처음 발표는 학생자치회 회장이다. 모두 응원의 박수를 보낸다. 다들 기분이 좋은 날이기에 박수 소리마저 크다. 박수와 함께 환호하고 때론 탄식(?)하며 이야기에 공감해 준다. 성장 발표가 익숙한 3학년의 추임새가 다양하다. 성장의 내용도 다양하다. 교과목의 성적이 올랐다고 이야기하는 친구도 있고, 발표 능력이 향상되었다고 말하는 친구도 있다. 다퉜던 친구와 사이가 좋아졌다며 눈물을 흘리는 학생도 있다. 발표가 끝나면 제비를 뽑는다. 제비에는 번호와 이름이 적혀 있다. 번호는 미리 매긴 선물의 번호이고 이름은 다음 발표자이다. 성장 발표회에는 선생님뿐만 아니라 행정실 직원도 모두 참석해 발표를 한다. 이런 행사에 행정실 직원이 함께하면 교육 활동의 이해도가 높아져서 예산 사용 시에 교무실과 긴밀하게 협조하는 관계가 된다. 대부분의 학교 행사는 학생들이 중심이기에 어른들이 나와서 이야기하는 경우는 드물다. 어른들이 발표할 때는 학생들이 귀를 쫑긋 세운다. 성장 발표회는 어른도 아이들도 서로를 알아 가는 소통의 시간이 된다.

1학기 성장 발표 내용에는 여름 방학 계획이 포함되어 있다. 1학기를 돌아보며 자신이 부족했던 부분이나 필요한 부분을 보충하고 더 해보고 싶은 것을 찾는 기회를 주는 것이다. 방학은 기본적으로 쉬어야 한다. 그래서 너무 많은 계획을 세우지 말자고 이야기한다. 큰 계획이 아니라 꾸준히 할 것을 생각해 보자고 이야기한다. 올해는 자신의 건강을 위해 줄넘기를 매일 하겠다는 친구가 많았다. 자신이 목표를 세우고 실천해 가는 평소 체육 수업의 연장선이다.

7장

미래 교육의 적용 3,
성장 발표회와 졸업 파티

교육은 사회적 과정입니다. 교육은 성장입니다. 교육은 삶을 위한 준비가 아니라 삶 그 자체입니다. ― 존 듀이

"축제는 행사이지만 훌륭한 수업이기도 해. 낙운중학교의 3년 수업 중 가장 마지막 융합 수업이지. 축제는 일 년 동안의 교육 활동을 정리하고 발표하는 날이기도 하지만 계획을 잘 세우면 또 하나의 새로움을 배우는 수업이기도 해. 그래서 초등학교에서 많이 했던 학예 발표회를 기본으로 조금 더 생각해 보면 재미나고 의미 있는 축제가 될 것 같아. 특기적성 방과후 수업에서 배운 것과 수업 시간에 배운 것, 동아리 활동에서 배운 것을 다 모아서 이것들을 분류하고 다시 나열하다 보면 멋진 한 편의 드라마 같은 공연이 될 수 있을 거야. 올해 축제는 학생자치회에서 축제준비위원회(이하 축준위)를 구성해서 진행하려고 해. 학교는 너희들에게 기회를 주는 곳이야. 기회를 잡는 것은 너희들의 용기이고 하고 싶은 마음이 조금만 있다면 용기 있게 손을 들어 줘. 그럼 그때부터 함께 배우는 거야. 축준위에 들어오면 다른 친구들보다 힘들겠지만 배움은 많이 일어날 거야. 기회를 잡을 사람, 손!"

학생들이 서로 눈치를 본다.

"결정은 스스로 하는 거야. 중학생이 되면 누구 따라가는 게 아니라

내 스스로 하고 싶은 걸 결정할 수 있는 힘이 있어. 그리고 선생님이 누누이 말했지만 우린 잘해서 하는 것이 아니라 잘하려고 하는 거야."

한 명이 손을 든다. 또 한 명이 손을 든다. 망설이던 손들이 하나둘 보인다.

"용기 내어 줘서 고마워. 손을 든 축준위 친구들은 앞에서 기획하고 진행하는 봉사하는 친구들이야. 학교의 축제는 모든 학생이 주인공이지. 손을 들지 않은 친구들도 재미난 아이디어가 있으면 축준위 친구들에게 제안해 줘. 우리 같이 멋진 축제를 만들어 보자."

며칠 후 축제 공연을 맡은 축준위 친구가 자랑하며 이야기한다.

"선생님, 민영이가 이번 축제에서 노래하고 싶데요."

지난 학교가 힘들어서 3학년 2학기 때 전학 온 민영이다. 별로 말이 없고 활동이 적극적이지 않았는데 이 소식에 교무실의 모든 선생님이 놀랐다.

"요즘 민영이 표정이 좋아졌어요."

"쉬는 시간에 친구들과 이야기도 하고 점점 나아지는 것 같아요."

"수업 시간에 발표도 한 번씩 해요."

민영이의 변화를 모든 선생님이 조금씩 보고 있었다.

축제 공연 날 민영이의 순서를 모두가 기다리고 있었다. 전주가 흐르는 동안 마이크를 꽉 쥔 민영이의 손을 보니 눈물이 났다. 민영이의 노래가 끝나니 모두의 눈은 젖어 있었다. 축제는 모두에게 감동을 주는 가장 멋진 수업이다.

중학교 교육 과정에서의 축제─축제의 목적과 방향

모든 학교에서 계획되어 있는 축제는 학생 자치 활동에서 매우 중요한 행사이다. 대부분의 학교에서는 축제를 어떻게 준비하고 있는가? 축제를 담당하는 학생부 혹은 문화부에서 작년의 축제 계획을 살펴보고 올해 축제에 수정 보완하여 적용할 것이다. 현재 학교 실정에 맞게 일정 정도의 계획을 교사들이 미리 세우고 학생자치회와 협의해 준비하고 진행하는 것이 일반적이다. 학생들에게 주도권을 주고, 학생들이 돋보이게 무대를 만들고, 무대에 설 기회를 주는 것만으로도 매우 훌륭한 축제가 된다. 기존에 하고 있는 축제에서 어떻게 하면 '학생의 행위 주체성'을 높이는 축제가 될까 고민할 때이다.

Chat GPT-3.5에게 중학교 축제의 목적을 물어보았다.

• 질문: 중학교 축제의 목적은 무엇인가?

• 답변: 중학교 축제는 여러 가지 목적을 가지고 열리는 행사로, 그 목적은 다음과 같이 다양할 수 있습니다.

1. 커뮤니케이션과 융합: 중학교 축제는 학생, 교사, 학부모 및 지역사회 간의 소통과 협력을 촉진합니다. 이를 통해 학교 내외의 다양한 인간관계가 형성되고 더 밀접한 연대감을 형성할 수 있습니다.

2. 문화 및 예술 활동: 축제는 학생들이 예술, 음악, 무용, 연극 등 다양한 예술 분야에서 능력을 표현하고 발전시키는 기회를 제공합니다. 이를 통해

창의성과 예술적 역량을 향상시킬 수 있습니다.

3. 자긍심과 동기 부여: 축제는 학교의 정체성과 자긍심을 강화시키는 역할을 합니다. 학생들은 학교를 대표하는 행사를 통해 학교에 대한 애정과 자부심을 느낄 수 있으며, 이를 통해 학업 및 활동에 대한 동기 부여를 얻을 수 있습니다.

4. 공익 및 기부: 중학교 축제는 종종 기부나 사회 공익 활동을 위한 모금 활동의 일환으로 진행될 수 있습니다. 학생들은 자선 활동을 통해 사회에 기여하는 가치를 배우고 경험할 수 있습니다.

5. 휴식과 즐거움: 학업의 압박이 있는 중학교에서 축제는 학생들에게 재미와 휴식의 시간을 제공합니다. 학교생활을 더 즐겁게 만들며 스트레스를 해소할 수 있는 기회가 됩니다.

중학교 축제의 구체적인 목적은 학교나 행사의 성격, 문화, 지역 등에 따라 다를 수 있으며, 위에서 언급한 목적들 중 하나 또는 그 이상을 달성하기 위한 행사로 진행됩니다.

인공 지능은 축제의 목적을 매우 정확하게 이야기한다. 위에서 제시된 다섯 가지 목적만 잘 살려도 매우 훌륭한 축제가 된다. 여기에 하나를 더 추가하면 어떨까? 학교의 모든 행사는 수업이다. 축제라는 융합 수업을 통해 학생들에게 배움과 성장이 일어난다면 학생의 행위 주체성은 높아질 것이다.

내서중학교의 축제인 '감골제'는 2학기에 가장 중요한 융합 수업이라고 생각하고 3년 동안 연극, 영화, 뮤지컬을 순환하며 진행했다. 학교의 모든 교육 과정을 통해 배운 내용을 작년에는 연극이라는 형식으로 표현했다면, 올해는 영화로, 내년에는 뮤지컬로 표현하는 것이다. 내서중학교에 입학해서 졸업하는 3년 동안 세 가지의 새로운 수업으로 배움이 일어난다. 연극, 영화, 뮤지컬의 대본과 시나리오는 국어 시간에 배운 힘으로 학생들이 직접 짠다. 내용 안에 들어가는 노래와 춤은 음악 시간과 특기 적성, 동아리 시간에 배운 것이다. 무대를 꾸미고 의상을 만들면서, 음향과 조명을 구상하고 진행하면서 기존에 배운 내용과 새롭게 배운 내용이 융합된다.

낙운중학교의 축제인 '낙운제'는 배움을 통한 학생들의 성장에 중심이 되는 교육 과정과 배움을 통한 성장을 발표하는 방향으로 진행한다. 첫해에는 자신을 표현하는 코스튬 플레이로, 그다음 해부터는 자신의 성장 발표를 축제의 중심 프로그램으로 잡았다. 하고 싶거나 해보고 싶은 진로나 직업을 표현하는 의상을 준비하거나, 자신의 삶의 방향이 드러나는 의상이나 소품을 만든다. 공연장에 런웨이 무대를 마련하고 레드카펫을 깐다. 축제 날에 자신을 표현하는 런웨이를 하고 중앙 무대로 가 자신의 성장을 발표한다. 이 과정을 거치면서 학생들은 진지하게 자신의 과거와 현재와 미래를 생각하게 된다.

필요에 따라 전문가를 섭외하여 진행한다. 축제 준비 기간에 진로 교육 주간을 두고 각 분야의 특강을 실시하면서 학생뿐만 아니라 교사도 전문적인 영역을 배우게 된다. 자신이 모르는 영역에서 교육 활동이나 행사를 진행하기는 쉽지 않다. 그러나 새로운 시도를 했을 때 배움은 더 많이 일어난다. 특히 학생과 교사의 행위 주체성은 새로운 문제와 부딪혔을 때 그 문제를 해결하는 과정에서 성장한다. 새로운 영역에 주저하지 말고 주위의 전문가의 도움을 받으면서 진행하다 보면 자신감이 생기고 자존감이 높아진다.

축제의 시기

축제는 목적과 방향에 따라 시기가 결정된다. 대부분의 축제는 일 년 동안의 교육 과정의 결과를 발표하고 전시하는 목적을 가지고 있기에 학년 말에 진행되는 경우가 많다. 간혹 추운 겨울을 피해 날씨가 좋은 가을에 하는 경우도 있다. 위의 Chat GPT가 말한 다섯 번째의 목적이 강하다면 2학기 중간고사와 기말고사 사이에 진행하기도 한다.

내서중학교는 축제의 의미를 더하기 위해 11월 3일 학생의 날(학생독립운동기념일)을 기념하며 진행한다. 어린이날은 국가 공휴일로 지정이 되어 모두가 기억하고 어린이가 주인공이 되는 날이지만, 학생의 날은 학생들조차도 잘 알지 못한다. '일제 강점기 시대 우리 나이 또래의 선배들이 나라의 독립을 위해 목숨을 바친 날인 학생의 날에 어른들이 챙겨 주는 어린이날과 달리 학생 스스로 기념하고 즐기는 날로 축제하자.'라고 제안을 하고 학교 모든 구성원이 합의해 결정했다. 내서중학교는 그 이후로 학생의 날에 축제를 계속 진행하고 있다.

낙운중학교는 2학기 지필 평가 후 학교의 중요한 일정이 다 끝나고 크리스마스와 연말 분위기인 12월 23일~24일을 축제 시기로 정했다. 몇 년을 시행하다가 2023년부터는 축제의 방향이 1, 2학년은 일 년의 성장을, 3학년은 3년의 성장을 발표하는 방향으로 바뀌었고, 졸업식과 연계하여 졸업식 전날인 1월 초에 진행하고 있다.

축제의 준비─축제준비위원회 구성과 운영

학생들을 위한 모든 행사는 학생자치회가 중심이 된다. 학교에서 가장 큰 행사이기도 한 축제를 학생들에게 온전히 맡기는 것은 교사에게도 학생에게도 부담이 될 수 있다. 그러나 학생들이 준비한 행사가 부족할 것이라는 걱정만 버리면 교사의 부담은 보람으로 바뀐다. 자신을 위한 행사를 학생들이 주축이 되어 기획하고 진행하고 정리하는 경험을 한다면 학생들은 성장하게 되고 또한 자존감이 높아질 것이다.

축제준비위원회 구성은 학생자치회 회장단이 맡아도 되고 따로 조직해도 된다. 학교 규모에 따라 학생자치회의 한 부서가 그 역할을 맡아도 된다. 예를 들면 학생자치회 일 년 계획을 짜며 부서 조직을 할 때 문화예술부가 평소 학생들의 문화 예술 활동을 지원하고 진행하는 일을 하면서 그 결과를 축제로 마무리할 수도 있다. 내서중학교와 낙운중학교에서는 학생자치회에서 축제준비위원회를 다시 조직했다. 축제 한두 달 전 학생자치회 회장단 회의에서 축제준비위원회 조직을 협의하면서 준비위원장을 선임한다. 학생회장이나 부회장이 될 수도 있고 부서장이나 부서원이 될 수도 있다. 대부분은 회장보다는 부회장이나 부서장이 준비위원장을 맡게 된다. 그 이유는 기본적으로 학생회장은 활동을 해 보는 기회가 많이 주어지고 경험했으니 기회와 경험을 골고루 분산하자는 의미가 있고, 또 축제라는 큰 활동을 회장과 축제준비위원장이 나누어 진행하면 일의 수고가 한 사람에게 집중되지 않기 때문이다.

축제준비위원장이 선임이 되면 본격적인 축제 준비에 들어간다. 가장 먼저 축제준비위원회 모집 공고를 낸다. 준비위원들은 각 분야를 정한 뒤 모집할 수도 있고, 일정 인원수를 모아서 각 분야로 나눌 수도 있다. 축제의 기간이나 내용이 어느 정도 결정되어 각 분야가 정해져 있을 경우에는 전자의 경우가, 새로운 방향과 구상으로 축제 프로그램을 기획하려면 후자의 경우가 적당하다. 축제준비위원들이 다 구성되고 분야가 정해졌다면 이제 분야의 팀장을 정해야 한다. 준비위원장이 준비 과정 모두를 살피기에는 무리이기 때문이다. 준비위원장의 역할은 축제 준비를 잘해서 성공적인(?) 축제를 진행하는 것이다. 축제준비위원회 전체의 분위기를 긍정적으로 만드는 것은 매우 중요하다. 일하다 보면 준비위원들 사이에 갈등이 생기고 부족한 부분이 발견된다. 그 부분을 메우며 전체 분위기를 관장하는 역할을 할 사람이 필요하다. 책임 교사 혹은 지원 교사가 그 역할을 할 수도 있지만 학생들이 그 역할을 하면 관계를 배우는 훌륭한 수업이 된다.

축제준비위원회 회의는 매일 혹은 주 몇 회 요일을 정하고 정기적으로 진행해야 한다. 회의를 위한 정기적인 만남은 준비 과정을 점검하는 역할도 하지만 자극을 주는 역할이 더 크다. 축제 준비는 수업이다. 숙제를 매번 검사 받는 수업은 모두가 싫어한다. 지속되다 보면 나중에는 지치고 자신의 역할에 대한 변명을 찾기 일쑤다. 축제준비위원회의 분위기가 나빠지면 축제는 망한다. 개인별로 분야별로 서로의 생각을 발표하면서 열심히 하는 친구들에게는 자극을 받고, 잘 모르는 친구는 배려하며 다시 기회를 주는 긍정적인 분위기를 형성하는 것이 무엇보다 중요하다. 전체 일정을 정하고 정기적으로 만나서 소통하는 이유가 서로 자극 받고 배려하는 점검 과정을 거치기 위함이다. 축제준비위원장(학생회장 포함)과 교사는 그 역할을 잘 못하는 친구를 찾아내고 어떤 지원이 필요한지 협의하여 적절한 지원을 한다.

정기적으로 회의를 소집하고 진행하는 것은 쉽지 않다. 그래서 처음에는 교사가 축제준비위원장과 협력하여 진행하고 나중에는 학생들에게 전적으로 위임하면 된다. 그러기 위해 팀별 회의 시간과 팀장 회의 시간을 확보해야 한다. 팀별로 프로그램을 기획하는 회의 후 각 팀의 진행 사항을 나누고 변화된 부분을 공유하며 생각을 더하는 팀장 회의를 진행한다. 매일 또는 격일 정도의 정기적인 회의는 아침 시간이나 점심시간에 15~20분 정도의 시간이 적당하다. 아침 시간에는 담임 선생님과 반 친구들에게 양해를 구하고, 점심시간에는 전체 학생들에게 양해를 구하고 급식 순서를 제일 앞으로 해서 시간을 확보하면 된다. 또한 축제준비위원장과 지원 교사는 틈틈이 시간을 확보해 긴밀히 협의해야 한다. 학생들과 교직원들 간의 분위기와 의견들을 허심탄회하게 말할 필요가 있다. 축제준비위원회를 중심으로 축제 준비가 진행되더라도 학년이나 전교생에게 진행 사항을 공유할 필요가 있다. 주 또는 격주 1회 자치 시간을 활용해 한 시간 정도 진행 사항을 공유하고 의견을 들으며 반별이나 학년별로 준비 사항을 나눠야 한다. 그래야 축제에 모든 학생이 주인공이 되어 적극적으로 참여할 수 있다.

축제 프로그램 기획

축제준비위원회가 구성이 되고 구체적인 프로그램을 기획하기 전에 가장 중요하게 생각해야 할 점은 축제의 목적과 방향을 공유하는 것이다. 과거 망망대해에서 나침반으로 배의 방향을 잡고 어떤 풍랑에도 길을 잃지 않고 항해를 했듯이 학교의 행사(수업)에서 구성원들 모두와 목적을 공유하고 방향을 잡는 일은 매우 중요하다. 각 학교에서 해마다 하는 축제의 목적에 큰 변화는 없겠지만 과거의 목적을 점검하고 올해의 목적을 재설정하는 작업은 반드시 필요하다. 그러기 위해서는 과거 축제의 목적을 미리 설명하고 올해에 수정이나 보완할 부분이 있는지 살핀 뒤, 새로운 목적을 정하고 모두와 공유한다. 목적이 정해지면 다음과 같은 프로그램 기획의 방향을 설정한다. 학생이 주인공이 되고 모두에게 평등하고 성공적인 축제가 되기 위한 방향 설정이다.

1. 학생들이 스스로 참여할 수 있는 재미있는 프로그램

2. 한 명의 학생이라도 소외되지 않는 다양한 프로그램

3. 학생들의 새로운 문화를 만들 수 있는 창의적인 프로그램

4. 경쟁하여 1등을 가리는 것보다 서로 격려하며 배우고 즐기는 프로그램

5. 예산을 포함하여 실현 가능성이 있는 프로그램

축제의 가장 기본은 재미와 즐거움이다. 공연이나 성장 발표 프로그램으로 일 년 동안의 교육 활동을 정리하고 발표하는 것도 의미가 있지만 학생들은 힘들어한다. 축제가 끝나고 나면 공연 시간에 함께 웃고 즐기긴 했으나 자신의 순서를 기다리며 긴장한 시간들의 기억들로 재미있는 축제, 즐기는 축제가 아닌 고생한 축제로 기억되게 된다. 그래서 축제의 기간을 확인하고 만약 축제 기간이 이틀이라면 1일 차와 2일 차에 무엇을 할 것인가를 먼저 결정한다. 이틀 중 하루는 일 년 동안의 교육 활동을 정리하고 발표하는 날로, 다른 날은 마음껏 웃고 즐기고 먹는 날로 정한다. 무엇을 먼저 하느냐는 해마다 바뀌는 경우가 있다. 힘든 것을 먼저 하고 나중에 즐기자는 의견과, 먼저 즐기고 나중에 힘든 것을 하자는 의견이 비등비등하다.

1일 차	2일 차
공연 또는 성장 발표	먹자마당, 놀자마당, 이벤트마당 등

그러고 나서 좀 더 구체적으로 1일 차와 2일 차를 오전, 오후, 저녁 시간으로 나누고 무엇을 할 것인지 채워 나간다. 1일 차에 공연이나 성장 발표를 할 경우에는 일반적으로 아래의 표와 같이 진행된다.

시간	1일 차	2일 차
오전	공연 또는 성장 발표 개인별 그룹별 연습	마당 준비
오후	리허설	먹자마당, 놀자마당, 이벤트마당
저녁	공연 또는 성장 발표	정리 및 귀가

작은 학교의 경우에는 부모님의 참석을 위해 저녁 시간에 공연이나 성장 발표회를 한다. 학교 교육의 3주체인 부모님이 교육 과정 발표회에 참석하는 것은 당연하다. 그리고 친구들 앞에서만 무대에 서는 것과 부모님까지 모시고 공연하는 것은 학생들의 마음가짐에 큰 차이가 있다. 더 긴장은 되겠지만 집중력 있게 자신의 역할을 준비하고 실행하게 된다. 학교 구성원은 힘이 들겠지만 부모님의 참석이 가능한 시간대에 주 프로그램을 잡는 것은 매우 중요하다.

규모가 큰 학교의 경우에는 보통 공연을 오후에 잡는다. 그리고 공연 참가자가 일부 학생들이기에 오전과 오후 프로그램을 아래와 같이 진행하는 게 일반적이다.

시간	1일 차		2일 차
오전	먹자마당, 놀자마당, 이벤트마당 1	개인별 그룹별 공연 연습	마당 준비
		리허설	먹자마당, 놀자마당, 이벤트마당 2
오후	공연		정리

   이 정도 축제의 밑그림은 축제준비위원장을 포함한 학생자치회 회
장단과 담당 지원 교사가 정리하고 정해도 무리가 없다.

   축제의 기간과 시간대별 활동이 정해졌으면 구체적으로 세부 프로
그램을 준비할 팀을 축제준비위원회의 조직에 반영한다. 예를 들면 공
연팀, 먹자팀, 놀자팀, 이벤트팀, 홍보팀을 구성할 수 있다.

   축제준비위원회 팀이 조직되고 팀원들이 구성되었으면 본격적인
세부 프로그램 기획에 들어간다. 세부 계획을 짤 때에는 학생들에게
생각할 시간을 줘야 한다. 과거의 경험과 함께 인터넷 자료 등을 활용
하여 우리 학교에 맞는 축제 프로그램을 찾아보게 한다. 학생들이 과
거의 경험이 부족하다면 교사가 과거 축제의 모습을 설명하면 좋다.
모든 것을 학생들에게 맡기는 것만이 학생 자치가 아니다. 학생들이
즐겁고 의미 있는 축제를 상상할 수 있는 마중물이나 촉매제가 필요하
다. '맨땅에 헤딩'하는 경험은 학생들의 사기를 저하시키는 요인이 된
다. 새로운 기획은 힘든 일이다. '창조(창의)는 모방에서 온다.'라는 말
이 있다. 그러나 제품 생산에서의 모방과 학생들의 활동에서의 모방은

완전 다르다. 학교 축제 프로그램을 모방한다고 해도 해마다 기획하고 진행하고 참여하는 학생들이 다르기 때문에 결과는 같을 수 없다. 어떻게 보면 그 모방이 새로운 창조를 낳기도 한다. 담당 교사는 미리 자료(다른 학교 축제 등)들을 충분히 조사하여 시기적절하게 학생들에게 제안한다. 학생들의 상상을 돕는 것이 교사의 역할이다.

학생들에게 설문 조사를 하는 것도 좋은 방법이다. '축제 때 하고 싶은 것'을 묻고 대답하는 과정에서 자연스럽게 축제 홍보가 된다. 다양한 의견 수렴을 통해 목적과 방향에 맞는 프로그램의 아이디어를 얻을 수 있다.

공연은 무대를 만들고 그 무대에 자신 있게 자신을 표현하는 프로그램이다. 작은 학교에서는 음악 시간이나 특기적성 방과후 시간에 배운 것을 전교생이 몇 번을 반복하며 무대에 선다. 규모가 큰 학교에서는 합창제나 연극제 등 반을 중심으로 모든 학생이 무대에 서는 경우도 많다. 일반적으로 공연이라고 하면 특별히 잘하는 친구들이 무대에 올라간다. 그리고 참여를 독려하거나 기량을 더 발전시키기 위해 경쟁의 요소를 넣어 경연대회 형식으로 순위를 매기고 상과 상품을 주기도 한다. 그런데 학교 안에서의 무대는 어떤 곳이어야 하는가? 앞에서 Chat GPT가 말했듯이 '학생들이 예술, 음악, 무용, 연극 등 다양한 예술 분야에서 능력을 표현하고 발전시키는 기회를 제공'해야 하지만, 우리가 잊지 말아야 할 것은 모두에게 평등한 무대여야 한다는 점이다. 과도한 경쟁은 잘남과 못남의 차이를 넓히고 배움의 욕구를 저하시키기도 한다. 잘은 못하지만 과거보다 성장한 나의 모습을 모두에게 자신 있게 표현할 수 있는 곳이 학교의 무대여야 한다. 그래서 프로그램을 기획할 때 이 부분을 염두에 두고 모두가 자신 있게 참가하는 무대 프로그램이 기획되면 좋다. 현실적으로 어렵다면 무대의 크기와 형식과 내용을 다양하게 해서 각자의 위치에서 다양한 친구들이 용기를 낼 수 있는 무대를 만들면 좋다. 다목적 강당이나 중앙 무대가 아닌 마당 내 천막 안이나 작은 무대를 만들어 '즉석 노래방', '음치(?) 노래자랑', '막춤 페스티벌' 같은 누구나 편하게 참가할 수 있는 낮은 무대가 있으면 많은 친구들이 용기를 내게 된다.

축제에서 마당의 역할은 중요하다. 단순히 재미있게 놀고 맛있게 먹는 것 이상의 효과가 있다. 마당은 해 보고 싶은 것을 마음껏 펼쳐 보는 장이다. 학교에서는 해 보게 하는 경험보다 하지 못하게 하는 경험이 많다. 호기심을 가지라고는 하지만 호기심이 과하여 사고가 될까 봐 늘 걱정이 앞선다. 교사는 '실패해도 괜찮아!'라는 말이 현실이 되게 해야 한다. 실패 없는 삶은 존재하지 않는다. 실패를 통해 성공의 가능성이 높아진다. 학교는 학생들이 안전하게 실패하는 마당이 되어야 한다. 남에게 피해를 주지 않는 실패는 많을수록 좋다. 실패를 두려워하지 않는 용기를 학교에서는 가르쳐야 한다. 교사는 그 마당이 안전한 곳인지를 확인하고 지원하면 된다. 마당은 반별, 부서별, 동아리별 등 다양한 구성이 가능하다. 공연이 특별한 친구들을 위한 장이라면 마당은 모든 학생이 참여 가능한 장이다. 많은 학생들이 좋아하는 먹자마당은 당연히 인기가 있다. 여기서 약간의 도전 과제를 주면 좋다. 일반적인 분식 메뉴에서 지역이나 학교의 특색이 들어간 메뉴를 한두 가지씩 개발하는 과제 등이다. 이런 도전 과제는 학생들이 즐기면서 문제를 해결하는 경험을 하게 한다. 놀자마당의 아이디어도 다양하다. 간단한 가위바위보 게임을 해도 학생들은 좋아한다. 시간이 짧게 끝나는 보드게임을 활용할 수도 있고, 추억의 놀이가 된 딱지치기나 비석치기도 좋은 아이템이다. 이런 놀자마당에서는 복잡한 게임보다는 간단한 게임에서 재미 요소를 늘린다. 가위바위보 게임에서 이긴 사람에게 어떤 결과를 줄 것인가? 혹은 진 사람에게 무엇을 줄 것인가? 진행자와 참가자가 단체 가위바위보를 할 것인가? 가위바위보 학교 우승자를 뽑을 것인가? 학생들의 개개인의 능력 차이에 의해 우승자가 결정되는 게임이 아닌 우연이나 운으로 결정되는 게임이 모두가 즐길 수 있어서 좋다.

학교 축제에서 체험마당도 많이 운영이 된다. 그런데 체험마당은 고민해 볼 점이 많다. 체험마당은 간단한 만들기 체험이 주를 이룬다. 긴 시간을 요하는 프로그램은 기다리는 줄을 길게 서야 하기 때문이다. 그런데 짧은 시간 안에 만들어지는 물건이 요긴하게 쓰이는 경우는 드물다. 체험마당에서 만든 물건들을 집으로 가져 가지만 쉽게 버리지도 못하고 골칫거리가 되는 경우도 많다. 또한 학습의 원리가 적용된 체험이라도 할지라도 학습이 제대로 이루어지는 경우도 드물다. 유치원이나 초등학교에서는 간단한 체험들이 도움이 된다. 그러나 중학교부터는 제대로 된 배우기가 중요하다. 하나를 만들더라도 학습의 원리를 이해하며 차근차근 정성 들여 스스로 또는 안내자와 소통하면서 만들어 가는 과정이 중요하다. 내가 체험한 물건이 평소 쓰임이 있는지를 생각해야 낭비를 막을 수 있다. 흔히 축제장에서는 다 만들거나 만들다 만 물건들이 쓰레기통에서 쉽게 발견된다. 그래서 기획 단계에서 체험마당 운영에 대한 심도 있는 협의가 필요하다.

축제 진행 과정

축제준비위원장 선임
축제준비위원회 모집 공고
축제준비위원회 조직 구성
목적 공유
분야별 세부 계획 수립
정기적인 회의
전체 학생 공유

* 큰 규모의 학교에서는 축제준비위원회 팀 구성을 기획팀과 실행팀으로 순차적으로 모집하면 좋다. 먼저 소규모로 기획팀을 모집해서 프로그램을 기획하고 그런 뒤 실행팀(대규모 자원봉사)을 모집해서 구체적인 준비에 따라 프로그램을 실행하면, 많은 친구들이 다양한 경험을 하며 자신의 축제가 된다.

축제의 진행

학생들이 중심이 되어 축제 계획이 완성되면 진행도 학생들 스스로 한다. 각 프로그램의 진행자도 기획과 준비 단계에서 선정하고 선정된 진행자들은 연습에 들어간다.

공연의 경우에는 사회자를 통해 공연을 안내하고 진행하는 것이 일반적이나, 공연 사이에 미리 촬영한 영상이나 자막을 통해 진행할 수도 있다. 청소년들이 좋아하는 TV 쇼 프로그램을 참고하라고 하면 도움이 된다. 기획 단계에서 일정표(큐시트)도 꼼꼼히 작성하고 사회자 대본도 연습을 통해 계속 수정 보완한다.

학생자치회의 방송부도 큰 역할을 한다. 공연이 진행되는 동안 음향과 조명, 영상 등을 학생들이 직접 조작한다. 선후배 방송부원들이 일 년 동안의 크고 작은 학생자치회 주관 행사들을 진행하면서 한 실패와 성공의 경험을 토대로 축제라는 큰 행사를 진행할 수 있게 된다. 때에 따라 학생들을 위해 고난도의 기술을 시도할 필요가 있다. 그때는 전문가의 특강을 활용한다. 학생들 스스로 배움의 욕구가 생길 때 배움의 효과는 증가한다. 학교 공연을 위한 다목적 강당(혹은 체육관)에는 고가의 장비들이 많다. 대부분 학교에서는 그 장비를 잘 사용하지 못한다. 장비들이 처음 들어올 때는 설치 업체에서 사용법을 설명하고 교육이 진행되지만 사용법을 알고 있는 교사들이 학교를 떠나게 되면 고가의 장비가 무용지물이 되는 경우가 허다하다. 이러한 고가의 장비를 학생들이 직접 조작해 보는 일은 중요하다. 장비의 사용법을 익히고 사용하는 것도 교육이기 때문이다. 학교에서는 학생들이 장비를 함부로 사용해서 망가질까 봐 걱정한다. 하지만 학생들이 사용한다고 해서 고장이 쉽게 나는 것은 아니다. 물론 장난스럽게 다루다가 고장이 나는 경우도 있다. 그렇게 되지 않기 위해 사용하기 전 주의를 주고 기회를 주었을 때 공공의 물건에 대한 책임이 생기지 않을까? 사용하다가 고장이 나는 것은 학교 예산을 들여 고쳐서 사용하면 된다. 우리는 실패를 통해서도 배운다 하지만 그 실패의 경험을 정작 학교에서 허용하지 않는다. 또한 부서 활동이나 동아리 활동을 통해 학교의 고가 장비를 학생들이 직접 사용해야 선후배 사이에 기술이 전수된다. 고가의 장비를 오랫동안 잘 사용하기 위해서는 담당 교사의 걱정은 잠시 마음에 담아 두고 학생들에게 허용하는 용기가 필요하다. 학생들이 잘 사용할 수 있는 방법들을 찾아 도와주며 학생들을 믿고 허용한다면 마음에 담아 두었던 막연한 걱정은 서서히 사라질 것이다.

축제에서 무대에 서는 친구들만이 주인공이 아니다. 무대에 서는 친구들을 돋보이게 하기 위해 보이지 않는 곳에서 노력하는 친구들도 축제의 주인공이다. 학생들이 보이지 않는 곳에서의 노력을 경험해 보면 사회에서 일어나는 일들이 보여지는 게 다가 아니라는 사실을 알게 된다. 학생들이 모든 것을 진행하면 무대에서 공연을 하는 친구도, 공연을 도와주는 친구도 서로의 역할을 알게 되고 이해하게 된다. 이런 경험을 통해 친구들끼리 도와주고 신뢰하는 긍정적인 관계가 형성된다.

축제에서 마당은 관계의 장이다. 주고받는 것, 사고파는 것에서는 관계가 존재한다. 기획 단계부터 남의 입장을 미리 생각하고 이해해 보게 된다. 실제 축제의 마당에서는 계획대로 잘 진행되기도 하지만 그렇지 않은 경우도 있다. 새로운 일을 기획하고 진행하다 보면 그 구성원들의 협력으로 단합하는 힘이 생긴다. 생각했던 것들이 잘 진행되면 성취감을 얻는다. 하지만 문제는 언제든 생길 수 있다. 문제가 생기면 '어떻게 해결할 것인가? 어떤 능력을 발휘할 것인가? 어떤 도움이 필요한가?'를 생각할 수 있는 기회가 생긴다. 혼자 혹은 여럿이 그 문제를 해결한다면 그냥 성공했을 때보다 성취감은 배가 된다. 혹여 해결하지 못했더라도 기획과 실행 과정에서 문제를 발견하는 것 자체만으로도 성공이라 할 수 있다. 평소 쌓은 역량을 변화하는 환경에서 적절하게 활용하는 것이 변혁적 역량이며, 이 역량으로 문제를 해결하는 과정이 학생의 행위 주체성이다. 이런 경험은 학교에서밖에 할 수 없다. 어른이 되면 사회에서 맡은 자신의 일을 책임져야 한다. 그래서 새로운 일을 시도하지 못하고 주저하게 된다. 실행하고 실패한 것을 책임져야 하기에 더 힘이 든다. 실패의 경험은 학교라는 안전한 시공간에서 많이 하면 할수록 학생의 성장에 도움이 된다. 학교 예산 지원으로 진행되는 마당은 대부분 무료이다. 먹자마당이든 놀자마당이든 재료를 지원하니 무료로 운영하는 건 당연하다. 필요에 따라 수익금을 공익의 목적에 사용하는 경우도 있다. 축제라는 수업을 사회로 확장하는 좋은 사례가 된다. 무료이지만 내가 맡은 마당을 열심히 하는 목적은 무엇인가? 돈을 벌기 위해서가 아니다. 여기서 공동재의 의미가 있다. 내가 열심히 준비하고 진행하는 마당을 통해 친구들이 즐긴다. 친구들이 열심히 준비하고 진행하는 마당에서 내가 즐긴다. 이로써 나의 노력이 모두에게 도움이 된다는 것을 알게 된다.

유네스코 교육의 미래 보고서 기본 원칙 중 일부

"공공의 노력과 공동재common good로서의 교육의 강화, 공동의 사회적 노력으로서 교

육은 공동의 목표를 세우고 개인과 공동체가 함께 발전할 수 있게 해 준다. 교육

을 위한 새로운 사회 계약은 교육에 대한 공공 자금의 투입을 보장하는 것만으로

그쳐서는 안 되며, 교육에 관한 공적 토론에 모두가 함께할 수 있도록 사회 전체적

참여를 보장해야 한다. 이렇게 참여를 강조함으로써 교육은 공동재, 즉 함께 선택

하고 성취하는 공유하는 웰빙(shared well-being)의 형태로서의 의미가 더욱 커진다."

축제의 지원

교사와 부모는 축제 지원단 역할을 한다. 축제준비위원회를 학생, 학
부모, 교사 3주체가 공동으로 꾸리는 것도 의미가 있다. 그러나 3주체
가 모여서 기획을 하고 준비하는 시간을 만들기가 쉽지 않다. 일과 후
학생들이 기숙사 생활을 하여 저녁 시간을 활용할 수 있을 때는 교사
와 부모님도 시간을 내어 함께 할 수 있으나 일과 중에 3주체의 협의
는 불가능에 가깝다. 학생들에게 주도권을 주고 교사는 학교의 상황을
고려하여 지원하고, 부모는 학부모회의 상황을 고려하여 지원하는 것
이 일반적인 학교에서 맞다.

먼저 교사는 학생자치회 회장단과 축제준비위원회를 구성하고 기
획하는 것부터 시작해서 축제준비위원회가 축제를 진행하고 정리하
고 평가하는 것까지 모두를 지원해야 한다. 이 방식이 교사 위주로 축

제를 진행하는 것보다 어려워서 기존 방식을 대부분 유지하고 있다. 하지만 축제를 일 년 동안의 교육 과정을 정리하고 발표하는 학생 주도형 수업이라고 생각하고 학생들에게 기회를 준다면 학생들의 큰 성장을 볼 수 있다. 학생들을 지원하기 위해 애쓴 수고와 노력이 값진 결과로 돌아온다. 축제가 기획되고 진행될 때에 교사의 개입은 최소한으로 하는 것이 좋다. 상황에 따라 교사의 힘이 필요할 때가 아니면 학생들 안에서 해결할 시간을 주고, 방법을 전혀 모를 때에만 조금씩 힌트를 주면서 학생들을 응원하다 보면 문제가 해결될 때가 많다. 그렇다고 해서 교사는 모든 일을 학생들에게 맡기고 아무것도 하지 않는 것이 아니라 관찰자 역할을 해야 한다. 앞의 학생자치회 운영에서도 이야기했듯이 교사는 학생들을 관찰하는 훈련을 해야 한다. 잘 관찰해야 어떻게 지원할 것인가 방법을 찾을 수 있다. 학생들이 스스로 해 보는 경험과 교사들의 지원이 만났을 때 비로소 학생들은 성장할 수 있다.

부모님의 지원은 학부모회의 역량에 따라 달라진다. 교사와 같이 부모가 축제 지원단에서 함께 활동하면 좋겠지만 교사의 부담이 늘 수 있다. 학부모회의 사정에 맞게 적당한 참여가 현실적이다. 먹자마당에서 학생들이 좋아하는 음식을 학부모회가 맡아서 제공하는 것만으로도 학생들은 매우 만족한다.

교사와 학부모의 지원 이외에도 전문가의 지원이 필요한 경우가 있다. 축제는 한 해 동안의 교육 과정 중 가장 큰 행사다. 축제를 통해 일 년 동안의 교육 활동을 정리할 수 있고 동시에 융합 수업으로 교육 3

주체에게 배움이 일어날 수 있는 행사이다. 축제 준비 기간 중 계획 단계의 적당한 시기에 진로 교육 주간을 두고 전문가를 섭외해서 새로운 영역에 도움을 받을 수 있다. 앞에서 말한 공연 때 음향과 조명 교육 등이 이에 해당한다. 낙운중학교의 경우에는 자신을 표현하는 코스프레 무대 의상을 제작하는 수업과, 축제 무대를 꾸미기 위한 무대 장치 및 소품 만들기 수업을 하기도 했다. 그 밖에도 밴드동아리에서는 자작곡을 발표하기 위해 작사, 작곡 전문가의 수업을 진행했고, 먹자마당에서 피자를 구워 먹기 위해 건강한 피자를 만드는 전문가와의 수업을 진행했다. 학교의 교사와 외부 전문가들이 협력하여 지원한다면 축제의 기획과 진행에서 학생들에게 더 많은 기회를 줄 수 있다. 또한 지역의 다양한 전문가와 교사의 협력으로 미래 지향적인 수업을 만들어 갈 수 있다. 교육 과정에 제시되어 있는 내용뿐 아니라 현실에서 필요한 내용까지 포함된 융합 수업으로 학생들에게 다가갈 수 있다. 교사는 교과의 내용을 전달하며 가르치기도 하지만 외부 전문가와 학생들을 연결하는 역할을 하기도 한다. 교사들이 이 부분을 수용하고 잘 활용한다면 교과서를 넘어 풍부하고 현실에 맞는 융합 수업을 구상할 수 있고, 학생들은 삶에 필요하고 적용이 되는 배움을 얻을 수 있다.

축제를 위해 관리자와 행정실의 지원도 필요하다. 대부분의 학교에서는 교사가 작년에 했던 활동을 수정 보완하여 기획하기에 계획서가 빨리 나올 수 있다. 그런데 축제를 학생들에게 맡기면 달라진다. 학생들이 축제를 기획하고 진행한다면 느리다. 처음 하는 일이기 때문이다. 교사 또한 작년에 같은 활동을 했더라도 올해는 새로운 학생과 해야기에 거의 새롭게 접근해야 한다. 일을 처음 하면 시간이 걸리기 마련이다. 학생들에게 배움이 일어나는 수업이라면 더욱 시간이 걸린다.

학교 축제는 일 년 중 가장 큰 행사라서 적어도 한 달 전에 기획하고 계획을 수립해야 큰 무리 없이 진행될 수 있다. 그런데 기획과 진행을 학생들에게 맡기면 새로운 변수들이 생긴다. 그 변수들을 해결하기 위해서는 서로 다른 의견을 한 데 모으고 합의해야 한다. 학생들은 전문가가 아니기에 의견을 수렴하는 과정, 합의에 따라 일을 추진하는 과정이 더디다. 하지만, 그 과정 자체가 배움이기에 학교는 학생들을 기다려 줘야 한다. 그럼에도 대부분의 학교에서는 기다림을 견디지 못하고, 교사에게 주도권을 쉽게 넘긴다.

내서중학교와 낙운중학교에서 축제를 처음 열 때 관리자와 마찰이 있었다. 학생들에게 맡기기에는 너무 시간이 오래 걸린다는 이유에서였다. 하지만 학생들에게 기회를 주고 기다려 주자 축제를 준비하고 진행하면서 학생들은 성장했다. 이를 지켜 봤던 교사들과 관리자의 이해도 역시 높아졌다. 더불어 조금 더 빠른 진행을 위해 학생들과 절충하는 방법도 찾아냈다. 한 달 전에 큰 그림으로 짜서 축제 계획서를 제출하고, 이후 학생들과 함께하는 기획 단계를 거쳐 세운 세부 계획서를 일주일 전에 제출하는 것이었다. 이렇게 교사들도 학생 자치의 민주적 과정을 이해하고 지원하며 학교 축제에 참여했다.

행정실에서도 마찬가지다. 축제가 일 년 중에 가장 큰 행사이기에 많은 예산이 들어간다. 교사가 계획하고 진행한다면 프로그램에 소요되는 예산을 파악해서 여유 있게 물품을 주문하고 예산을 사용할 수 있다. 그러나 학생들에게 기회를 주면 기획이 느리고 그 기획마저도 종종 바뀐다. 계획이 다 되고 난 후 프로그램에 맞는 예산을 써야 하기에 급히 처리해야 한다. 이런 진행을 행정실에서 이해하지 못한다면 교무실과 행정실에 마찰이 일어난다. 그래서 담당 교사는 미리 행정실과 이런 진행 방식의 의미와 과정을 상세히 협의하고 이해를 구해야 한다. 행정실은 예산 사용의 목적이 학생들의 배움과 성장에 있음을 잊지 않고 일이 몰려 힘든 지점을 예상하고 교사와 협력하여 힘든 부분을 줄이는 방법을 찾아가야 한다.

학생들이 주체가 되어 진행하는 활동이 제대로 된 수업으로 배움과 성장이 일어나기 위해서는 어른들의 협력이 필수적이다. 직원 회의를 통해 관리자와 행정실과 교무실이 학생들의 지원을 위한 충분한 논의가 이뤄져야 한다. 정기적인 협의회는 학생 자치에 선결 조건이라 해도 과언이 아니다.

충분한 예산 확보

예산 확보는 다양한 축제를 기획하는 데 기본이다. 아무리 재미있고 의미 있는 축제를 기획해도 예산이 없으면 헛수고다. 올해 축제 예산은 작년에 수립된 것이다. 그래서 축제를 하고 난 후 평가를 통해 예산

증액에 대한 논의가 필수적이다. 만약 담당자가 바뀌거나 미처 확보를 하지 못했다면 행정실과 협의하여 추경에서 확보하면 된다. 물론 다른 교과나 행사의 예산을 조정해야 하니, 교직원협의회에서 공식적으로 논의해야 한다. 축제 준비와 진로 교육을 연계하면 더 많은 예산을 확보할 수 있다.

축제의 확장—성장 발표회

학교의 모든 행사는 수업이다. 그중 축제는 일 년 중 가장 큰 융합 수업이다. 축제 자체가 배움이 일어나는 수업이지만 일 년 동안의 교육 과정의 결실을 맺는 행사이기도 하다. 교육 과정의 결실은 학생들의 성장이다. 학교는 배움으로 학생들의 성장을 돕는 곳이지만 입시 경쟁 교육이 만연한 우리나라에서는 성적이 성장의 주요 지표가 된다. 다양한 교과 수업으로 학생들이 성장하지만 성적만이 객관적인 자료가 된다. 중학교에서는 고등학교로, 고등학교에서는 대학 진학이나 취업으로 성적이 활용된다. 중학교 교육 과정은 고등학교 진학, 특히 일반(인문 계열) 고등학교의 진학에 영향을 많이 받는다. 엄연히 국가 수준 중학교 교육 과정의 목적이 있지만 서울의 유명 대학 진학을 목표로 하는 일반 고등학교의 진학을 중심으로 교육 과정의 파행이 일어나고 있다. 문제는 이 문제를 문제로 인식하지 않고 당연한 것으로 받아들인다는 점이다. 학교는 학생들이 교육과정을 통해 다양한 배움으로 다양하게 성장한 자신을 스스로 발견하는 기회를 줘야 한다.

낙운중학교는 학생들의 성장을 중심에 둔 교육 과정으로 계획하고 실행하면서 축제를 학생들의 성장 발표회로 정했다. 일 년의 교육 과정 중 입학식부터 자신을 돌아보고 계획을 세운다. 그리고 계획의 실행을 통한 성장을 1학기 말 여름 방학식 때 발표하고, 여름 방학 후 2학기 계획을 세우고 학년 말 축제 때 두 번째 발표를 한다. 2022년부터 낙운중학교의 축제는 졸업식 전날 졸업 파티를 겸해서 진행되었다. 축제의 1부는 1, 2학년의 1년 성장 발표이고, 2부는 3학년의 3년 동안의 성장 발표이다. 연말의 시상식 분위기를 연출하며 그 시상자의 주인공은 학생이 된다. 학생들은 자신의 성장을 돌아보며 글쓰기를 한다. 적으면서 정리하고 자신을 잘 발표할 수 있게 연습을 한다. 그러면서 교과 수업이나 융합 수업을 통해 배운 것, 방과후나 동아리 활동을 통해 배운 것, 그 안에서의 관계들을 돌아보는 시간을 충분히 가진다. 축제를 통해 교육 과정으로 배우고 경험한 자신에 대해 생각할 기회를 갖는다. 과학에서는 운동을 속력과 방향으로 표현한다. 인생에서는 속력도 중요하지만 방향 또한 중요하다. 자신의 속력에만 집중하다 보면 방향을 확인하는 시간이 부족해진다. 배움의 궁극적인 목표 지점에 학생 자신이 잘 가고 있는지 그 방향을 늘 확인해야 한다. 학교에서는 이두 가지를 생각할 기회를 제공해야 한다.

낙운중학교에서 얼마 전 성장 발표회를 했다. 작년보다 성장 발표 내용이 더 풍성해졌다. 성장 발표를 보면서 친구들을 이해하고 자극도 받는다. 교사와 부모들은 학생을 더 이해하게 된다. 그리고 부모들은 자녀의 성장을 보면서 학교에 대한 만족도가 높아진다.

축제의 1부는 3학년이 중심이 되어, 2부는 2학년이 중심이 되어 준비했다. 3학년은 이때까지의 경험을 총동원해 멋진 축제를 기획했다. 2학년은 처음이지만 3학년이 작년에 한 모습을 보고 용기 내어 시도했다. 이렇게 학생들이 주체가 되어 기획하고 진행하는 축제를 하면 배움은 자동적으로 생긴다. 아래는 2023년 축제를 마치고 난 소감이다.

낙운중학교에 들어와서 첫 축제였는데, 많이 설레고 많이 떨렸습니다. 축제를 준비하면서 많은 걸 배웠고 성장 발표를 준비하면서 한 해를 돌아볼 수 있었습니다. 실수를 많이 해서 아쉬운 부분도 있지만, 낙운중에 와서 첫 축제였기에 뜻깊었습니다. 카메라 잡는 것도 재미있었고 졸업 파티도 멋있었습니다. 모두 고생했다고 말해 주고 싶습니다. (1학년 학생의 소감)

처음 하는 MC여서 모든 게 서툴고 버벅거렸죠. 서툴렀지만 제 파트너가 드립도 잘 받아 줘서 순탄했어요. 버벅거렸지만 좋게 봐 주셔서 감사했어요. 1부에 했던 다이진은 아직 현타가 옵니다. 하하. 그래도 좋은 경험이었습니다. 다른 사람, 특히 많은 학부모님들과 학생들 그리고 선생님들 앞에서 더빙한 건 처음이었으니깐요! 현타가 오긴 했지만 좋은 기억으로 남을 듯합니다. 이런 기회는 다시는 없을 거 같아요. 2학년이 중심이 돼 3학년 졸업을 준비한 것, 졸업식을 성공적으로 마친 것, 다른 학교에서는 느끼지 못

할 감동일 거예요. 모두 수고하셨고 올 한 해도 파이팅! (2학년 학생의 소감)

갈등이 있었기에 더 진심이었던 게 느껴졌습니다. 우리 동생들의 능력이 정말 상상을 초월하더군요. 모두가 함께했기에 더 아름다운 하루였습니다. 축제를, 졸업식을 준비하면서 우리 모두가 한층 더 성장할 수 있었고 우리 학교가 여기서 멈추는 게 아니라 더 발전할 수 있다는 확신이 생겼습니다. 저는 이제 더 이상 이 학교에서의 시간이 허락되지 않지만 남아 있는 후배들과 선생님들이 더욱 발전된 낙운중학교를 만들어 갈 것이라고 확신합니다. 저한테도 정말 의미 있는 뜻깊은 날이었고 2024년 낙운중의 밝은 미래를 미리 본 것 같아 기쁩니다. 3년 동안 그리고 1년 동안 고생하셨고 앞으로도 우리 모두에게 밝은 미래가 있길 바랍니다. (3학년 학생의 소감)

매년 축제가 거듭될수록 아이들이 더 크게, 더 높게 성장하는 모습은 낙운중의 가치를 더더욱 돋보이게 합니다. 낙운중에 아이들을 보낼 수 있어 부모로서 가장 큰 선물을 주었단 확신이 들고 자부심도 생겼습니다. 멋지고 자랑스러운 학교를 만들어 준 선생님들과 우리 아이들에게 감사드립니다. 낙운중에서 충분한 사랑과 관심과 도전으로 단단하게 자라난 우리 아이들은 어디 가서 실패하더라도, 이 아름다웠던 추억이 다시 씩씩하게 일어설 수 있게 만들 거예요. 밝은 앞날을 진심으로 응원합니다.

그림자처럼 우리 아이들을 따라다니신 선생님들! 그 그림자를 믿고 행동에 나선 우리 아이들! 밝은 미래 낙운중의 주인인 너희 모두를 자랑스럽게 여기며 사랑합니다! (학부모의 소감)

매 순간 감동 그 자체였습니다. 성장 발표를 통해 아이들을 한 명 한 명 자세히 볼 수 있었던 자리였습니다. 졸업하는 11명이 자기 길을 잘 걸어갈 거라는 믿음이 생겼어요. 살다 보면 힘든 날도 있겠지만 사랑하고 사랑받았던 기억과, 실패와 성공했던 기억으로 잘 헤쳐 나갈 거라 믿어요. 학생이 평생 받을 스승 복을 다 받았다고 했는데, 건강하게 성장하는 학생들을 보면서 제가 복이 많구나 하는 생각을 했습니다. (교사의 소감)

8장

미래를 살고 있는 우리,

대화집

교육의 목표는 무엇을 사고하는가가 아니라 사고하기를 가르치는 것입

니다. ─ 존 듀이

이상훈 선생님과 나눈 대화

(미래는 존재하지 않는다. 상상할 뿐이다. 누군가는 상상하고 있을 학교를 우린 이

미 살고 있었는지도 모른다. 그런 학교를 함께 만들었던 분과 다시 만나서 대화를 나

누었다. 그 대화를 간추려 옮긴다. 만남은 2023년 11월에 있었지만, 이야기는 그보

다 10년 전을 다룬다.)

독서 교육과 글쓰기

이동철 선생님, 퇴임하신 지 5년이 지났네요. 여러 학교에서 근무하셨

   을텐데, 그중에서 '내서중학교' 하면 가장 기억에 남는 게 뭐예요?

이상훈 결론은 교사는 아무것도 하지 않는 거야. 그게 무슨 뜻인지 알

   지? 내서중에 왔을 때 이동철 선생님이 했던 이야기가 정말 기억

   에 남거든. '아이들과 같이 무슨 일을 하되 그 일은 내가 한 게 아

   니다. 늘 그 아이들이 한 일이다.'

이동철 네. 제가 내서중학교에서 학생부장을 하면서 깨우쳤다고나 할까요? 배운 거죠. 하하.

이상훈 경력이 있으면 교사가 웬만한 건 하거든. 학생자치회 활동을 하면서 교사의 아이디어도 들어가고 같이 의논하는 과정 속에서 조언도 하지. 그러나 그것이 학생들 스스로 한 일이라고 늘 그렇게 말해 줬잖아. 결과는 아무것도 하지 않는 교사, 그냥 조언만 하는 교사이지만 사실 그게 제일 어렵거든. 그게 교사다, 그게 정답이구나, 이런 생각을 했어. 그 다음에 가르치는 방법 중에서 가장 최고가 뭘까? 바로 글쓰기야. 국어 시간에도 글쓰기, 수학 시간에도 글쓰기, 과학 시간에도 글쓰기. 모든 수업 후 글쓰기를 하면 아마 학교는 빨리 달라질 거라고 생각해.

이동철 김민아 샘이 수학 시간 후에 아이들과 글쓰기를 했고, 그것을 모아 수학 문집을 냈잖아요.

이상훈 그렇지. 대단한 거지. 초임 발령받고 몇 년 안 돼서 수학 문집을 냈으니까. 글쓰기는 우리 삶에서 가장 핵심적인 일이라고 생각해.

이동철 저도 요즘 책 때문에 글을 쓰니까 좀 정리가 돼요. 실천하고 행동했던 것들이 있잖아요. 경험치도 있고, 배운 것도 있고, 읽은 것, 본 것 등 그 양들이 엄청난데, 그것들이 무작위로 막 쌓여 있는 것 같아요. 한 번씩 떠올리면서 정리되기도 하는데 체계적이지는 않아요. 그런데 잘 쓰지는 못하지만 그때의 일을 묘사하고 서술하는 단계의 글을 쓰려다 보니 정리되고 맞아져요.

이상훈 글쓰기를 염두에 두고 책을 읽는 것과, 글쓰기와 전혀 관계없이 그냥 책을 읽는 것은 천지 차이야. 내가 필요해서 책을 읽을 때는 집중도가 다르지. 늘 글쓰기를 염두에 두고 사물을 바라보는 게 중요해. 예를 들어 단풍 구경을 하더라도 글쓰기를 염두에 두고 단풍을 구경하면 보이는 게 달라지지.

이동철 선생님이 내서중학교에 계실 때 독서 교육과 글쓰기 교육을 하셨잖아요. 어떻게 하신 거예요? 무엇을 중심에 두셨는지요?

이상훈 나는 국어 시간에 글쓰기를 하고 문집을 만든 역사가 굉장히 오래됐어. 내서중학교에서 시작한 게 아니라 학급 문집은 그때 내가 상주여상 그러니까 지금의 우석여고 때부터 시작했으니까 말이야. 담임을 맡았을 때는 거의 빠지지 않고 학교 문집을 만들었어. 그냥 내가 좋아서 한 거지.

이동철 학급 문집을 내려면 글이 있어야 하니, 그게 글쓰기잖아요.

이상훈 학생들은 개인 문집을 만들어서 글쓰기를 하고 그 문집을 수행 평가로 했지. 공책을 나눠 주면 학생들은 꾸미고 자기가 겪었던 일들을 거기다 썼어. 그렇게 하다 보면 한 권의 책이 되는 거야. 내가 ○○여중에 있을 때 모둠 일기를 썼거든. 그때 한 아이가 모둠 일기를 너무 잘 쓰는 거야. 굉장히 깊이 있는 글을 쓰는데 이게 한 번일까 싶어서 지켜봤어. 그런데 계속 그런 거야. 정말 글을 잘 쓰더라고. 나중에 보니까 그 학생이 좀 내성적인 아이인데 책을 엄청나게 많이 읽는 친구였어. 책 읽은 내용이 그대로 글로 드러나는데 이미 수준이 다르더라고. 그래서 논술 쓰기 대회에 나가 보자고 제안했어.

이상훈 그러자 '선생님, 그런 데 나가 본 적이 없는데요?' 그러길래 '그 냥 나가서 쓰면 돼. 모둠 일기에 쓰듯이.'라고 말해 주었지. 그 아이는 대회라고는 생전 처음 나가 본 거야. 그런데 상주시 대회에 나가자마자 1등을 했다니까. 1등 할 수밖에 없었어, 내가 보기에는. 그러고 나서 경북대회가 경산 어느 학교에서 열려서 내가 데리고 갔는데 거기서 또 은상을 받았어. 그 아이는 모둠 일기를 쓰지 않았다면 평생 자기가 글을 잘 쓰는지도 몰랐을 거야.

이동철 아연이 기억하세요?

이상훈 응. 알지.

이동철 내서중에서 선생님께 국어 수업을 받고 글쓰기를 하면서 글을 쓰고 싶다는 생각이 들었데요. 고등학교 가서도 그게 이어져서 지금 국어국문학과 다니고 있어요. 글쓰기의 힘이 대단한 것 같아요. 그런데 요즘 학생들이 문해력이 부족하다고 걱정을 많이 하거든요. 글쓰기와 문해력이 관계가 있는 건가요?

이상훈 물론이지. 국어 교육이 수능 문제 풀이 중심으로 가니까 우리나라 전체 학생의 문해력이 부족해졌어. 책을 읽음으로써 문해력도 생기지. 그런데 문해력을 기르는 데에 더 좋은 것은 글쓰기야. 글을 쓰기 위해서는 더 집중해서 책을 읽어야 하거든.

이상훈 내가 국어를 전공했지만 국어 선생님들이 제일 어려워하는 게 시를 가르치는 거야. 자습서 보면 시를 그냥 경직되게 해석해 놓았잖아. 그거 가지고서는 안 되는 거야. 그때부터 내가 들문학회를 만들어서 사람들하고 글을 썼어. 그렇게 시를 쓰면서부터 내가 아이들한테 시를 가르칠 수 있겠더라고.

이상훈 그게 무슨 뜻인지 이해가 가나? 그러니까 내가 그냥 자습서를 보고도 아이들을 가르칠 수 있어. 그런데 그것은 헛일이야. 그것은 진짜 그 시를 가르치는 게 아니야. 내가 시를 쓰면서 시를 이렇게 얘기해야 되겠구나 생각하니까 이 문해력이 결국은 글쓰기를 통해서 훨씬 더 확장되더라고.

이동철 선생님이 내서중에 계실 때 계속 이런 말씀을 하셨잖아요. 국어 시간에도 글쓰기, 수학 시간에도 글쓰기, 과학 시간에도 글쓰기라고요. 글을 쓰면서 그 과목에서 배운 것들이 정리가 되는 거죠. 덤으로 문해력도 향상되고요.

이상훈 과학의 지동설, 천동설 같은 이론도 말로 하는 것과 글로 써 보는 것은 천지 차이야. 이해도에서 차이가 나지.

이동철 평소 독서 활동도 많이 하셨잖아요.

이상훈 아이들에게 책 읽는 습관을 들이기 위해 아침 독서를 시작했지. 학부모회에 도움을 받아 당번을 정해서 아침에 부모님이 책을 읽어 주는 활동이었어.

이동철 제가 지금 낙운중학교에서 과학 수업 시간에 일기를 쓰기 시작했거든요. 45분 수업 중 40분은 수업하고 5분은 배운 내용을 쓰고 있어요. 그런데 선생님 말씀을 들으니 학생들이 글을 쓸 때 저도 써야겠다는 생각이 드네요. 학생들이 쓴 글과 제가 쓴 글을 공유하는 것도 필요할 것 같아요. 오늘 또 하나 배웠습니다. 하하.

이상훈　글을 쓰다 보면 나 자신이 새로워지는 것 같아. 자기가 원하지 않는 걸 하면서 사는 사람들이 많잖아. 그런데 글을 쓰면 정말 스스로 새로워지는 게 느껴져.

이동철　글쓰기가 쉽지는 않더라고요. 중요하다는 건 아는데 막상 하려니 어떻게 해야 할지 막막해요. 한 번도 배워 보지도 못했고 말이죠. 국어 교사뿐 아니라 모든 교사가 글쓰기 연수를 받으면 좋겠단 생각이 드네요. 선생님이 좀 전에 '시를 써 보니 시를 더 잘 가르칠 수 있더라.'라고 하셨듯이 교사들이 자신의 수업 후 글쓰기를 해 보면 학생들에게 글쓰기의 중요함을 더 잘 이야기할 수 있을 듯해요.

이상훈　그러네. 교사들이 글쓰기를 경험하기가 쉽지 않네.

이동철　2학기부터 상주미래교육연구회를 열고 있거든요. 두 시간 정도 하는데 처음은 교육 관련 최근 뉴스를 찾아 세상 읽기로 시작한 뒤, 미래 교육에 대해 공부하는 시간을 가져요. 그런 뒤 소감을 나누는데, 소감을 글로 쓴 후 말하면 좋을 것 같단 생각이 드네요.

이동철　또 2024년부터 청소년문화센터 '모디'가 상주형 미래교육지원센터로 개편되거든요. 계획을 수립하고 예산을 편성해서 교사와 학부모의 미래 역량 강화를 위한 글쓰기 프로그램을 마련해야 할 것 같아요.

이상훈 지금 굳이 좋은 글을 쓴다, 잘 쓴다, 이렇게 생각할 필요가 없어. 표현하고 싶은 걸 글로 쓴다고 생각하고 쓰기를 습관화하면 어느 덧 자신의 삶이 한 단계 올라가 있는 걸 느끼게 될 거야.

이동철 글쓰기 능력은 의자에 앉아 있는 시간에 비례한다고 하더라고 요. 하하. 교사들은 완벽하려는 경향이 있잖아요. 내가 잘 못하는 걸 남에게, 특히 학생들에게는 보여 주고 싶지 않아 하고요. 학생 들과 함께 배운다는 생각으로 시도하면 많이 성장할 텐데 말이죠. 다 익힌 다음에 하려니 자꾸 미뤄지는 것 같아요. 교사는 기본 역 량이 있어서 학생들보다 훨씬 빨리 배우니 글쓰기도 당장 하면서 배워 가면 좋겠어요. 저도 월요일에 가서 적용해 봐야겠어요.

이상훈 이동철 선생님의 장점이 이런 거잖아. 마음먹은 걸 바로 실천하 면서 배우는 거. 하하. 학생들과 함께 배우며 글쓰기, 참 좋은데? 우리 삶의 품격을 끌어올리는 데에는 글쓰기가 가장 좋아.

이동철 살면서 책 한 권 내 보는 게 로망이거든요. 글을 쓰다가 그게 모 이면 책 한 권은 되겠죠?

이동철 그리고 선생님이 국어 교사로 독서 교육이나 글쓰기 교육을 예 전부터 해 오셨는데 내서중학교에서 달라진 점이 있나요?

이상훈 난 내서중학교에 와서 해 보고 싶은 거 다 했다고 생각해. 모든 교과에서 문해력이 기본이듯 학교에서 국어 교과가 가지는 역할 이 크거든. 우리가 들어가기 전, 내서중학교는 기간제 선생님이 오래 계시면서 체계적인 수업이 잘 안 되었던 것 같더라고. 그래서 내 마지막 교직 생활을 내서중에서 근무해 보자 마음먹었어. 전임 학교에 간 지 일 년밖에 안 되는 데도 좀 무리해서 학교를 옮긴 거지. 내서중에 근무했던 4년 동안 교사 생활의 정점을 찍은 것 같아. 이미 시즌 1 선생님들이 밭을 잘 일궈 둬서 우린 다양한 씨를 심고 수확할 수 있었던 것이지만 말야.

이동철 저도 학생부장을 하면서 학생 자치라는 씨를 뿌린 것 같아요. 모든 선생님이 협력하여 잘 돌봐 주셔서 의미 있는 결실을 거두었죠.

이상훈 나는 국어 수업뿐 아니라 아침 독서, 밤샘 독서, 비경쟁 독서 토론 등 많이도 했었잖아. 다행히 내가 학부모회 업무도 함께 하면서 부모님들의 도움을 많이 받았어. 부모님들도 아마 많이 배우셨을 거야. 모둠을 만들어 학년에 들어가 아침에 책을 읽어 주기도 하셨어. 잘 읽어 주려면 미리 공부해야 하거든. 그러고 나니 학생들과 수업하는 게 얼마나 어려운지 아시더라고. 밤샘 독서 때는 건강하고 맛있는 간식도 만들어 주시고, 어떤 부모님은 같이 책을 읽기도 하고, 다음날 새벽 6시에 와서 자기 자녀뿐 아니라 친구들도 다 태워서 하교시켜 주기도 하셨어. 한 달에 한 번 비경쟁 독서 토론도 했는데, 하교 후 학생, 학부모, 교직원 30~40명이 시내 모처에 모여 늦게까지 읽은 책을 비경쟁으로 이야기를 나누면서 모두가 많이 성장한 것 같아.

이동철 국어 수업은 어떠셨어요? 다른 학교보다는 하고 싶은 걸 더 많이 하신 거예요?

이상훈 국어 수업은 끝에 수행 평가를 90퍼센트로 했잖아. 중고등학교에서 교사들끼리 수업과 평가를 협의한다는 것이 참 어렵잖아. 내서중학교는 융합 수업도 많이 하고, 나중에는 수행 평가 비율을 다 같이 높였잖아. 사실 나는 수행 평가를 100퍼센트로 하고 싶었거든. 그런데 그게 법으로 안 되더라고. 예체능은 100퍼센트가 가능한데 일반 교과는 지필 평가를 최소 10퍼센트는 해야 한다고 도교육청에서 이야기해서 어쩔 수 없었지.

이동철 맞아요. 그래서 모든 과목이 70~80퍼센트 수행 평가를 했죠. 과학은 80퍼센트였어요.

이상훈 국어도 결국은 수행 평가 90퍼센트로 마지막 정점을 찍은 거지. 내서중학교는 학생이 중심이 된 활동이 많으니 글쓰기 소재도 매우 다양했어. 머릿속에 있는 것이 아닌 자기 경험을 글로 쓰니 글쓰기가 훨씬 재미있는 거지.

이동철 국어는 글쓰기를 모든 활동에서 하니 수행 평가로 할 수밖에 없겠네요. 거기에다 10퍼센트인 지필 평가도 서술형으로 했잖아요.

이상훈 그렇지. 지필 평가도 서술형으로 했지. 과학과 수학도 거기에 동조했잖아.

이동철 맞아요. 저도 그때 평가에 대한 생각이 달라져서 지금도 수행 평가 80퍼센트 반영에 20퍼센트인 지필 평가에서도 서술형으로 평가하고 있어요. 학생들이 처음에는 힘들어하지만 적응하면 잘하더라고요.

이상훈 교사가 학생 핑계를 많이 대잖아. 학생은 잘하는데 오히려 교사가 용기가 나지 않거나 편하게 하려는 경향이 있지. 평가의 목적에 선별 기능만 있는 게 아니잖아. 평가를 통해 배움이 일어나야하는데 그렇지 않으니 걱정이야.

이동철 서술형 평가 채점이 힘들잖아요. 몇 번씩 읽어 보고 부분 점수를 줘야 하기도 해서요. 그러면서 이 학생이 수업 시간에 어떠했는지 생각하게 돼요. 채점하면서 이 학생이 이 부분의 이해가 부족하구나를 알게 되기도 해요. 그래서 다음에 수업 들어가면 그 학생의 눈을 맞추며 수업하게 되더라고요. 사실 지필 평가를 객관식으로 할 때는 시험 채점 후 학생들이 점수로 보였거든요. 이 학생은 몇 점짜리, 이런 식으로요. 제가 그 경험을 하고 난 뒤 지필평가를 버려야겠다고 생각했어요.

이상훈 아주 중요한 배움이네. 내서중학교는 교육 과정을 다듬는 과정에서 현실을 핑계대며 편한 걸 찾지 않고 교육의 본질을 찾았던 것 같아. 나도 많이 배웠지.

이동철 저도 요즘 사회는 빨리 변하는데 교육의 변화는 느려서 미래 교육을 공부하고 있어요. 미래 교육을 한마디로 말하면 '새로운 교육이 아니라 교육의 본질을 찾아가는 것'이라고 생각해요.

아름다운 활동─아침 데이트, 금요 상담, 등교 맞이

이상훈 내서중은 아름다운 활동들이 많았잖아. 아침 데이트도 얼마나 아름다웠나? 교사가 이야기하고 싶은 아이에게 데이트를 신청했었잖아. 내가 좋아하는 아이가 아니라 조금 더 이야기가 필요한 아이. 당첨이 자주 되는 아이가 있었지. 그 아이랑은 아침부터 손 잡고 운동장을 돌며 데이트하듯 상담한 거고.

이동철 상담이라고 하면 왠지 딱딱하고 꺼려지는데 데이트란 말로 잘 바꿔 쓴 것 같아요. 그리고 애들이 그러는데, 많이 당첨이 되면 싫은 게 아니라 선생님들한테 관심을 받고 있다는 생각이 든다 하더라고요. 모두에게 평등한 교육, 한 아이도 포기하지 않겠다는 내서 교육의 철학이 담긴 활동이었어요.

이상훈 아침 데이트 다음이 금요 상담이잖아. 부모들이 금요 상담하면서 굉장히 감동했었어. 이런 학부모 상담이 가능하네, 내가 몰랐던 우리 아이를 정말 이렇게도 알 수 있구나 하면서 기뻐하셨지. 이렇듯 내서중학교에서 진행한 것들이 감동적인 요소들이 많아. 아침에 나오라고 하지 않아도 교사들이 자발적으로 나와서 손 흔들며 학생들을 맞이했고, 학생들 오기 전에는 학교 앞을 지나가는 모든 차에 손을 흔들어 주니 출근길이 얼마나 기분이 좋으셨겠어. 더불어 내서중의 이미지도 좋아지고 말이야. 그런 일상이 아이들에게 감동으로 다가가고 학부모들에게도 다 교사들 마음이 전달되잖아.

이동철 학교는 다양한 관계들이 존재하고 그 관계들을 건강하게 형성하는 방법을 배우는 곳이잖아요. 서로에게 감동을 주는 게 건강한 관계인 듯해요. 그리고 학생들은 학교에 배우러 오는데 배움에는 변화를 요하잖아요. 사람의 마음을 움직여야 변화가 일어나더라고요. 공부도 하고 싶은 마음이 생겨야 진짜 공부를 할 수 있듯이 말이에요. 학생의 몸과 마음과 머리를 변화시키는 게 진짜 감동이라는 생각이 들어요. 내서중학교는 그 감동이 일상에 존재하기에 학생들의 배움이 자발적으로 일어났던 것 같아요.

지속 가능한 내서중학교를 위해

이상훈 김민아 샘이 내년에 내서중학교로 다시 온다니 좋네.

이동철 에너지가 넘치는 분이라서 지금 내서중에 꼭 필요한 분인 것 같아요. 김민아 샘도 다른 학교에 근무하면서 내서중이 그립기도 했고 배움이 더 필요하다고 생각하셨데요.

이상훈 내가 어느 장소에 있느냐에 따라서 삶의 품격이 달라져. 그게 정말 소중하잖아. 그래, 자기가 얼마나 긍정적으로 생각하며 살아가느냐에 따라서 어디에서도 행복해질 수 있어. 내가 내서중학교에 오기 전 다른 학교에 있을 때도 아이들과 맺은 관계 속에서 행복했거든. 행복했던 추억을 그대로 가지고 있단 말이야. 그런데 거기서 그치는 한계가 있지. 교사로서의 품격을 더 높여 주었던 내서중의 경험과 분위기, 그리고 실제로 그것을 실천으로 옮기고 살아가기는 예사롭지 않았어.

이동철 많은 사람이 이상훈 선생님이 계시니까, 실천력 있는 이동철이 있으니까 가능하다고 선 긋기를 하거든요. 이런 생각을 극복하고 누가 그 자리에 없더라도 이 흐름이 지속될 방법이 무엇인지 고민을 많이 했었어요.

이상훈 함께 공부하는 것이 중요해. 재미난 공부. 자기 배만 불리는 주식 공부, 이런 거 말고. 하하.

이동철 저는 선배님들에게 많이 배웠다고 생각하는데, 지금 난 후배에게 어떤 선배일까 고민도 돼요. 시간도 많이 못 내고, 사실 시간을 내면 후배가 싫어하지 않을까 주저하는 마음이 더 크죠. 저한테는 굉장히 큰 숙제입니다.

이상훈 후배들에게 가르칠 필요 없이 선배가 그렇게 사는 거지. 살다 보면 선배의 삶이 보여서 후배는 자연스럽게 따르는 게 아닐까? 어떤 선생님의 예를 봐도 그래. 이동철 선생님보다 선배인데, 두 해 동안 내서중학교의 삶을 겪었어. 보고 듣고 하면서 인생의 교훈을 얻었을 거야. 처음 부임할 땐 자신의 오만을 다 가지고 오잖아. 두 해를 지켜보며 자신의 오만을 깨고 명퇴하기 전 일 년은 진짜 교사로 살았어. 결국은 자신을 한껏 더 올린 거지.

이동철 교사에게도 배움과 성장이 일어나야 흐름이 지속될 것 같아요. 어떻게 보면 제일 어려운 일 같아요.

이상훈 나는 운이라고 생각해. 그 사람의 삶에서 운인 거지. 모든 게 다 노력해서 되는 게 아니라 운도 따라야 된다고 봐.

이동철 노력이 없는 곳에 운도 없는 것 같아요. 운이기도 하지만 기회 잖아요. 기회는 누군가의 노력에 의해 만들어지고, 기회가 왔을 때 그 기회를 잡는 걸 용기라고 생각해요. 그 용기가 배움으로 이 어지고 다시 성장으로 이어지는 것 같아요.

이상훈 맞아. 그런데 요즘에는 교사를 하나의 직업으로만 생각하는 친 구들이 많아져서 걱정이야. 실적이 중요한 일반 회사하고는 너무 다른 직업인데 말이야.

이동철 특히 요즘 MZ세대 이야기들이 많잖아요. MZ세대 특징 중 하나 가 자신의 권리를 당당히 주장하는 것인데요. 권리를 주장하는 것 은 옳지만, 교직 사회의 특수성을 이해하면서 주장하면 좋겠다는 생각이에요. 과거와 현재의 의견이 충돌하는 지점에서는 조정과 조율의 과정이 필요하잖아요. OECD 교육 2030 보고서에 나오는 변혁적 역량 중 '갈등과 딜레마의 조정'이 있거든요.

이상훈 교사들은 자신의 삶이 곧 교육이거든. 삶과 교육이 분리되면 바 른 소리를 하기가 힘들어. 다른 직업과 달리 교사라는 직업에서 하는 일, 즉 교육이 자신의 삶과 연결되어 있어야 해.

이동철 맞아요. 저도 제 자식을 키우다 보니 내가 평소 학교에서 이야 기한 것들이 내 아이에게도 적용이 되더라고요. 저는 내서중학교 에서 열심히 했던 이유 중 하나가 내 아이가 다닐 학교여서이기 도 했어요. 내 아이가 그렇듯 모든 아이들이 이런 학교에 다니면 좋겠다, 생각한 거죠.

이상훈 현실에서는 쉽지가 않아. 모두가 입시 경쟁 교육으로 가고 있으니까. 예전부터 그러한 교육 방식은 잘 바뀌지 않지.

이동철 저도 솔직히 갈등이 많이 되더라고요. 갈등하면서 제 생각을 곱씹어 보며 많이 배웠어요.

이상훈 교사는 우리 사회 지식인으로 도를 닦으면서 살아야 하는데 그 도를 닦는다는 게 결국은 욕심을 내려놓는 일인 것 같아. 욕심을 내려놓고 진정한 삶을 고민하며 살아야 하는데 쉽지 않지. 내 자식일 때는 더 어렵단 말이야. 결국은 내 자식을 키우면서 더 큰 도를 닦아야 되는데 사실은 훨씬 더 큰 욕심을 키우게 되잖아. 내 자식한테는 욕심을 이만큼이나 가지는 거야. 그런데 다른 집 아이, 그러니까 내가 가르치는 다른 집 아이에게서 부모의 욕심이 눈에 보여. 저 부모들이 욕심을 가지고 있네가 보여. 교사 자신의 욕심이 더 클지도 모르는데 말이지.

이동철 내 서중에 다니는 아들이 첫 수학 시험에서 16점을 받았어요. 하하. 겉으로 표현은 안 했지만 많은 생각이 들더라고요. 나는 수학을 참 좋아하고 잘했는데, 자기 자식은 신경 쓰지 않는 교사로 보이면 어쩌나 하는 생각 등이요. 곰곰이 생각하니 그 점수가 사실 아무 의미 없더라고요. 내 아들은 수학이 힘든 친구구나, 수학이라는 학문을 포기하지 않게 하려면 어떻게 해야 할까 하는 생각도 들었고요. 학원을 보내거나 과외를 시키는 게 아님을 확신하니까, 아들에게 맞는 방법을 찾게 되더라고요. 내 아들이라고 특별할 게 없잖아요. 공부를 안 했으니, 아니면 공부하는 방법을 아직 모르니 점수가 낮을 수밖에요. 그래서 수학 담당 선생님과 상담하고 하교 후 집에서 복습 노트를 써 보자고 제안했어요. 아직 습관이 들지는 않았지만 2학기 성적이 궁금하네요. 하하.

이상훈 미래 세대의 최대 화두는 비경쟁이야. 경쟁을 없애는 거지. 경쟁이 없어져야 우리가 한 단계 올라갈 수 있어. 지금 이 상태에서는 점점 더 자살률이 높아질 거야. 자살은 아니더라도 자기를 죽여 가는 삶을 살게 되겠지. 절대로 행복해지지 않아.

이동철 OECD에서 이야기하는 미래 교육의 궁극적 목표가 웰빙이거든요. 나만의 웰빙이 아닌 모두의 웰빙. 모두가 잘 사는 것으로 완전 바뀌었어요. 나의 행복에서 모두의 행복으로요. 그러려면 경쟁에서 비경쟁으로 가야 해요. 현재의 저출생 문제하고도 연결되고요. 과거에 인구가 많은 때에는 경쟁해서 친구를 이기는 게 중요했지만 이제는 경쟁할 사람이 없잖아요. 인공 지능이 따라 하지 못하는 협력이 필요한 거죠.

이상훈 내서중학교의 교훈이 '스스로 서고, 함께 가자'잖아. 우리가 있을 때 교훈을 '성실'에서 바꾼 거고. 자립과 협력이 미래 교육의 키워드가 되었으니 우린 선견지명이 있는 거야. 하하.

이동철 좀 희망적인 거죠. 미래 교육이라는 게 완전 또 다른 이야기였으면 우리는 또 배워야 하고, 기득권이 먼저 선점하면 우리는 따라가기 바빴을 거예요. 그러면 양극화가 더 심화될 테고요. 다행히 미래 교육이 10년 전부터 우리가 해 왔던 교육, 본질로 돌아가는 교육이라서 다행이고 기회라 생각해요.

이상훈 경쟁이 없으면 모든 아이가 다 우수하잖아. 경쟁이 생기는 순간 다 열등해져 버리는 거야.

이동철 한 명만 행복하죠.

이상훈 아니, 그 한 명도 불행해. 1등 하는 친구가 정말 행복할까? 늘 불안한 1등이잖아. 결국은 경쟁이 없어지지 않는 한 우리 사회는 이 딜레마에서 빠져나올 수 없어.

이동철 저는 혁신학교 운동이 의미는 있었지만 일정 부분 한계에 부딪힌 게 경쟁을 손을 대지 못한 점이 아닌가 생각해요. 물론 경기도나 서울은 지방보다 현실이 더 심각해서 힘들겠죠. 내서중학교는 이 경쟁에 대해 고민했던 것 같아요. 학생 자치도 일부 학생에게 기회를 주는 게 아닌, 모든 학생에게 공평하게 기회를 주는 평등과 협력을 강조했잖아요. 지나친 입시 경쟁 교육을 반대하면서 신입생들 입학할 때 서약서도 썼고요.

이상훈 맞아. 사교육을 하지 않겠다는 서약서를 쓰고 들어왔지. 그 말은 학력에도 자신이 있었다는 거지.

이동철 저는 내서중학교가 혁신학교가 아니라 미래학교라 생각해요. 교훈에서도 내서중의 교육 과정이 자율과 협력의 역량을 키워 학생의 행위 주체성을 향상시키는(?) 것이라 믿고 있어요.

이상훈 그리고 보면 학부모님들도 그때 내서중학교를 엄청 신뢰했다고 봐. 사교육을 하지 않겠다면서까지 내서중을 보냈으니 말이야.

이동철 사실 학원을 몰래 보내는 부모도 있었고, 불안해하는 부모들도 많았어요. 하하.

이상훈 상주교육지원청에서도 독서 토론 대회를 비경쟁 토론으로 바꾸었잖아. 내서중에서 한 경험으로 장학사에게 바꿔 보자 하니 흔쾌히 해 보자 하더라고. 비경쟁 토론을 하고 나서 아이들이 엄청 좋아했어. 모두가 얼굴이 밝았지. 대회를 하면 승자만 잠시 웃잖아. 앞으로 이런 독서 토론이라면 계속해서 나오고 싶다 하더라고. 진짜 감동이었어. 아이들은 비경쟁을 좋아하는 거야. 어른들이 억지로 경쟁을 부추겨 온 거지.

이동철 비교하는 삶이 너무 일반화되었어요. 비교하는 순간 자신의 삶이 그리고 모두의 삶이 불행해질지도 모르잖아요. 어른들이 청소년을 위해 하는 모든 행사가 경연대회 형식이에요. 학교 밖에서도 경쟁을 시키고 있어요. 그래서 상주청소년문화센터 '모디'에서는 청소년 행사에 경연대회를 안 붙여요. 그냥 즐기고 누리자 이거예요. 도전하고 함께하면 즐겁다, 1등 하지 않아도 즐겁고 행복하다, 이걸 보여 주고 싶었어요. 지난주에 마친, 네 번째 청소년 축제에도 참가한 모든 청소년들이 즐겼어요.

이상훈 내 죽기 전에 그 비경쟁이 되려나? 하하.

이동철 하하. 선생님, 무슨 그런 말씀을 하세요.

이상훈 워낙 기득권자들이 경쟁의 체제를 이용하고 있으니…….

이동철 아직 슬픈 현실이기는 하지만 조금씩 역사는 나아지고 있으니
　　　 까 희망을 갖고 싶어요.

이상훈 예전보다는 현재가 훨씬 나아. 그게 희망이야.

시즌 2를 이끈 교직원들의 잡담회

(내서중학교는 '시즌 2'인 2014년부터 2018년까지 학생 자치를 중심에 둔 교육과정을 구성했다. 어느 시기보다 새로운 시도들이 많았다. 그 시도들을 독단이나 강압이 아닌 민주적인 협력으로 진행하기 위해 무던히 노력했다. 그 당시 교육 현장에서 함께했던 교직원들을 만났다. 당시 내서중학교에서 4년 근무한 이상훈 국어 교사, 신규 발령을 받아서 5년간 근무한 김민아 수학 교사, 당시 3년간 함께한 도주환 교장, 3년간 근무한 이문희 행정실장, 그리고 5년간 근무한 필자 이동철 과학 교사가 참석해서 잡담회를 가졌다.)

학교의 주인은 학생

이상훈 나는 내서중학교에서 가장 기억에 남는 학생이 있어. 이름이 뭐였더라?

이동철 준원이요?

김민아 준원이는 동생이고 준현이요.

이상훈 맞다, 준현이.

김민아 준현이, 고등학교에서 자퇴했어요. 지금 수능 다시 본다고 원서 내러 왔었어요.

이상훈 나이가 꽤나 됐을 텐데?

이문희 올해 그래서 수능 다시 접수했대요.

이상훈 우리 그 친구 받느냐 마느냐를 두고 회의를 엄청 했었잖아. 저

어디야, 화북 학생 야영장 가서도 학생들은 활동하고 교사들은 모여서 그 아이에 대해 늦게까지 이야기했지.

김민아 맞아요. 마침 그 학년에 학생 수도 많고 남학생들도 많아서 힘들었죠.

도주환 그 학생이 ○○중학교에서 전학을 왔죠?

이동철 네. 그때는 상피제가 없어서 엄마랑 함께 ○○중학교를 다니다 그 학교가 폐교되면서 전학 왔죠.

이상훈 ○○중학교 교장 선생님이 그때 "데리고 가 봐라. 닷새도 못 견딜 거다." 그랬었잖아. 우리는 준현이가 우리와 함께할 수 있을까, 고민을 많이 했지. 준현이 엄마를 학교에 오라고 해서 아이들과 교사한테도 그동안에 태어나 자랐던 과정을 다 설명하게 했었잖아. 그렇게 해서 그 아이에 대한 이해도가 높아져서 결국 받아들인 거고.

도주환 제 기억으론 우리가 받지 않았으면 준현이가 갈 수 있는 학교가 없었죠.

이동철 그때 회의의 전제는 '내서중학교는 학생을 가려서 받지 않는다.'였어요. 그 당시 학생 수도 많아서 전학생을 받지 않는 게 원칙이었지만 특수한 경우라서 협의한 거죠. 협의 과정에서의 논쟁은 '우리가 감당할 수 있을까?, 준현이에게 내서중이 도움이 될까?'였어요. 우리가 준비되어야 케어하며 성장하게 만드는데, 우리도 전혀 준비되지 않았는데 받으면 전에 학교에서처럼 같은 일이 반복될 거고, 서로에게 상처가 되지 않을까 걱정했던 거죠.

이동철 만약 그때 몇 번 협의하고 다수결로 결정했었으면 준현이 못 받았어요. 선생님 말씀처럼 여러 번의 협의와 준현이 어머님의 설명 등을 통해서 교사들도 많이 배웠죠.

이상훈 그 당시 학생들도 많이 달라졌잖아. 그게 사실 배우는 거야.

이동철 그렇죠. 통합 학급의 의미이기도 하고요.

이상훈 그런데 내가 작년인가 '아내를 모자로 착각한 남자'라는 책을 읽었어. 준현이와 같은 자폐 아이들에 대한 세계적인 이야기들을 모아 놓은 책이거든. 그걸 독서 모임에서 읽었는데 내가 이 책을 '준현이가 우리 학교에 오기 전에 읽었더라면 얼마나 좋았을까?' 라는 생각을 많이 했어. 그래서 준현이 엄마한테 전화를 했어. 준현이가 역사, 야구 등 하나에 꽂혀 있는 게 있잖아. 관심 부분을 되살려 줌으로서 아이가 제대로 살 수 있겠구나 싶어서 말이야. 전화해서 '엄마가 먼저 이 책을 꼭 읽어라.' 하니 '아이고, 선생님. 고맙습니다.' 하면서 꼭 읽겠다 하더라고. 나는 그걸 읽으면서, 사전에 책을 읽었더라면 준현이한테 큰 도움이 되었겠구나라고 여러 번 생각했어. 그러게, 교사들이 공부해야 돼. 공부하지 않으면 아이들 보는 눈이 얕아.

이동철 김민아 샘도 아이들이 어리니까, 교사가 공부하는 학교에 애들을 보내야 돼요.

이상훈 맞아. 교사들이 공부하는 학교, 정말 중요한 포인트야. 근데 교사들이 공부를 안 하다는 게 문제지. 옛날에 대학교에서 배운 지식 있잖아. 그 지식을 끝날 때까지 팔고 있단 말이야.

도주환 매우 중요한 말씀을 하셨네요. 진짜 선생님들은 늘 새로운 것을 찾고 배워야 해요.

이동철 교장 선생님이 그때 응원 많이 해 주셔서 저희들은 큰 힘을 얻었습니다.

도주환 아니요. 같이 근무하면서 제가 많이 배웠죠.

이상훈 비경쟁 독서 토론할 때 교장 선생님 거의 빠지지 않고 나오셨잖아요. 어느 교장 선생님이 우리와 함께하겠습니까? 얼마나 좋습니까?

도주환 저는 그게 너무 좋았어요. 맞아, 비경쟁 독서 토론.

이상훈 교장 선생님이 마음 내서 함께하려는 모습을 갖고 계신다는 게 그게 교사들한테 정말 큰 힘이 되죠.

이동철 저는 '교과서 진도에 너무 연연하지 마세요. 교과서는 선생님들 수업의 보조 자료일 뿐이니 선생님 하고 싶은 거 하세요.' 이렇게 말씀하실 때 정말 너무 감동이었어요. 그런 말씀을 하는 교장 선생님은 유일하다고 생각을 했어요.

도주환 교과서 진도만 나가는 것은 하나의 습관이지요. 그게 현실이기도 하지만요.

이상훈 우리나라 교사들 중 제일 운이 좋은 게 김민아 샘이야. 초임 시절에 내서중을 경험했잖아.

이동철 김민아 샘은 내서중에 있는 5년 동안 잘 배워서 지금은 다른 학교에서도 적용하고 있어요.

이상훈 근데 우리가 김민아 샘을 보면서 '잘 해낼 수 있을까?' 걱정을 엄청 했는데 다행히 우리 예상보다 120퍼센트 잘했잖아.

김민아 칭찬 감사합니다. 교장 선생님은 내서중에 근무하시면서 가장 기억에 남는 일이 무엇인가요?

도주환 내서중학교 3년 근무 동안 여러 생각이 나지만, 그중에서 가장 먼저 떠오르는 건 이동 수업이고 그다음이 학생들을 중심으로 한 다양한 교육 활동이에요. '대장간 수업'이라든지 고철을 용접해서 각자의 작품을 만드는 '정크아트 수업'이라든지 또 학생들 자유 게시판을 만들어 학생들 글 쓴 것을 붙여서 같이 공유한 수업이라든지, 아주 많죠.

이동철 앞에서 이야기했던 비경쟁 독서 토론도 있었죠.

도주환 맞아요. 그 다음에 운동장을 만들어 가는 과정에서 학부모, 학생들과 선생님들이 공동 토론장을 만들어 몇 번의 회의를 거쳐 결정하는 모습이 아직도 생생하고 참다운 교육이라는 생각을 하고 있어요.

이상훈 우리가 세 번 정도 전체 모임을 했죠? 백여 명 정도의 전교생과 학부모가 모이는 것이, 그것도 하교 후 저녁 시간에 모인다는 건 쉽지 않거든요.

이동철 그때는 지금의 공간 혁신이나 그린스마트학교라는 말이 나오기 전이잖아요. 운동장을 체육 수업하는 교실이라는 한정된 생각에서 벗어나니 다양한 공간을 상상할 수 있었어요.

김민아 맞아요, 즐거운 상상들을 했어요.

도주환 결과도 아주 좋았죠. 생각이 자유로웠어요. 무엇보다 과정이 훌륭했다고 생각합니다.

이동철 교장 선생님이 부임하시기 전에 알고 계신 내서중학교와 직접 오셔서 경험한 내서중학교는 어떻게 달랐는지 궁금합니다. 오시기 전에 소문이 안 좋았잖아요? 하하.

도주환 사실은 두 개 학교 중 선택하라고 하더라고요. 그중 하나가 내서중학교였어요. 주위에서 이야기를 많이 들었거든요. 그래서 사실은 좀 부담스러웠습니다. 하하. 근데 이왕이면 마지막 학교니까 좀 색다른 학교에서 근무 한번 해 보자고 생각해서 택했죠.

이동철 오셔서 보니까, 밖에서 듣는 것과 안에서 하는 게 많이 달랐나요?

도주환 많이 달랐죠. 처음엔 이렇게 하는 게 맞나 싶은 생각이 들었습니다. 그러다 시간이 지나면서 선생님들과 함께 호흡하려면 저 속에 들어가야겠다는 생각이 들었어요.

이동철 처음부터 좋았던 게 아니었군요. 하하.

도주환 그렇죠. 하하.

이동철 맞아요. 그 시간들이 필요한 것 같아요. 지금 저희 학교가 구성원이 바뀌면서 좀 힘들거든요. 관리자든 교사든 행정실이든 서로를 좀 열린 마음으로 지켜보면 이해도가 높아질 텐데요.

이상훈 교사들도 적응 못하고 나가기도 했잖아.

도주환 저는 교사가 되고 나서부터 쭉 일관된 생각이 뭐냐면 '학교의 주인은 학생이다.'입니다.

김민아 중심은 학생.

도주환 제가 있을 때도 그랬고 퇴임한 지 5년이 된 지금도 주인은 누구입니까? 여전히 교사가 주인 아닙니까? 지금 대부분의 학교가 그점을 반성해야 합니다. 그런데 내서중은 아니었어요. 정말 학생들이 주인이 되게 선생님들이 늘 노력하는 모습을 봤어요. 이런 학교는 어디서도 볼 수 없습니다.

이동철 맞습니다. 내서중학교에서 가장 중요한 교육 과정은 '학생 자치'이죠. 학교의 주인인 학생에게 무엇이든 해 볼 수 있는 기회를 주고, 교직원은 학생들에게 안전한 시공간을 제공하고 관심 있게 관찰하며, 성공과 실패를 경험한 학생들에게 격려와 또 다른 지원을 하는 거죠.

김민아 기회를 얻은 학생들은 성공한 경험을 통해 자신감이 생기고 자존감이 높아지죠. 실패한 학생들은 좌절하지 않고 새로운 도전 의식이 생깁니다. 어른이 되어 실패하기 시작하면 책임이 따르기에 다시 일어나기가 힘들지만, 안전한 학교 교육 과정 안에서 경험하는 실패는 오히려 성공이라고 생각합니다. 요즘 실패가 두려워 무엇을 시도하는 것을 망설이는 친구가 많아요. 자신은 아무것도 안

하고 차려진 밥상에 숟가락 얹으려는 마음들도 많고요.

이상훈 이렇게 학생들은 자신을 뭔가 할 수 있는 존재로 생각하기 때문에, 그리고 교사들이 그것을 지원하고 지지하고 있다고 생각하기 때문에 학생들과 교사들 관계가 좋았잖아. 그걸 바라보는 학부모와의 관계도 좋았고.

이동철 요즘 서이초등학교 교사 사망 사건*을 포함해서 교육적인 문제들이 많은데 근원적인 문제 해결책이 학생을 학교의 주인으로 만들기라고 생각해요.

이상훈 자기 자식이 학교에서 주인 대접을 받는데, 그걸 아는 부모라면 학교를 함부로 해도 되는 민원의 대상이라고 생각할까?

이동철 지금의 과도한 민원도 물론 잘못이지만 우리가 이 문제를 해결하려면 문제 본질을 건드려야 합니다. 그런 논의는 하지 않고 언론에서는 법만 바꾸자고 이야기해요. 학교는 수많은 관계로 구성되어 있고 그 관계를 건강하게 만드는 게 중요한데, 관계보다는 성적에만 관심이 있으니까요. 잘못된 관계를 건강한 관계로 회복해야 하는데 현실은 참 막막하죠.

이상훈 진짜 별거 아닌 것 같지만, 아침에 아이들 맞이하는 거, 쉬운 일이 아니잖아요. 처음에는 버스 하차할 때 통행 차량 통제한다고 경광봉을 들고 나갔단 말이에요. 한 번은 경광봉을 안 챙겨서 그냥 손을 흔들고 했는데 그러고 나서 다 확 달라졌어요. 무슨 얘기

---

* 2023년 7월 18일 서울 서이초등학교에서 악성 민원과 학생 지도의 고충으로 교내에서 교사가 숨진 채 발견된 사건. 최근 경찰에서 구체적인 혐의를 발견하지 못한 채 사건이 종결됐다.

나면, 경광봉을 흔들 때는 관리 차원이거든요. 그런데 손을 흔들자, 인간적으로 다가가는 거예요.

김민아 맞아요, 맞아.

이상훈 화령 방향으로 가는 사람들한테 손을 매일 흔들어 주니, 그 사람들도 서서히 창문을 내려 밖으로 손을 흔들어 주더라고요. 사람들은 기분이 그렇게 좋았다고 하더군요. 우리가 직접 신체를 써서 아이들을 맞이했던 게 관계의 처음이잖아요. 8시 30분까지 출근인데 8시쯤 교장 선생님, 교감 선생님 포함 교사들이 다 나와서, 어떨 땐 먼저 들어가라고 하기도 했잖아요.

도주환 그게 일상의 시작이었으니 학생들도 그 마음을 알지요. 당번도 안 정했는데 선생님들이 자발적으로 나와 주셔서 너무 고마웠습니다.

이동철 교장 선생님이 자발적으로 하시니 저희가 배운 거죠. 하하.

이상훈 나는 교사들이 이렇듯 자발적인 게, 그 시작은 회의였다고 봐요. 내서중의 학생 자치를 중심에 둔 교육 과정도 민주적인 교직원 회의가 없었다면 불가능했을 거예요. 모든 선생님들과 행정실장님이 두 시간씩 온갖 얘기들을 나눴던 게 매우 중요했어요. 초임인 체육 샘이 혼자서만 준비한다면, 체육대회가 어떻게 되겠습니까? 일반 학교에서는 보통 체육 교사 혼자서 체육대회를 진행하거든요. 그런데 내서중에서는 체육대회 시즌이 되면, 김효성 샘이 학생자치회 부서와 협의해서 먼저 안을 내고 다른 사람들은

'에이 그건 좀 그렇다', '좀 빼고 이거 하면 어때?', 이런 식으로 다 조절했잖아요. 나중에는 그냥 김효성의 체육대회가 아니라 우리 모두의 체육대회가 되었잖아요. 초임인 체육 샘이더라도 잘 배울 수 있었죠. 민주적인 교직원 회의나, 아침에 아이들과 주민들에게 손을 흔들며 정성스럽게 맞았던 시작, 그런 것들이 '내서중의 진짜 힘'이라고 생각해요.

이동철 학생들의 하루 시작을 반기는 마음과 마주한다는 것은 매우 중요해요. 학생을 중심에 두고 선생님들이 학생들을 반기러 나간 거잖아요. 자발적으로 교장 선생님이 먼저 해 주셔서 감사했습니다.

민주적인 교직원 회의

이동철 내서중학교에는 감동적인 이야기가 많아요. 이상훈 선생님이 잠깐 회의를 말씀하셨는데, 행정실장님은 회의할 때 힘들지 않았나요?

이상훈 뭐, 신났지 뭐. 힘들 게 뭐가 있노?

이문희 조금 지루하긴…….. 하하. 교무실 안건이 대부분이지만 교육 과정이 돌아가는 걸 알아야 하니까, 알고 업무하면 더 도움이 되거든요. '이래서 이렇게 얘기하는구나.', '이게 도움을 요청하는 거구나.' 이런 생각이 들어서 교육 활동이 이해가 되더라고요.

이동철 실장님도 초임이 내서중이고 다른 몇 학교에 근무하다 다시 오셨잖아요. 비교할 만한 점이 있나요?

이문희 많은 차이가 있죠. 일반 학교랑 교육 과정도 다르고, 선생님도 그렇고, 진짜 교장 선생님 말씀처럼 많이 달랐어요. 저는 그게 좋았어요. 선생님들이 열심히 하시니, 행정실에서도 더 도와야겠다는 마음이 저절로 들었죠. 회의에서 소통하니 예산을 어떻게 쓰는지도 보여서 제 일이 의미 있다고 느껴졌어요.

이동철 저하고 많이 싸웠잖아요. 하하.

이문희 싸우진 않고 논쟁을 했죠. 그러면서 서로 알아 가고 이해하는 게 아니겠어요? 하하.

도주환 실장님에게 감사드려요. 아, 기억에 남는 게 하나 있어요. 제주도에 일주일간 학교를 옮겨서 수업하는 이동 수업 때였어요. 예산이 많이 모자랐잖아요. 실장님께 예산을 더 지원할 방법이 없냐고 물었더니, 실장님이 과감하게 '시설 예산을 좀 줄이고 이쪽 예산을 좀 늘리자.'라고 말해 주는 거예요. 실장님이 그때 난색을 표했으면 불가능했을 거예요. 행정실이 지원해 주니, 이동 수업이 가능했어요.

이문희 교장 선생님. 그해 회계 결산하고 200만 원 남았어요.

이동철 우와, 진짜 얼마 안 남았네요.

이문희 이동 수업 후 마음 졸이면서 지출했어요. 전기 요금 등 세금은 예측 범위에 있지만, 다른 데서 더 나올 수도 있으니까요.

이동철 200만 원 남았다는 얘기는 처음 들었어요.

이문희 제 경험에서는 처음이었어요. 아마 전국 학교에서도 처음 아닐까요?

이동철 저는 또 궁금한 게, 이동 수업 갈 때 학생들이 계획 짜면서 지출
할 예산을 현금으로 인출해 갔잖아요. 학생들이 직접 지출하고 영
수증 챙기고 다시 그것을 정산하려면 일이 많았을 듯한데, 힘들지
않았나요?

이문희 그때 김민아 샘하고 체육 샘을 포함해 결산 역할을 맡은 선생님
들이 잘 정리해 주서서 그리 힘들진 않았어요.

이동철 여행하다 보면 계획이 변경되기도 해서, 신청한 예산이 남으면
반납해야 하잖아요. 그러면 제출할 서류가 많고, 절차도 복잡하잖
아요.

이문희 앞서 말했지만 매주 회의에 들어가고 또 선생님들 생각을 들어
봤기 때문에, 이게 어떤 의도로 하는지 알고 있었지요. 그래서 이
해하죠. 서류 쌓이는 건 큰 문제가 아닙니다. 제가 할 일이잖아요.

이동철 교무실에서 계획한 일을 할 때, 특히 내서중처럼 학생들이 계획
하고 실행할 때, 행정실의 이해와 도움이 없으면 불가능할 것 같
아요. 그만큼 학교 전체 구성원들의 소통이 필요하고 중요합니다.

금요 상담─학부모와의 관계

이상훈 아이가 내서중학교를 졸업한 학부모들에게 지금도 물어보면,
제일 인상에 남는 게 상담이라고 말씀하십니다.

이동철 금요 상담이요?

이상훈 네, 금요 상담. 청소년기 특히 사춘기에 들어선 학생들의 학부모는 자기 아이를 잘 모르잖아요.

이동철 초등학교까지는 관심이 있다가 중학생이 되면 관심이 줄어들죠. 부모도 그렇지만, 학생들이 대화를 잘 안 하려고도 하고요.

이상훈 금요일 아침 시간과 1교시까지 아빠, 엄마 둘 다 오시라 했잖아. 두 분 다 오시지 않으면 아예 상담이 안 이루어졌지.

김민아 부모님들이 신청하기도 하고, 반대로 상담이 필요한 학생의 부모님을 교사가 신청하기도 했죠.

이상훈 엄마 아빠 두 분 다 오셔야 하고, 특별한 일이 없거나 1교시 수업이 없는 교사들이 다 같이 참여했잖아. 여러 교사들이 함께 이야기하니 부모도 학생을 잘 이해할 수 있었고, 교사들도 학생을 더 많이 알 수 있는 시간이 되었지. 수학 시간에는 이 아이가 이랬는데 과학 시간에는 다르다, 이런 이야기가 자연스럽게 나오니 아이를 객관적으로 바라볼 수 있었던 거지. 함께한 부모들은 충격을 받기도 했지만 많은 교사가 함께 이야기를 나누니, 학교를 신뢰할 수 있었고.

이동철 금요 상담도 학생과 학부모와 교직원의 건강한 관계를 만드는 교육 과정이네요.

이상훈 이런 상담 방법은 다른 학교에서도 살릴 필요가 있어.

이동철 안 그래도 제가 낙운중학교에 처음 가서 제안했거든요? 단칼에 거부 당했습니다. 부모님을 만난다는 게 쉬운 일만은 아니었어요.

학부모회도 어느 정도 성장해 있어야 하고요.

김민아 내서중 학부모회 이름이 '다내아이'잖아요.

이문희 다내아이요? 아, 모두가 내 아이란 뜻이군요.

이동철 지금 학교에서는 부모님과 교사의 관계가 어색한 듯합니다. 부모님들도 교사를 만나는 게 두렵기도 하고, 교사도 부모님을 만나면 민원처럼 느껴지나 봐요. 수업 공개의 날이나 학교 행사 날에 한 번씩 보곤 하는데요. 그럼, 담임 선생님 한 명과 다수의 부모님이 한자리에 마주하는데, 이야기가 제대로 되지 않아요. 담임 선생님은 학급 전체를 말할 수밖에 없는데 부모님들은 내 아이에 대한 관심이 크잖아요. 다른 부모님이 있는데 내 아이만 말하기도 부담스럽고요. 그런데 금요 상담은 반대잖아요. 한 학생을 두고 모든 선생님들이 성심껏 이야기하고 부모들은 소중한 자신의 아이에 대한 이야기를 들을 수 있잖아요. 부모님들이 만족하실 듯해요. 학교에 대한 믿음도 생길 것이고요. 역발상인데 제대로 맞아떨어졌지요.

이상훈 그러니까 학부모를 두려워하지 않는 교사가 필요해. 그게 나이가 좀 있는 경험이 많은 교사들이 해야 할 역할인 것 같아. 나는 부모님들 만나는 게 진짜 좋았어. 아침 독서 할 때도 학부모님들에게 부탁하면 다 들어 주셨거든.

이동철 어제가 11월 3일 학생의 날이었습니다. 낙운중학교는 학부모회에서 오셔서 어묵을 삶아 주셨어요. 제가 담당이라 어묵을 부탁드

렸는데 아이들이 좋아하는 소떡소떡을 깜짝 선물로 준비했더라고요. 이렇게 마음을 낼 기회를 만드는 게 중요해요. 아이들도 부모님도 선생님들도 다 좋아했어요. 그런데 일부 선생님들은 부모님들이 힘들어하거나 억지로 할까 봐 걱정하시더라고요.

이상훈 그렇게 생각하면 안 되지. 부모님들에게도 기회를 드리는 거야. 그게 기쁨이 될 수도 있으니까. 부담스럽게 하는 게 아니잖아. 내서중학교 밤샘 독서할 때도 오셔서 다 밥해 주시고, 간식 챙겨 주셨어. 다음 날 아침 6시에 학생들 데리러 와 달라고 부탁 드리니, 오셔서 남은 친구들까지 다 태워 가셨잖아.

이동철 학생들에게 기회를 주듯이 부모님께도 기회를 줘라. 참 중요한 말씀입니다.

다시 내서중학교에 근무하고 싶은가?

이동철 저희가 5년 만에 다시 만나 내서중학교 이야기를 하는데요. 지금도 기억이 생생하고 그때의 추억을 생각하니 즐겁고 긍정적 에너지가 솟습니다. 이 기억들은 머리에 쌓인 게 아니라 가슴에 새겨져서 그런 듯해요. 지금은 모두 퇴임하거나 다른 학교에 근무하고 계신데요. 내서중학교에 다시 근무할 기회가 주어진다면 어떨까요?

이상훈 난 내서중이라면 무조건 오케이지. 정말 행복했거든. 그때 학생들과 나눈 관계에서만 행복했던 게 아니라, 교직원들이 다 함께해서 정말로 행복이 배가 되었지. 여러 학교를 거치면서, 첫 학교를 제외하고 나머지 학교에서는 다 행복했어. 교사로서 교실에서 학생들과 수업하면서 정말 행복했거든. 그런데 교사들과는 좀 뭐랄까 큰 갈등은 없었지만 행복감을 느끼기는 쉽지 않았어. 내서중학교에 와서는 아이들과도 행복했지만 교사들과도 행복해서 그 행복감이 배가 된 것 같아.

이동철 그래서 다시 근무하고 싶으신 거네요. 그래도 퇴임하시니까 더 좋으시죠? 하하.

도주환 저는 학교 들어오기 전에 야간 학교를 한 3년 경험했거든요. 그때도 학생들과 자연스럽게 활동하면서 굉장히 좋았어요. 다음으로 내서중학교 생활이 좋았어요.

이동철 평교사로 아니면 교장 선생님으로요?

도주환 당연히 교사죠. 내서중의 교육 과정으로 내서중의 학생들과 수업하고 싶어요. 기회가 주어진다면요. 하하.

이동철 우리가 다시 만나려면 제가 회춘하는 신약을 개발해야 할까요? 하하.

이상훈 내서처럼 돌아갈 수 있는 학교 구조가 과연 우리나라에 또 있을까 싶어. 근무할 때도 맨날 이야기했는데 최소한 우리나라에는 이런 학교는 없다, 이렇게 굴러가고 있는 학교는 없다, 어쩌면 세계적으로도 그럴 수 있겠다, 나는 그렇게 생각했어. 지금도 그렇고.

이동철 혁신학교 운동이 활발했던 다른 시도 선생님과 만나 내서중학교, 낙운중학교를 이야기하면 다들 깜짝 놀라요. 특히 보수적인 경북 지방에서 교사들이 자발적으로 교육청 지원 없이 학생들을 중심에 둔 교육 과정을 만들고 진행한다는 것, 그것도 15년 동안 지속적으로 하고 있다는 것에 모두들 놀라죠.

이상훈 진보와 보수의 문제만은 아니야. 사람들이 마음을 내고, 모을 수 있는 분위기가 중요하지. 각자의 역할들을 충실히 하는 것, 서로 배워나가는 것, 그것이 내서중학교의 힘일 거야.

이동철 행정실장님은 다시 오고 싶으세요?

이문희 다시 근무하고 싶어요. 교무행정사이던 황 선생님과 이야기를 많이 했거든요. 모두가 권위적이지 않고 평등했다고 느꼈어요. 황 선생님도 이야기하셨지만 내서중에 있으면서 인생의 방향이 바뀌고 잡힌 것 같아요.

이동철 학교를 통해서요?

이문희 선생님들의 가치관도 우리한테 좀 많이 들어왔고요. 이렇게 사는 분도 있구나, 이렇게 생각하는 사람들도 있구나, 그때 처음 알았어요. 약간 충격을 받았었죠. 아직도 그 영향이 남아 있어요.

김민아 저도 당연히 근무하고 싶죠. 그래서 내년에 수학과 자리가 빈다길래 내신을 내려고 마음 먹었어요.

이문희 정말? 김민아 샘 오면 좋겠다. 우리 딸 6학년인데 내서중에 가라고 해야겠어요.

친목회와 퇴임식―교사들의 관계(배움과 성장)

이상훈 내서중학교에서 근무하다가 명퇴한 김○○ 선생님 있잖아요.

김민아 네, 김○○ 선생님이요.

이상훈 내서중에 오고 2년 동안 적응을 못했어. 그런데 나중에 그 양반
이 고백을 하더라고. 자기는 지금까지 어느 학교든 돌아다니면서
정말로 자기가 최고의 교사라는 자부심을 갖고 있었다는 거야. 다
른 사람들보다 진짜 두 배 세 배 더 많이 일하면서 아이들과 관계
를 만들고, 다른 교사들이 할 수 없는 일들을 하면서 그렇게 살아
왔다고 자부심을 가져었다고 말이야. 내서중에서도 그럴 것이라
생각했는데, 막상 오니까 자기가 그동안 살아왔던 게 이게 정말
보잘것없는 모습으로 비춰졌다는 거야. 그러다가 명퇴 일 년 전에
마지막으로 '학생부장을 맡겠다.'라고 한 거지. 학생부장을 하면
서 아이들하고 마지막을 잘 지냈다고 하더라고. 그 당시 내서중에
서의 교사 모습이 다른 학교에서 열심히 하고 잘하는 교사의 모
습하고는 질적으로 차이가 있었던 거지. 김○○ 선생님을 보면 내
서중학교가 참 품격 있고 질 높은 교육을 했음을 알 수 있어.

이동철 '교육의 질이 교사의 질을 넘지 못한다.'는 말이 있잖아요. 선생
님이 말씀하셨듯이 교사는 늘 공부해야 되는데 그럴 기회가 없어
요. 교과를 통한 평등성이 존재하지만, 동시에 분절적인 관계가
형성되는 듯해요. 학교는 관계를 배우는 곳이잖아요. 수많은 관계
속에서 갈등도 있지만 그 갈등을 잘 해결하는 과정에서 배움이

일어나죠. 내서중학교에서 기억에 남는 것이 '교직원 친목회'였어요. 다른 학교와는 색다른 친목회. 대부분은 친목회 같은 걸 싫어하잖아요. 내서중의 친목회는 교사 책 모임 등 전문적인 학습 공동체도 했었지만, 진솔한 관계를 형성하는 기능도 있었다고 봐요.

이문희 저는 쉬는 시간, 점심시간을 이용해 탁구를 친 게 기억에 남아요. 교장 선생님도 대등하게 농담하며 경기하고 많은 선생님과 웃으며 즐겼어요.

이상훈 스승의 날에 우리끼리 상장 주는 것, 기억나요?

이동철 네. 기억나죠. 처음에는 상장 문구 만들기가 힘들어서 하기 싫었는데, 하고 나면 기분이 좋았어요. 문구를 만들면서 상을 줄 상대 선생님을 깊게 생각할 수 있었거든요.

도주환 살면서 많은 상을 받았잖아요. 상장들을 다 모아 두었는데 내서중에서 선생님에게 받은 상이 제일 앞에 있어요. 하하.

이동철 우와, 영광입니다. 교사는 학생과 학부모들과 관계를 맺기 위해 많은 아이디어를 생산하잖아요. 그런데 정작 교사들끼리 관계를 맺기 위한 아이디어는 정성을 들이지 않는 듯합니다. 담임 선생님이 학급을 운영하듯이, 학교에서도 친목회를 통해 교무실을 운영하는 거죠. 하하.

김민아 이상훈 선생님이 학급 운영의 대가시잖아요.

이동철 그렇지요. 그래서 친목회를 잘 운영하셨나 봐요. 학생들이 여행을 통한 수업을 하듯이, 친목회도 일 년에 두 번이나 여행을 갔잖아요. 요즘은 대부분 학교에서는 없어졌지만, 내서중에서는 그 여행이 기다려졌어요.

이문희 여행 코스도 좋지만 그 안의 분위기가 너무 좋았어요. 행정실은 교무실에 비해 사람 수도 적어 소외될 수 있는데 그렇지 않았잖아요. 모두 평등한 여행. 기억에 오래 남아요.

이상훈 모두가 솔선수범하는 태도가 있으니 모두가 편안한 여행이 되었죠.

이동철 여수나 부여도 생각이 많이 나지만 영주 부석사에 가서 저녁 예불을 드렸던 게 기억에 많이 남아요.

도주환 저는 막걸리 한잔하고 소수서원을 걸으며 하하 허허 맘껏 이야기한 게 기억에 많이 남네요.

이상훈 난 영덕 갔을 때. 내 퇴임 기념으로 영덕을 간 거잖아. 가는 동안 계속 울었어. 아마 서너 시간 울었을 거야. 저녁 먹고 교감 선생님이 준비한 작은 현수막을 걸고 한마디 하라는데 계속 눈물이 나는 거야. 아무 말도 못했지. 그만큼 내서중학교는 나에게 행복감을 준 학교야.

이동철 두 분 다 내서중학교에서 퇴임하셨는데 저희들한테 퇴임식 준비를 하지 말라고 계속 말씀하셨잖아요. 후배된 입장에선 시켜서가 아니라 마음을 내어 선배님들의 걸어오신 길에 감사하며 앞으로의 길을 응원하고 싶었거든요. 그 마음을 아이들이 알아준 거죠. 학생들이 준비한 퇴임식. 두 분 모두 뜻깊은 퇴임식을 하셨는데, 어떻게 기억하고 계세요?

이상훈 교장 선생님, 그때 기분 좋으셨죠? 내가 그때 퇴직한 상태라 객관적으로 봤는데 '퇴임식 자체가 우리나라에서 가장 아름다운 퇴임 선물이다.' 그런 생각이 들더라고요.

도주환 지금도 그 순간을 생각하면 참 감사한 마음이 들어요.

이동철 퇴임식 카피가 '당신의 세월을 안아 드려도 될까요?'였잖아요. 하영이가 낸 건데 모두가 감탄하고 감동했잖아요.

도주환 아, 네. 너무 감동적이었습니다.

이동철 퇴임식 끝나고 모두 나와서 교장 선생님 차까지 한 줄로 서 있고 교장 선생님을 안으며 보내 드렸어요. 평생을 바친 교직 생활에 대한 감사한 마음, 특히 내서중에 오셔서 교육 과정에 함께하며 응원과 격려로 교사를 춤추게 하신 것, 학생의 이름을 다 외우시고 이름을 부르며, 하하 웃어 주시는 그 미소가 우리 모두를 감동하게 했습니다.

이상훈 교장 선생님 퇴임식을 제가 수필로 써 놓은 게 있어요.

도주환 그 수필을 신문에 기고하셨던데, 그 글을 제가 스크랩해 두었습니다. 하하.

이상훈 나는 솔직히 평교사로 정년 퇴임을 하고 싶었거든. 그런데 그날이 8월이라 그렇게 되면 기간제 선생님이 국어를 가르치게 되고, 내서 교육의 흐름이 중간에 끊길 것 같아서 미리 명예 퇴임을 했어. 나는 퇴임식 없이 조용히 마무리하고 싶었어. 평소 내 소신이기도 했고요. 그런데 정윤이하고 그 아이들이 준비해 가지고, 너무 따뜻한 퇴임식이었어. 평생 기억에 남을 것 같아.

이동철 퇴임식을 준비하는 동안 학생들에게 이런 이야기를 했었어요. '우리는 수많은 관계를 맺고 그 관계를 통해 울기도 웃기도 한다. 관계를 건강하게 만들고 유지하는 것은 어른이 되기 위한 준비에서 필수적이다. 청소년인 우리는 이제 받기만 하는 게 아니라 주는 것도 배워야 한다. 퇴임하는 선생님들이 우리에게 의미 있는 관계였다면 그 관계를 의미 있게 정리할 필요가 있는데, 혹시 너희들이 그 관계에 대해 생각해 주면 어떨까?'라고요. 당연히 학생들은 그 기회를 너무 감동적으로 만들어 줬어요.

이상훈 맞아. 내서중에서 감동적인 이야기들이 너무 많았어.

도주환 그 감동적인 이야기가 따로 떨어져 있는 교장실까지 전해지니 대단한 학교지요.

이동철 우리가 함께했던 내서중학교 이야기와 현재 제가 근무하는 낙운중학교의 이야기를 정리하고 있어요. 부족하지만 책으로 내려고요. 오늘 나눈 이야기도 잘 정리해서 책에 넣도록 하겠습니다.

이문희 오, 기대가 되네요. 포기하지 말고 끝까지 꼭 기록으로 남겨 주세요. 그럼, 우리 또 언제 보죠?

이동철 15년 동안 함께한 모든 사람들이 모이는 홈 커밍데이를 하면 어떨까요? 특별한 걸 준비하지 말고 다 같이 체육관에 모여 지금 어떻게 살고 있는지, 내서중에서의 경험이 어떤 힘으로 존재하는지 오늘처럼 이야기하면 큰 힘이 될 것 같아요. 그때도 그랬지만 지금도 내서중은 힘들거든요. 잘못된 사회의 성공이 아닌 자신의 삶을 살아가는 이야기들이 현재를 살아가는 내서인 모두에게 큰 힘이 될 것입니다.

이상훈 아주 좋은 기획이네요. 역시 이동철 선생은 일 벌이는 걸 좋아하네. 즐기고.

이동철 모두 선배님들한테 배운 겁니다. 하하. 고맙습니다.

9장

변하는 미래를 위한 준비

중요한 존재가 되려는 소망은 인간에게 있어서 가장 뿌리 깊은 욕구입니다. — 존 듀이

우리 사회는 결과 중심 사회이다. 이야기를 시작하면 늘 결과를 묻는다. 과정이 의미 있다고 해도 결과에만 관심이 있다. 그러나 과정이 충실하면 결과도 의미 있다. 그런데 교육에서의 결과는 바로 나오지 않는 것이 특징이다. 학교에서 배움의 결과는 무엇일까? 일반적으로 진학이다. 학교에서의 과정은 3년 혹은 6년의 학교생활이다. 그 시간 안에는 의미 있는 배움과 수많은 성장이 있었음에도 불구하고 진학이 모든 것을 덮어 버린다. 결과는 나쁠 수도 있고 좋을 수도 있다. 아니, 어떻게 보면 나쁜 결과는 없다. 결과를 나쁘게 해석할 뿐이다. 서울대 갔다고 성공한 것인가? 아니면 웰빙하는 것인가? 아니다. 지방대에 가면 실패한 것인가? 웰빙하지 않는 것인가? 아니다. 생명의 염색체 수가 다르고 사람의 유전자가 다르듯 교육의 결과는 다양해야 한다. 즉 진학의 다양성이 곧 성공이다. 결과가 사회의 요구에 의해 결정되는 것이 아니라 자신에 의해 결정된다면 다양할 수밖에 없다.

학교에서 학생들에게 기회를 주면 학생들은 스스로에게 늘 이런 질

문을 던진다. 나는 누구인가? 청소년기에 당연히 해야 할 질문이다. 학교는 그 답을 알려 줄 수 없다. 학교는 그 답을 스스로 찾을 수 있도록 안전한 곳을 제공하고 경험하는 기회를 주는 곳이다. 또한 격려하고, 넘어지면 손잡아 주고, 성공하면 칭찬하는 곳이기도 하다. 그렇게 하다 보면 학생들 스스로 답을 찾게 된다. 아니, 스스로 답을 찾는 힘이 길러진다. 그 힘을 기르는 곳이 학교이다.

최근 근무한 내서중학교와 낙운중학교의 결과, 즉 진학의 결과는 의미가 있다. 학생들은 일반고, 특성화고, 특목고, 대안학교 등 다양하게 진학을 선택했다. 거기에다 고등학교 진학을 선택하지 않는 학생도 있다. 자신의 인생에서 고등학교가 필요 없다고 생각해서 내린 결론이다. 물론 부모님의 영향이나 도움도 있겠지만 중학교 3학년 나이에 친구들과 다른 길을 선택한다는 것은 매우 힘든 일이다. 하지만 그 길을 선택한 학생들에게도 배움이 일어난다. 학교를 선택하지 않았을 뿐이지 배움을 멈춘 것은 아니기 때문이다.

미래 교육은 무엇인가? 의미 있는 과거를 기본으로 나에게 맞는 미래를 상상하면서 스스로 현재를 실천하고 배워 가는 행위가 아닐까?

이번 장은 다양한 길을 걷고 있는 졸업생들의 이야기와 여행 수업과 관련된 이야기를 실었다. 내용을 정리하면서 내가 가진 편견이 또 한 번 깨지는 배움이 일어났다.

어떻게 살고 있니?—졸업생 인터뷰

(내서중학교를 졸업한 류하영과 권은오를 만나, 내서중학교에서 보낸 학교생활과 이 생활이 졸업한 이후 자신들의 삶에 어떤 영향을 주었는지를 물었다.)

배운 것은 행사(수업)가 아닌 관계

이동철   인터뷰에 응해 줘서 고마워. 내서중학교를 졸업한 지는 은오는 3년, 하영이는 4년이 지났네. 내서중 하면 제일 생각나는 게 뭐야? 중학교 생활 중에 제일 기억에 남는 것.

류하영   전 풋살이요.

이동철   아, 풋살. 놀랍네. 사실 난 이동 수업이나 축제 같은 거라고 예상했는데. 하하. 맞아, 너희들 풋살 열심히 했지.

류하영   체육 샘이랑 친구들과 늘 하던 말이 '우리가 공 하나로 배울 수 있는 게 얼마나 많은가?'였어요. 단순히 운동만 하는 게 아니라 운동했던 과정들을 영화로 만들어도 되겠다 싶을 정도로 스펙터클해요. 한 사람의 열정 가지고만 되는 일도 아니잖아요. 다 같이 마음을 모아서 뭔가 열심히 뛰어 보고 대회도 나가고 그러면서 여러 감정을 느꼈어요.

이동철   감정?

류하영   네. 풋살 대회 준비할 때나 그럴 때 엄청 슬프기도 하고 화가 나기도 하고 감정 조절이 안 되기도 하고 그랬어요. 그런 과정에서

230

배울 수 있는 게 많더라고요. 친구들 만나면 그때 얘기 많이 해요. 잘하고 싶은데 잘 안 되고, 내 자신을 미워도 하고 친구를 원망도 하고 그랬어요. 그러면서 나도 생각하고 친구도 많이 생각했던 것 같아요.

이동철 처음에 풋살을 어떻게 시작했지?

류하영 남자애들이 대회 나간다고 해서 우리도 나가 보자고 했죠.

이동철 남자도 하는데 여자가 못할 것 없다?

류하영 그런 것도 있었죠. 하하. 그리고 일단 재미있어 보였어요. 1학년 겨울에 시작해서 2학년 때부터 본격적으로 연습했죠.

이동철 3학년 되어서는 엄청 열심히 했잖아. 졸업하고도 한 것 같은데?

류하영 네. 서로 다른 고등학교에 갔어도 주말이나 방학 때 만나서 경기를 했어요. 남자 애들하고 섞어서 했죠.

이동철 풋살이 만나는 계기가 되는구나.

류하영 후배들하고도 같이 해요.

이동철 그래? 참 신기하다. 만나서 서로 사는 이야기하는 게 대부분인데 운동을 같이 하고 이야기도 하고, 스트레스도 풀고.

권은오 풋살로 형과 누나들을 자연스럽게 만나게 되었어요. 졸업하면 멀어지는데 말이에요.

이동철 상상만 해도 좋다. 선후배, 친구들이 건강하게 공 차고 수다 떨고 맛있는 것 먹고. 풋살 말고 또 중학교 생활에서 떠오르는 건 없니?

류하영 축제요. 감골제.

이동철 오, 맞다. 감골제. 너희들이 겨울왕국 뮤지컬 주인공이었었잖아.

류하영 네, 맞아요. 뮤지컬하고 난 다음 해에는 영화도 찍고, 그 다음 해에는 연극도 했었죠. 엄청 좋은 경험이었어요. 전문적인 강사님이 와서 가르쳐 주니 정말 배우가 된 느낌이었어요. 제 동생 친구는 뮤지컬을 보고는 내서중을 선택했어요. 그리고 음악하겠다고 부모님께 이야기했다더라고요.

이동철 너희들이 엄청 멋져 보였나 보다.

류하영 그때 저희도 1학년이었지만 노래 잘하는 친구는 뮤지컬 배우팀으로, 글 쓰는 것 좋아하는 친구는 대본팀으로, 만들기 좋아하는 친구는 무대와 소품 제작팀으로, 그리고 무전기 찬 스텝으로도 활동했어요. 학생들이 그 역할들을 다 했죠.

이동철 맞아. 상주에서 제일 큰 공연장인 문화회관을 빌려서 티켓도 팔았잖아.

류하영 우리 그때 돈 좀 벌었죠. 수익금으로 학교에 상징적인 조형물도 설치하고.

이동철 최병수 작가님의 꿈 솟대를 샀었잖아.

권은오 저는 관객이었습니다. 모두 다 기억이 나지는 않지만 노래를 엄청 잘했다고 생각했어요.

이동철 은오는 또 뭐가 기억에 남아?

권은오 저는 점심시간에 친구들과 밥 먹는 게 좋았어요.

이동철 급식이 맛있어서?

권은오 아니요. 맛이 있긴 한데 그 때문만은 아니었어요. 급식소에서
      몇몇 친구들과 밥 먹으면서 이야기하는 팀이 생겼어요. 어느 날은
      이야기가 재미있어서 숟가락을 들지도 않았던 적도 있었어요. 늦
      게 먹는다고 맨날 혼이 났지만요. 하하.

이동철 치우는 친구들은 빨리 치우고 놀러 가야 하는데 너희들 때문에
      기다렸겠구나.

권은오 네. 어쨌든 저는 학교에서 하는 활동들 대부분이 좋았지만 밥
      먹는 시간이 너무 좋았어요. 3학년 때 코로나가 터져서 따로 먹게
      되어서 정말 아쉬웠죠.

류하영 우리는 빨리 먹고 풋살하러 나갔는데. 하하.

권은오 지금도 친구들과 만나면 점심시간에 수다 떨었던 얘기를 많이
      해요.

이동철 사실 난 이동 수업(여행 수업), 밤샘 독서, 학급 야영 같은 행사가
      떠오를 줄 알았는데, 의외네.

권은오 행사도 생각나죠. 그런데 밥 먹는 시간이 최고! 사실 밥은 중요
      한 게 아니었어요. 어차피 숟가락은 내려놓고 말만 계속했어요.

이동철 너희들 이야기를 들어 보니 기억에 남는 건 행사가 아니라 관계
      네. 일상에서 맺는 관계.

가스라이팅 당하는 청소년

이동철 하영이는 내서중학교를 졸업하고 풀무농업고등기술학교(이하
풀무고)로 진학했잖아? 진로를 결정할 때 학교는 도움이 되었나
궁금하네.

류하영 저는 내서중을 안 갔으면 풀무고를 가지 않았을 듯해요. 내서중
도 남부초를 안 다녔으면 몰랐을 테고요. 시내 초등학교를 가려다
우연히 남부초등학교를 알게 되었는데 며칠 다녀 보자 했던 게
지금 제 인생의 방향을 결정했던 것 같아요.

이동철 그러네. 사람 일이란 모르는 일이지. 그래도 하영이가 기회를
잘 잡았는데?

류하영 네. 저는 선생님 영향을 많이 받았잖아요. 하하. 일반 고등학교
(인문계)는 가기 싫었어요. 풀무고에 가 보니 거기 온 친구들이 저
와 결이 비슷하고 공동체라는 느낌이 바로 들었어요.

이동철 일반적으로 중학교에서 진로나 진학을 선택할 때 고등학교를
거쳐 대학이나 직업을 염두에 두고 결정하잖아.

류하영 대학은 '언제라도 갈 수 있다.'라고 생각했어요. 그리고 풀무고
는 대학 갈 생각 있으면 오지 말라고 하거든요. 그래도 다 대학도
잘 가고 그러긴 하지만……. 그때 저는 대학을 꼭 가야 하나라는
생각을 했던 것 같아요.

이동철 남부초와 내서중의 영향을 받은 거네.

류하영 가스라이팅 당했죠. 하하. 선생님이 늘 '대학은 필요하면 가는

거다. 모두 다 가니까, 그래서 가는 거라면 후회할 확률이 높다.'라고 하셨잖아요. 맞는 것 같아요. 주위에 대학 다니다 재수하는 사람들도 쉽게 볼 수 있잖아요. 지금 생각해 보면 그 반대가 가스라이팅 같아요. 공부만 하면 대학 갈 수 있고, 대학 가면 다 성공하는 것처럼 이야기하지만 사실은 그렇지 않잖아요.

이동철 그래. 사회가 청소년들에게 하는 가스라이팅이 참 많지. 연구해 볼 만한 주제네. 우리 사례들을 모아서 책 한번 내 볼까? 하하. 지금 대학 생활은 어때?

류하영 일 년도 채 다니지 않았지만 할 얘기가 참 많아요. 저는 선생님과 생태동아리 하면서 자연에 관심이 많아졌어요. 풀무고에 가서도 숲에서 명상하는 게 너무 좋았고요. 힘들면 숲에 자주 갔었거든요. 그래서 산림 관련 학과를 선택해서 갔어요. 그런데 가 보니 완전 반대였어요. 배우는 내용이 좀 실망스러워서 걱정이에요. 나무나 숲을 돈으로 보더라고요. 경제적 가치로만이요. 부모님이 큰 농사를 짓는 친구들도 많아요. 학교 자체도 '어떻게 돈 벌 것인가'를 이야기하는 것 같아요.

이동철 자본의 논리가 가득하구나.

류하영 그래도 풀무고에 가서 좀 더 체계적으로 사고가 잡혔어요. 내가 뭘 좋아하고 싫어하고 어디서 힘을 얻고 잃는지, 이젠 좀 찾은 것 같은데 대학 가서는 제가 배우고 얻은 것과 너무 달라서 좀 혼란스러워요. 주위에 있는 사람들도 나와 너무 다른 사람들로 느껴지니 삶이 공허하기도 하고요.

이동철 지금 많이 힘들구나.

류하영 그러다 최근에 좋은 공동체를 만났어요. 상주의 백원장* 같은 곳인데, 쓰레기를 만들지 않는 비건 마켓이 전주에 있더라고요. 이번에 봉사자로 참여했는데 거기서 만난 사람들이 저와 비슷했어요. 하하. 요즘 거기 사람들을 알아 가고 있답니다. '여기도 숨 쉴 곳이 있구나.' 하는 생각이 들며 감동을 받았어요.

이동철 오호, 다행이다.

류하영 사실 저도 서울로 대학 가려고 했거든요. 그런데 서울로 대학 간 선배들이나 친구들 이야기를 들어 보니 힘들게 살고 있더라고요. 금전적으로 힘드니 알바도 해야 하고 삶을 즐기지 못하는 모습을 보니까 안타까웠어요. 어딜 가든 힘든데 나와 맞고 좋은 사람이 많은 곳에서 사는 게 행복한 게 아닌가 생각해요.

이동철 하영이도 많이 성장했구나.

불안한 미래, 당당한 나

이동철 은오는 어때? 내서중학교를 졸업하고 고등학교를 선택하지 않았잖아.

---

* 경북 상주시 외서면에 위치한 백원역 앞에서 한 달에 한 번씩 열리는 장터. 백원초등학교를 중심으로 한 학부모들이 인근 마을로 귀촌하여 지역 주민과 함께 사라지는 농촌 마을에 활력을 주기 위해 지역 농산물과 수제품을 팔며 예술인들의 자발적인 공연 등으로 잔치처럼 열리는 장터이다. 2014년부터 매달 세 번째 토요일에 장이 열리고 있으며, 백원초등학교와 내서중학교의 학생들이 장꾼(좌판)으로 참여하는 등 활기가 넘치는 것이 특징이다.

권은오 제가 고등학교를 선택하지 않은 계기는 내서중에서 생각할 기회를 주시기도 했지만, 부모님의 영향이 더 컸어요. 솔직히 내서중이 엄청나게 특별하지는 않았어요. 지금 보면 뭔가 좀 다르긴 하지만 당시에는 크게 느껴지지 않아서 '학교는 이 정도면 충분하다.' 이런 생각을 했어요.

이동철 그런 생각도 아무나 못해. 하하. 3학년 때 코로나가 온 세상을 덮치는 바람에 제일 중요한 시간을 제대로 보내지 못해서 아쉽기는 하네.

권은오 그래서 저는 행사나 수업, 활동들보다 친구들이 더 인상 깊게 남아요.

이동철 그럼 친구와 함께 고등학교에 간다든지 아니면 더 넓은 관계를 맺기 위해 고등학교를 선택할 수 있지 않았을까?

권은오 네. 그래서 간디고 등 대안학교를 생각했어요. 그런데 부모님이 어릴 때부터 교육에 대한 이야기를 많이 하셔서, '고등학교를 꼭 가야 하나?'라는 생각을 늘 했던 것 같아요. 대안학교를 후보군에 넣어 두고 일단 일 년만 쉬어 보자, 이렇게 결정을 한 거죠. 아직도 의문이에요. '내가 어떻게 그런 확고한 생각을 가지고 꽤나 빨리 결정을 했던가?' 하고 말이죠. 하하. 고등학교를 가지 않고 쉬는 1년쯤 되었을 때 간디고를 다시 생각했었어요. 형이 다니고 있었기 때문이기도 했죠. 홈페이지에서 원서까지 봤는데 원서를 보는 순간 '나랑은 안 맞다.'라는 생각이 들더라고요. 그만큼 간절함이 없었던 거겠죠? 어쨌든 결국 간디고를 가지 않은 게 지금 생각하면 다행인 것 같고, 잘 결정한 일 같아요.

이동철 불안하지 않아?

권은오 잘 모르겠어요. 괜찮은 건가 하고 생각해 보면 또 되게 불안하거든요. 저는 원래 걱정이 많은데 그냥 또 좋아요. 이 여유로움도 좋고 그게 왔다 갔다 해요. 그 경계에서 외롭기도 했고 불안감에 휩싸일 때도 있었지만, 그래도 올해는 만족감이 좀 더 큰 것 같아요. 중간중간 친구들이 그립고 또 집단생활이 그리운 건 있는데 그거는 뭐 또 잊혀지는 거니까 금방. 하하.

이동철 어저께가 수능이었는데 기분은 어땠어? 친구들은 수능 보고, 은오는 뭐 했지?

권은오 저는 수능에 진짜 아무 느낌이 없더라고요. 몇 시에 시작해서 몇 시에 끝나는지도 모르고. 그날 친구와 달리기했어요. 하하.

이동철 맞다. 내일 마라톤대회 나가지? 5킬로미터.

권은오 나는 수능을 안 치네 하는 뭐 이런 거에 대한 안도가 있는 것도 아니고 아무런 느낌이 없는 상태예요. 그냥 편안하게 보냈어요.

이동철 아무나 느낄 수 있는 감정이 아닌데, 내공이 대단하다. 좀 전에 내가 불안하지 않냐고 물었잖아. 당연히 불안하겠지. 하영이도 불안하지. 우리나라 청년과 청소년의 삶이 불안하지 않을 수 없잖아. 어른들도 다 불안하니까. 누군가가 불안하지 않다고 하는 건 거짓말일 거야. 그저 불안을 받아들이는 거지. 중요한 건 그 불안을 받아들일 힘이 있어야 된다고 봐. 은오가 그런 힘이 생긴 건가?

권은오 그런 것 같아요. 열여덟 살 언제부터인가 그게 살짝 바뀌었어요. 사실 엄마가 대학을 추천했거든요. 대학에서는 배우고 싶은 거를 좀 더 깊이 배울 수 있으니까요. 그래서 고민이 컸어요. 저에게 가장 영향력이 큰 엄마가 추천하니까 생각이 깊어지더라고요. 엄마가 강요는 하지 않으니까 스트레스 없이 일 년을 고민했는데, 지금 당장은 가고 싶지 않은 제 마음을 그대로 인정했죠.

이동철 지금은 필요하지 않은 거구나.

권은오 그렇게 생각하니까, 그 불안한 마음이 조금은 나아졌어요. 내가 원하지 않으면 가지 않는 게 맞잖아요. 고등학교에 대한 제 결정이 만족스러웠기에 지금 이렇게 지내는 것도 괜찮다는 확신이 들었어요.

이동철 확신? 오~ 멋지다.

권은오 그래도 기본적인 불안은 있어요. 내년에 뭐 하지? 군대는 언제 가지? 뭐 이런 정도요.

이동철 아무것도 하지 않으면 불안하잖아. 할 게 없으면 또 불안하잖아. 옆에 친구들은 무엇을 계속하고 있는데 나는? 이런 생각을 하면 불안의 연속이잖아. 그래서 뭘 자꾸 하게 되지. 그래서 학교도 다니고, 학원도 다니고, 대학교도 다니고. 그런데 안 할 수 있는 힘이 생기는 건 굉장히 중요한 것 같아. 반대로 얘기하면 나는 언제든지 할 수 있다는 자신감일 것 같기도 하거든. 은오도 그런 것 같아.

권은오 저도 그런 거였으면 좋겠네요. 하하.

류하영 그렇게 보여.

이동철 은오 너는 3년 동안 혼자 있는 시간이 많았잖아. 고민도 하고 힘
들기도 했는데 그런 시간들이 지금의 은오를 만들었구나 하는 생
각이 드네.

권은오 처음 일 년, 그다음 일 년, 그다음 일 년이 조금씩 달랐던 것 같
아요. 지금은 적당히 불안해요.

이동철 하고 싶은 건 없니?

권은오 내년엔 뭘 하든 될 것 같은 느낌은 있어요. 지금 당장은 대책 없
이 산다는 생각도 살짝 들지만, 지금은 영화 보는 게 너무 재미있
고 좋아서 그만 해도 충분하다는 느낌이 있어요.

이동철 좀 더 구체적으로 물어볼게. 은오는 지금 엄마에게 경제적으로
지원받고 있잖아. 지금은 알바를 하고 있긴 하지만 이제 나이가
들면 자립에 대한 고민이 더 커지지 않을까?

권은오 제가 요즘 용돈을 끊었어요. 알바는 경험 삼아 한 건데 그 경험
이 너무 좋았고 또 많이 배웠어요. 용돈을 안 받은 지는 일 년쯤
되었어요. 그게 지금 저한테 가장 큰 성취감인 듯합니다. 그래서
올해가 너무 만족스러워요.

이동철 하하. 좋다.

권은오 요즘 이런 생각도 해요. 엄마가 집을 제공해 주시잖아요. 저는

요즘 그것에 감사함을 느끼거든요. 태어나서 자라는 동안 부모의 양육은 당연한 것일 수 있는데 지금 이 나이까지 따뜻하게 지낼 수 있는 공간을 제공받고 있다는 것이 충분히 감사해졌어요. 엄마가 농사를 지으시니 고수익이 나지 않잖아요. 그걸 보면서 이 정도 벌어도 되겠구나 하는 생각도 들고요. 현재는 제가 조금씩 자립하면서 엄마의 짐을 덜어 주는 것 같아 너무 좋아요.

이동철 은오는 집에서 배우는 게 참 많구나.

권은오 스타일이 다른 것 같아요. 학교를 가서 많은 관계를 맺으며 배우는 사람도 있지만, 저는 사람을 적게 만나는 편이고 혼자 생각하는 게 편해요. 여러 사람과 교류를 해서 얻는 것보다는 혼자 계속 생각을 해서 얻는 게 더 확신이 생겨요. 저는 제 생각이 맞는 것 같아서 자신감이 생기더라고요.

이동철 자신감이라…….

권은오 누군가 저에게 '내년에 뭐 할 거야?'라고 물으면 '그냥 적당히 해도 뭐 괜찮을 것 같은데?' 이렇게 대답해요.

이동철 은오의 진심을 모르고 이런 얘기를 들으면 '대책 없는 인간이구나.' 이렇게 생각하겠지? 하하.

류하영 은오는 맑은 눈빛처럼 참 훌륭하고 멋진 생각을 가졌어요. 자랑스러운 후배입니다.

아빠가 본, 아들의 여행 준비

(아래는 낙운중학교 여행 수업과 관련하여, 아들의 여행 결정과 준비 과정을 지켜본 한 학부모 아빠가 SNS에 올린 글이다. 여행 수업에 대해 부모들이 어떻게 생각하는 지를 엿볼 수 있다. 아빠의 글에 아들도 답글을 달았다.)

안녕하세요. 3학년 박지훈 아빠입니다. 지훈이가 낙운중학교에 입학한 게 엊그제 같은데 벌써 3학년이 되었네요. 아이만 덜렁 맡겨 놓고 신경을 많이 못 쓴 것 같아서 선생님들께 여러모로 죄송한 마음이 드네요. 그래도 시간은 흐르고 아이들에게 아끼지 않고 애정과 관심을 주신 선생님과 여러 학부모님들 덕분에 몸도 마음도 몰라보게 성장한 아이들을 보면서 깊은 감사의 마음을 전합니다.

지훈이가 여름 방학 기간에 홀로서기 여행을 다녀오기로 했습니다. 근심과 걱정이 크지만 이 또한 아이가 성장하는 과정이라 생각합니다. 온실 안에서 안전하게 보호만 할 일이 아니라 위험에 대비할 수 있도록 충분히 가르치고, 부딪혀 볼 수 있는 기회를 주는 것도 어른으로서 할 도리라 여겨집니다.

공교육은 공적으로 합의된 교육관의 범주 안에서 아이들이 건강하게 성장할 수 있도록 도와주는 울타리라고 생각합니다. 그와 동시에 각 가정에는 각자가 지향하는 교육관이 있고, 그런 다양한 교육관을 경험하며 서로 영향을 주고받는 것도 공교육의 울타리 안에서 아이들이 성장할 수 있는 크나큰 혜택이 아닐까 하는 생각도 해 봅니다.

그런 취지로 지훈이의 여행 준비 과정과 여행의 내용을 여러분들과 공유하는 게 어떨까 하는 생각에, 개인적인 생각을 적었던 글을 밴드에 공유해 봅니다. 개인 페이스북 담벼락에 올린 내용이라 일기 형식으로 쓴 점 양해 바랍니다.

그냥 놔두기로 했다

중학교 3학년인 둘째 녀석이 혼자 강릉 쪽으로 3박 4일 여행을 다녀오겠다는 선포를 했다. 학교에서 3년간 진행한 여행 융합 수업의 경험이 그런 용기를 불어넣어 주었으리라.

여행 융합 수업은 일반적인 학교에서 진행하는 수학여행과 달리 학생들이 스스로 여행을 계획하고, 각자 임무를 분담해서 조별로 서로 다른 지역을 소수의 인원으로 여행하는 수업이다. 교사가 동행하지만 그림자의 역할만 할 뿐 모든 일정 진행은 온전히 학생들의 몫이다. 학생들 스스로 여행지를 결정하고 교통, 숙박, 식사, 관람 및 체험 비용, 해당 지역에 대한 배경지식 등을 광범위하게 조사하고 치밀하게 준비한다. 그럼에도 현장에서 발생하는 변수가 많아서 경험이 미숙한 중학생들이 진행하기에는 쉽지 않은 수업 방식이다. 그림자라고는 하지만 선생님 입장에서는 더더욱 신경이 쓰이고 힘든 방식이기도 할 것이다.

하지만 참 다행스럽게도 둘째가 다니는 낙운중학교에서는 지난 몇 년간 착실히 여행 융합 수업을 안전하게 성공적으로 진행해 왔고, 그 경험은 아이들에게 커다란 자산으로 자리매김하게 되었다.

딴에는 지난 여행 융합 수업으로 다녀온 강릉에 대한 기억이 좋았는지 다시 한번 다녀오고 싶었나 보다. 그것도 혼자서 편하게 말이다. 한 달쯤 전인가 스스로 생각해도 좀 무리한 여행일 수 있다고 생각했는지 부모님과의 일전을 각오하고 나름 결연한 자세로 여행을 다녀오고 싶다는 말을 꺼냈다.

"아버지, 이번 여름 방학 때 저 혼자 강릉 지역으로 여행을 해 봤으면 하는데요."

"그래라."

쏘쿨하게 신속한 답변을 해 주니 저도 좀 허무했나 보다. 사실 스스로 가겠다는데, 반대할 이유가 별로 없어 보였다. 그저 얼마나 철저히 준비하고, 계획적으로 다녀오는지를 점검해 주면 그만이었으니까. 일부러라도 시키려고 했는데, 먼저 요구했으니 나로서는 땡큐일 뿐.

조건은, 스스로 계획하고 여행 경비도 스스로 마련한다는 것. 하지만 중학생 신분으로 마련하기에는 여행 경비가 만만치 않았고, 교통비를 제외하곤 용돈도 거의 주지 않는 터라 몇 가지 조건을 제시하고, 알바의 형식으로 여행 경비를 지원하기로 했다.

마당 데크 오일스텐 칠하기, 울타리 보수, 마당 잡초 제거, 반려견 배설물 치우기, 기말시험 일정 수준으로 준비하기, 핸드폰 사용 시간 줄이기 등 제법 메리트 있는 조건들을 제시하고, 그에 따른 보상으로 비용을 주기로 했다.

솔직히 지켜보는 입장에서는 속이 터졌다. 자신의 의지만큼 행동이 따라주지 못하니 말이다. 그래도 그저 방관자처럼 지켜보기로 했다. 약속했던 여행 일정이 채 보름도 남지 않았는데, 아직까지 계획서 작성도 하지 않기에 두어 번 경고를 줬다. 사전에 준비가 제대로 되지 않으면 여행은 백지화한다고. 마음이 급했는지 서둘러 계획서를 작성하고, 이것저것 알아보는데 시작부터 난관에 부딪혔다. 숙박 시설 비용이 만만치 않으니 인근의 찜질방을 이용할 생각이었는데, 미성년자 혼자 찜질방에서의 숙박은 업장에서 대부분 금지하기 때문이었다. 모텔이나 호스텔, 게스트하우스 등도 부모 동의서를 지참한다고 해도 대부분 꺼리는 분위기였나 보다. 충분히 납득이 되는 사항이었다. 숙박이 해결되지 않으니 노숙이라도 하겠다는 과도한 의지를 보이기에 숙박 문제는 개입해 주기로 했다. 하지만 그 과정에서 인터넷에 올라온 강릉 숙박업소란 숙박업소는 아들 녀석이 직접 다 연락해서 거절의 쓴맛을 충분히 느껴 봤으니, 그 정도면 충분한 경험이 되었으리라 본다.

강릉 시내에 있는 게스트하우스에서 부모 동의서 지참을 조건으로 3일간 숙박을 허락해 줘서 어렵사리 숙소는 구했는데, 최초 계획보다 숙소 비용이 3배는 더 추가되었다. 애초에 찜질방 비용을 숙박비로 책정한 것부터가 착오였다. 결국 예산 계획 전체를 다시 수정해서 예산을 절감했는데, 어처구니없게도 식대를 50퍼센트 삭감했다.

끼니당 만 원 책정했던 식대를 절반으로 줄였으니 5만 원 정도의 예산이 줄긴 했지만 매 끼니를 5,000원으로 해결하겠다고 하는데, 이걸

어쩔까 하다가 그냥 놔두기로 했다. 고생하려고 여행 간다는데 고생해 봐야지.

새끼, 많이 컸다.

아들의 답글

준비도 제대로 하지 않는 철없는 아들의 투정을 너그러이 받아 주신 부모님께 너무 감사합니다. 준비하면서 저 스스로도, 부모님을 통해서도 부족한 점을 많이 느끼고 찾은 것 같습니다. 게으르게 시간 낭비만 하다가 급하게 짠 계획이지만 아들 한 번만 더 믿어 주시고 지켜봐 주세요. 그리고 아버지의 글을 읽고 응원해 주신 모든 분들 감사합니다. 많이 배우고 더욱 성장해서 돌아오겠습니다!

인생은 여행이다

(아래는 박지훈이 실제로 혼자만의 여행을 다녀와서 쓴 글이다. '인생은 여행이다.' 라며 혼자 여행을 떠나 보겠다고 했다. 이 자신감은 어디서 왔을까? 지훈이는 도서 부장으로 2023년 5월 강원도로 여행 융합 수업을 준비하고 다녀왔다. 부장으로 후배들을 챙기느라 여행에 아쉬움이 많이 남았나 보다. 홀로 여행은 2023년 여름 방학에 이루어졌다. 2024년 올해 졸업한 박지훈은 고등학교를 선택하지 않았다.)

홀로 떠난 강릉 여행

"인생은 여행이다." 내 인생철학이다. 16살짜리가 뭔 인생철학이냐 할 수도 있겠지만 글쎄, 인생철학을 가지고 있는 사람이 우리나라에 몇이나 있을까?

올해 초, 할머니 생신을 축하해 드리고 싶어서 상주에서 인천까지 혼자서 버스와 지하철을 이용해서 할머니 댁까지 가 본 것, 이것이 내 인생철학의 시작점이었다. 배낭에는 옷 한 벌과 용돈 2만 원, 그리고 교통카드가 전부인 꽤나 무모한 여행이었음에도 가는 길은 상당히 재미있었다. 모든 것이 마냥 신기하기만 했던 서울, 지하철과 기차 안에서 봤던 도시의 풍경, 그때부터 나는 여행의 매력에 푹 빠져 버렸다.

내가 생각하는 최고의 여행은, 바로 혼자 떠나는 여행이다. 주변 사람들은 혼자라면 외로움을 많이 탈 거라고 생각하지만, 나는 혼자 노는 걸 굉장히 좋아한다.

이번 여름 방학에 나는 강원도 강릉시로 3박 4일간 홀로 여행을 떠났다. 학교에서 떠난 여행 융합 수업에서 우리 부서가 갔던 일정을 내 스타일로 조금 바꿔서 떠났는데, 솔직히 부서 애들 끌고 갔을 때는 애들 신경 쓰느라 강원도의 매력을 거의 못 느꼈다. 그게 너무 아쉬워서 여름 방학 때 다시 가겠다고 굳게 다짐했다. 하지만 학교의 지원 없이 떠나는 여행은 예상보다 훨씬 어려웠다. 계획부터 막히는 게 한두 가지가 아니었고 의지할 어른도, 고통을 나눌 일행도 없는, 믿을 거라고는 나 자신밖에 없는 환경이라는 걸 느끼고 '가지 말까?'를 수십 번은 생각했다. 그런데 막상 한 번 해 보고 나니 또다시 가고 싶다는 생각이 진짜 많이 든다.

이때 떠난 여행은 나의 홀로서기의 시작점이다. 지금부터 할 이야기는 중학교 마지막 여름 방학의 여행과 그 여행에서 내가 찾은 삶의 방향에 대한 이야기다.

계획

중학교 3학년 학생의 신분으로 뭘 해 보려고 하니까 되는 게 없었다. 잘 곳도 없고, 돈도 없고, 험한 세상에 대한 경험도 없어서 갑작스러운 상황에 대처할 능력도 부족했다. 사실 본격적으로 계획을 세우기 시작하니 덜컥 무서운 마음이 들어서 여행 출발 2주 전까지 탱자탱자 놀면서 시간을 보냈다. 이런 식이면 여행을 보내줄 수 없다는 엄마 아빠의 말씀을 세 번째 들었을 때 정신을 차리고 본격적으로 계획에 착수했다. 아무리 낙운중학교에서의 여행 수업 경험이 있다고는 하지만 2주라는 시간은 생각보다 상당히 빠르게 흘러갔다. 반면 진행도는 상당히 느렸다. 그래서 문제 상황에 대한 대응 방안 같은 건 하나도 되어 있지 않았고 사전 조사도 부족했다. 사실 낙운중에서 한 경험을 과신해서 오만했던 것도 있었다. 그래도 여행 수업을 주도해서 여섯 명 치 여행 계획을 세워 본 경험 덕에 어떻게든 계획의 구색은 갖출 수 있었다.

출발 날짜도 4일 전에 정해졌을 정도로 정말 급조된 계획이었다. 도서부의 여행 수업 계획을 기반으로 세우지 않았다면 아마 출발도 못했을 것이다. 하지만 그렇다고 후회되지는 않는다. 급조된 계획과 연속된 실패 속에서 결국 나는 세상에서 가장 값진 보물을 얻어 냈으니까.

1일차

대망의 여행 출발 당일 새벽 6시. 서울 가는 첫차에 몸을 실었다. 누나와 남동생도 서울 구경한다고 같은 버스에 탑승했는데 이동 시간 중 대부분을 자면서 보내느라 딱히 특별한 건 없었다. 서울에 도착하니 9시쯤 되었고 버스 터미널에서 아침을 먹은 뒤 형제들과 헤어져서 정선 가는 버스를 탔다. 그때부터가 본격적인 여행의 시작이었다. 대략 2시간 30분 정도 고속도로를 달리는 동안 차창 밖의 풍경을 보며 여러 가지 생각에 빠졌다. 이때가 여행에서 가장 편안하며, 좋아하는 시간이다. 마음껏 나 자신과 대화할 수 있는 시간이기 때문이다. 지루하다는 사람들도 많지만 나는 여행지로 가는 과정 자체를 더 좋아한다.

아이유의 노래를 반복 재생하며 창밖의 풍경을 보고 있으니 어느새 정선 터미널에 도착해 있었다.

기운차게 힘을 잔뜩 넣은 채로 정선 땅을 밟았는데, 곧장 세웠던 계획이 무너졌다. 본래 첫 일정은 정선 화암동굴에 방문하는 것이었는데 강원도의 교통이 형편없다는 사실을 간과했다. 정선 터미널에 도착한 시각이 정오였는데 터미널에서 화암동굴까지 가는 버스는 오전 11시가 마지막이었다. 오후 4시부터 버스가 다시 있기는 했으나 그때 출발하기에는 뒤의 일정에 시간이 모자랐다. 완전 멍한 상태로 어떻게든 계획을 살려 보려고 했지만, 첫 단추를 잘못 끼우다 못해 부숴 버렸으니 잘 풀릴 리가 없었다. 목적지를 화암동굴로 정해 놓고는 어떻게든 방법을 찾아보았지만 어림도 없었다. 은행에서 더위를 피하며 정선의 취약한 교통을 탓하다가 결국 4시 버스를 타기로 결정하고 밖으로 나왔다. 급한 마음에 일단 정선 터미널에서 아리랑시장까지 이동했다.

처음부터 계획이 박살 나서 그런지 대충 시장이라도 구경해야겠다는 생각으로 아리랑시장에 들어갔다. 정선 오일장이 유명하기는 했지만 시장은 작은 규모였기에 별 기대는 하지 않았다. 그러나 생기 도는 사람들의 목소리와 친절하게 장사하시는 아주머니들, 공짜로 시식할 수 있었던, 맛을 잊을 수 없는 강정과 버섯 그리고 1500원짜리 시원한 미숫가루 등으로 처음에 겪은 정신적인 충격을 이곳에서 완전히 회복할 수 있었다.

그렇게 시장을 둘러본 뒤 다시 발걸음을 옮겼다. 시간이 굉장히 애매하게 남기도 했고 딱히 가고 싶은 곳도 없어서 무작정 걸어 보기로 했다. 시내 곳곳을 돌아보니 사람 사는 정겨운 분위기가 나를 무척 편안하게 했다. 시내로 들어가는 입구에 긴 다리가 있었는데 이 다리를 지날 때 마주친 풍경은 정말이지 입이 떡 벌어질 정도였다. 큰 산과 그 밑으로 흐르는 강은 내가 살고 있는 상주에서 보지 못했던 아름다움이었다. 다리 밑으로 산책로가 쭉 이어져 있었는데, 나는 주저 없이 그 길을 따라 천천히 걸었다. 애매한 시간이긴 했지만 다음 버스까지 세 시간 정도가 남아 있는 상태였으므로 그 정도 거리를 산책할 여유는 충분했다.

여행에서 돌아온 뒤 가장 기억에 오래 남는 장면이 가장 좋았던 순간이라고 한다. 나는 이번 3박 4일의 일정 중 산과 강 이외에는 아무것도 없는 이 풍경 속을 걸었던 것이 가장 좋았다. 첫 단추를 잘못 끼웠지만, 그것이 오히려 이런 특별한 경험을 선물해 줬다. 이때 내가 한 일은 진짜 그냥 걸은 게 전부이다. 아주 천천히, 거북이만큼 느리게 걸은 게 전부인데 그렇게 걷다 보니 보이지 않던 게 보이고, 들리지 않던 게 들리고, 느끼지 못했던 걸 느낄 수 있었다. 작은 풀들의 아름다운 흔들림, 더위를 식혀 주는 시원한 바람, 강물 흐르는 소리, 산새들 우는 소리, 도무지 끝을 알 수 없는 높은 산들. 길이 끝났을 때 나는 진심으로 아쉬웠다. 천천히 걷는 것만으로 이런 경험이 가능한 것이 마냥 신기했다. 사람들이 거의 찾지 않는 길, 그 길에 보물이 숨어 있었다.

여행을 마친 지금도 화려한 관광지보다 그 길에서 겪은 신기한 경험이 더 좋았고 기억에 남는다. 어떻게 이런 경험을 했을까 생각해 보면, 목적지가 없었기 때문에 가능했던 게 아닐까 싶다. 목적지 없이 발길 닿는 대로, 저 산을 지나쳐 봐야지, 이 강을 건너 봐야지 같은 단순한 목표를 끊임없이 세우고 또 세우다 보면 결국 내가 원하는 목적지에 도달할 수 있다. 실제로 그렇게 나는 정선의 색다른 매력을 느끼며 버스터미널로 돌아왔다. 전혀 의도한 것은 아니었는데 어느새 다시 원점으로 돌아왔다. 약간 틀어지긴 했지만 배우고 느낀 것은 원래 계획보다 훨씬 컸다. 그리고 마무리는 계획에서 크게 벗어나지 않았다. 3개월이 훌쩍 지난 지금까지도 생생하게 그때의 감각이 남아 있다.

이후에는 정선의 청소년센터 아리하랑(흥미롭기는 했으나, 시설 외에는 개인적으로 주목할 만한 건 없었다.)에서 잠시 휴식을 취했다. 그런 뒤 저녁으로 짜장면 한 그릇 먹고 나서 강릉 가는 버스에 몸을 실었다. 1일 차의 경험은 이렇게 마무리되었다.

2, 3일 차

숙소에서 하룻밤 자고 일어나서 강릉시립미술관으로 향했다. 미술관은 강릉 시내가 한눈에 보이는 언덕에 있었는데 전시회를 보기 전 내 마음을 정말 들뜨게 하는 풍경이었다. 당시 미술관에서는 자폐 화가 이장우의 전시가 열리고 있었다. 역시 예술의 재능은 사람을 가리지 않는다. 그의 작품은 매우 아름다웠다. 더구나 전시회를 3개월 앞두고 여러 작품이 불에 타서 소실되었음에도 불구하고 절대 포기하지 않는 그의 예술혼은 나를 감동시키기에 충분했다. 예술 정신 앞에서 장애는 결함이 되지 않음을 다시 한번 느꼈다.

이후 주문진항으로 가야 했는데 정반대의 버스를 타 버려서 두 달 전 도서부의 숙소가 있던 영진해변에 이르게 되었다. 한 번 와 본 곳이기도 했고 시간도 여유로워서 반가운 마음으로 둘러보았다.

이후, 다시 주문진항에 있는 주문진등대를 발견했다. 거긴 정말 아무렇게나 사진을 찍어도 작품이 되는 그런 곳이었다. 지브리 애니메이션 〈마녀 배달부 키키〉에 나오는 '바다가 보이는 마을'이라는 노래가 생각나는 풍경이었다. 경치에 푹 빠져서 한 시간 동안 감탄만 했다. 그러다 버스를 또 놓쳐서 주문진시장까지 걸어갔다. 바다가 보이는 길을 걸으니 정선과는 다른 매력을 느낄 수 있었다.

이날은 여러 사정이 생겨서 일정을 여기서 마무리했다. 도서부 여행 융합 수업을 완전히 업그레이드 시켰다는 느낌이 드는 2일 차였다.

3일 차의 첫 일정은 오죽헌이었다. 역사 유적의 매력은 위인들이 살았던 시대의 것들을 몸으로 느껴볼 수 있다는 것이다. 여행 융합 수업에서는 시간이 모자라서 제대로 보지 못했었는데 하나하나 제대로 살펴보니 정말 감동이 밀려왔다. 신사임당 때부터 오죽헌에서 자라던 율곡매라는 나무는 600년이 지난 현재까지도 고운 자태를 유지하고 있었는데, 내가 마지막으로 갔을 때는 더위로 인해 무척 쇠약해진 모습이었다. 세월을 이길 수 있는 존재란 없구나 하면서도 무척 뜻깊은 고목이 사라지는 것에 대해 아쉬움이 더없이 컸다.

그렇게 오죽헌을 둘러보고 향한 곳은 강릉의 미술관 하슬라아트월
드였다. 지난 도서부 여행 수업 때 어마어마한 규모를 자랑하는 이 미
술관에 전시된 피노키오 시리즈를 보지 못하고 나온 것이 상당한 아쉬
움으로 남았었는데 이번 여행에서 그 한을 풀 수 있었다. 또, 서 있기
만 해도 아찔한 높이의 포토존에서 사진도 찍으면서 오랫동안 시달려
왔던 고소공포증 역시 어느 정도 극복할 수 있었다.

정동진 해변으로 이동해서 시간 박물관을 관람한 뒤, 강릉의 바다와
작별 인사를 하고 나니 뭔가 씁쓸한 기분이 들었다. 강릉에서의 마지
막 밤이 지나고 서울 가는 버스에 몸을 실었다.

4일 차

여행의 마지막 날. 나의 마지막 목적지는 아이유의 미디어아트 전시회
'순간'이었다. 데뷔 15주년을 맞이한 아이유는 15년간의 무수히 많은
아이유와 유애나(팬클럽)의 소중한 순간들을 미디어아트 형식으로 표
현했다. 나의 인생을 얘기할 때 빼놓을 수 없는 나의 연예인, 그 사람
이 살아온 흔적들을 지켜보는 것은 팬으로서 정말 뜻깊은 감동의 시간
이었다. 전시 중 홀로그램 기술로 녹화된 아이유가 자신의 노래를 불
러 주는데, 그 모습에 눈물이 날 뻔했다. 전시회를 다 관람하고 나니,
내 인생의 순간들이 나에게 어떤 의미를 가지는지 잠시 생각하게 되었
다. 그리고 '내가 살아갈 수많은 순간들은 어떤 모습일까?' 같은 고민
도 여러 차례 하게 되었다.

서울에서 행복한 시간을 보내고 상주에 도착한 버스가 시동을 멈추면서 나의 홀로 여행은 막을 내렸다.

삶의 방향

앞서 말했듯, 나는 이 여행에서 내 삶의 방향성을 발견할 수 있었다. 비록 여행 직후에는 알지 못했지만 지금 와서 생각해 보면 지금 나의 선택을 좌우하는 기준에서 이때의 경험이 끼치는 영향이 굉장히 크다는 사실을 알 수 있다. 나는 이제 진짜 홀로서기를 해 볼 생각이다.

'인생은 여행이다'라는 내 좌우명대로 나 혼자 힘으로 이 세상이라는 바다를 헤쳐 나가 볼 생각이다. 나는 고등학교를 가지 않을 것이고, 이 선택이 가지는 의미를 잘 알고 있다. 아직 개척되지 않은 길이기에 힘든 일이 많을 것도 알고 있고, 나 자신에게 실망해서 좌절할 수도 있을 거라는 것도 알고 있다. 또 100퍼센트 내 힘도 아니다. 결국은 타인의 힘을 빌려야 하니까, 정확히는 학교의 도움을 받지 않는 것으로 정정하겠다. 단순히 정보를 아는 것과 직접 경험해 보는 것은 완전히 다르다. 나는 지금 한 번도 경험해 보지 않은 미래를 살아가야 한다. 게다가 내가 선택한 미래는 정보조차도 부족하다. 정말 미련해 보이기도 하는 이런 선택을 한 이유는, 나에 대한 믿음이 있기 때문이다. 나는 올해 여름, 나 자신에게 내가 혼자서도 살아갈 수 있는 사람이라는 걸, 학교에 다니지 않는 것이 더 행복할 수도 있겠다라는 걸 증명했다. 다른 사람의 신뢰보다도, 사람들의 시선보다도 더 중요한 건 자신에 대한 이해와 믿음이라고 생각한다. 나는 이 결정을 바꿀 생각이 없다. 또한 앞으로 펼쳐질 미래가 두렵지 않다. 나는 이미 여러 번 실패를 딛고 일어섰고 깨지고 부서지면서 성장했다. 이런 경험을 하게 해 준 낙운중학교에 진심으로 감사하고 있다. 이 학교는 나라는 존재에 대해 끊임없이 의문을 품게 만들었고, 결국 나라는 존재에 대해 이해할 수 있도록 도와주었다. '바로 서는 나, 함께 성장하는 우리, NOW'라는 슬로건대로, 단체가 성장하기 위해서는 우선 단체를 이루는 개인과 개인이 자신에 대해 바로 알고, 자신을 완벽하게 이해해야 한다고 생각한다. 나를 먼저 이해했을 때 상대방을 진심으로 이해하고 공감할 수 있기 때문이다. "당신은 지금 그런 준비가 되어 있는 상태인가?"라고 묻는다면 그렇지 않다. 내가 하고 싶은 공부는 바로 이것이다.

'나에 대한 이해'. 이건 절대 일반 고등학교에서는 배울 수 없을 것이다. 학생들을 점수에 맞춰 대학 보내고 적당한 직장에 취업시키는 것이 행복한 삶이라고 믿는 곳이기 때문이다. 누군가에게는 그런 삶이 행복일지도 모른다. 하지만 적어도 그 길은 내가 가야 할 길이 아니다. 지금 우리나라의 학교에서는 학문의 본질을 가르쳐 주지 않는다. 나는 세상의 본질이 궁금하다. 그래서 처음 시작으로 나의 본질을 들여다보는 공부를 하고자 한다. 수학을 예로 들어 보자. 지금까지 나에게 현대 교육에서 수학이라는 학문을 왜 배우는지 알려 준 사람은 없었다. 초등학교와 중학교 2학년 때까지 수학이라는 학문은 정말 왜 하는지 모르겠는, 점수 잘 받는 것이 중요한 그런 재미없는 학문이었다. 그런데 올해 처음 알았다. 문제를 풀어내는 즐거움, 지금까지 배워 온 지식을 활용하여 새로운 문제를 해결하고 풀어 나가는 것, 성적을 떠나서 수학을 공부하는 것 자체가 너무 재미있었다. '문제 해결력'이 수학이라는 학문의 본질이라고 나는 생각한다. 내가 만약 규모가 큰 시내 중학교에 갔다면 이런 결론에 도달했을까? 절대 아니라고 확신한다.

　이번 홀로 여행에서의 가장 큰 수확은, 나에 대해서 정말 많이 알게 되었다는 것이다. 나는 느린 사람이다. 배움도 느리고, 습득도 느리다. 하지만 느리기 때문에 더 많이 배운다. 더 단단한 지식을 쌓는다. 나는 그렇게 성장해 가는 사람이다. 느리게 가는 과정에서 박탈감과 열등감을 느끼기도 하지만, 결국 그 과정에서 어떻게든 희망을 발견하고 행복을 손에 쥐고야 마는 그런 사람이다. 나는 나 자신을 믿고 이 길을 가고자 한다. 정선에서 겪은 경험처럼, 천천히, 느리게 걷다 보면 자연스레 목적지에 도달할 수 있다고 믿는다. 그 답이 틀린다면, 다시 시작하면 그만이다. 산산조각이 나면 붙여서라도 다시 걸을 것이다.

　언젠가 이 넓은 세상의 본질을 이해하는 것이 나의 목표이자 삶의 방향이다. 나는 나만의 학교에 가는 것이다. 배움이 있는 곳은 모두 학교가 아닌가. 내가 진심으로 배우고 싶은 것을 배우는 것. 나는 나에게 있어서 옳은 선택을 했다고 믿는다. 내가 배우고 싶은 '나에 대한 이해', 이것이 나만의 학생 자치이다. 낙운중학교에서 정해 준 기존의 틀에서 벗어나 내가 새롭게 설계하는 완전히 다른 학생 자치, 나에게 있어서 학생 자치란 나를 이해하는 것이다. 앞으로 펼쳐질, 내가 배우게 될 것들을 생각하면 가슴이 뛰고 하루하루가 기대된다. 행복하다. 내가 내 행복을 찾았다면, 주저 없이 그 길을 걸어가야 한다고 생각한다. 이건 결심도 아니고 각오도 아니다. '답지'이다. 내 인생이 행복해질 수 있는 나만의 답지. 나는 망설이지 않고 새로운 세계로의 여행을 계속 떠날 것이다.

미래학교 10년의 과정

세상의 모든 차이는 '할 말이 있는 것'과 '말을 해야 되는 것' 사이에 있습니다. — 존 듀이

변방의 혁신학교, 미래학교로

(이 글은 『오늘의 교육』 70호(2022년 9 · 10)에 기고한 「'변방'에서 이루어지는 새로운 실험」이다. 제목과 시간 등 내용을 약간 수정하여 다시 싣는다.)

변방과 중심은 결코 공간적 의미가 아니다. 낡은 것에 대한 냉철한 각성과 그것으로부터의 과감한 결별이 변방성의 핵심이다. 그렇기 때문에 변방이 창조 공간이 되기 위한 결정적 전제는 중심부에 대한 콤플렉스가 없어야 한다는 것이다. 중심부에 대한 환상과 콤플렉스가 청산되지 않는 한 변방은 결코 새로운 창조 공간이 될 수 없다. 중심부보다 더욱 완고한 아류로 낙후하게 될 뿐이다.(신영복, 『변방을 찾아서』, 135쪽)

경상북도 상주는 곶감으로 유명한 곳이다. 상주를 삼백(쌀, 누에, 곶감)의 고장이라고 부르기도 한다. 경주와 상주의 두 머리글자를 따서 '경

상도'라 이름지을 만큼, 옛날에 상주는 지역의 대표 도시였다. 하지만 지금 상주는 그럴듯한 문화재 하나 남지 않았고, 10만 명이 채 안 되는 인구로 아등바등 살아가는 인구 소멸 지역이다. 인근 지역과 마찬가지로 농업이 주를 이루고 있기에, 농촌의 삶을 기피하는 청소년들은 하루빨리 벗어나려고 한다. 이처럼 상주는 과거에는 중심부였으나 현재는 지극히 변방에 위치하고 있다.

경북형 혁신학교의 시작—내서중학교 시즌 1

경북은 진보교육감에 대해 꿈도 못 꾸는 곳, 아니 꿈만 꿀 수 있는 곳이지만 여기에도 혁신학교가 있다. 상주 남부초등학교는 이미 오래전부터 학교 혁신으로 소문이 나 있고, 이어 백원초등학교와 내서중학교에서도 혁신이 이루어졌다. 지금은 낙운중학교까지 추가되었고, 거기에다가 소리 소문 없이 교육에 새로움을 더하는 작은 학교들이 늘고 있다.

내서중학교는 지금으로부터 16년 전인 2008년 '작은 학교 살리기'로 시작되었다. 상주 시내와 20분 정도 떨어진 면 지역 중학교로, 학생 수가 점차 줄어 소멸이 진행되고 있었다. 전교생이 15명으로 줄어들 시점에 전교조 교사들이 중심이 되어 학교 살리기에 뛰어들었다. 교사들은 먼저 입시에만 집중된 교육 과정을 다듬고, 강사를 구하기 힘들다는 이유로 문화적인 소외를 받는 시골 학생들에게 인맥을 동원해 다양한 특기적성 교육을 받을 수 있게 했다. 백두대간 인근에 자리한 학교의 지리적 특징을 살려 세 구간으로 나누어 3년 동안 개교기념일에 걷기 프로그램을 만들고, 중등의 고질적인 문제인 교과 간의 벽을 낮춰 학생들의 단편적인 지식 암기가 아닌 융합적인 사고와 문제 해결을 위한 융합 수업(당시에는 통합 수업)을 진행했다. 현재도 이어지고 있는데, 3학년은 '인권과 평화'라는 주제로 도덕, 역사, 국어 과목을 교과 연계 융합 수업으로 진행하고 있다. 추가로 서울의 '수요집회'에 참석하고 '전쟁과여성인권박물관'을 견학하고 있다. 2학년은 '통일'을 주제로 도덕, 사회, 영어 과목이 연계 융합 수업을 하며 〈작은 연못〉이라는 영화를 보고 학교 인근의 '노근리 평화 공원'을 방문하고 있다. 1학년은 '생태와 환경'이라는 주제로 국어, 과학, 체육, 기술가정 과목이 연계 융합 수업을 하고 인근 생태체험장 또는 나각산 등반을 한다. 그리고 무엇보다 관리자에 따라 기존의 학교 교육 과정이 무시되고 학교의 교육 활동 방향이 정해지는 병폐를 막기 위해 일주일에 한 번 민주적인 교직원협의회 정착을 위해 많은 노력을 했다.

그러나 관리자의 노골적인 방해는 물론이거니와 교무실에 함께 있는 교사들도 수업 시수가 적어 편히 쉬러 온 세 개 학급의 시골 학교에서 이것저것 시도하고 진행하는 것을 부담스러워하고 싫어했다. 그럼에도 교직원 회의에 참석하지 않는 관리자를 어르고 달래기도 하고, 새롭게 가는 길이 못마땅한 교사들과는 밤새 논쟁하고 설득하는 작업은 해가 바뀌어도 계속되었다. 2012~2013년에 부임한 관리자는 교직원 회의에 참가하지 않는 것은 물론, 학교를 '빨갱이 학교'라고 외부에 소문을 내고 다닐 정도로 심각했다. 경북 그리고 상주의 보수적 지역 정서에 힘입어 그 소문은 빨리 그리고 널리 퍼져 나갔다. 그 시기에는 새롭게 시도했던 의미 있는 교육 활동들을 체계화하고 다듬기는커녕 지키기에도 급급했다. 그리고 전국적인 입시 위주의 경쟁 교육 분위기를 무시할 수 없었기에 학력과 다양한 활동의 두 마리 토끼를 잡기 위해 노력한 교사들은 힘들어했다. 그럼에도 불구하고 남부초등학교와 백원초등학교를 졸업한 학생들과 지역 혁신 교육에 관심이 있는 학부모와 학생들이 꾸준히 늘어 전교생 수가 40명이 넘게 되었다. 그렇게 내서중학교는 2008년에 시작한 6년 동안의 '시즌 1'을 마무리하고 2014년에 '시즌 2'를 시작하게 되었다.

경북의 혁신학교—내서중학교 시즌 2: 학생 자치

2014년에는 관리자도 바뀌었고 내서중학교의 교육 방향에 동의하고 경험 있는 교사들이 부임했다. 마침 혈기 왕성한 신규 교사가 함께 발령 받으며, 힘들게 자갈을 골라내고 거름을 넣어 일군 시즌 1의 밭에 현재를 즐기고 미래를 준비하는 학생 자치라는 시즌 2의 씨를 뿌리게 되었다. 이렇게 시작한 내서중학교의 학생 자치는 새로운 무엇인가를 만드는 게 아니라 기존의 학생회장 선거 과정을 학생들이 스스로 준비하고 진행하는 데에서부터 시작했다. 선거관리위원회를 학생들이 꾸리고 선거 과정을 진행했으며, 유명무실하거나 선도부 같은 교사를 돕는 부서들을 없애고 학생들의 복지와 활동에 필요한 부서를 만들어 일 년 동안의 부서 활동을 계획했다. 학생 자치 활동은 해가 거듭될수록 다듬어졌다. 선관위는 매년 두 팀(회장, 부회장 러닝메이트제) 이상의 후보가 나오도록 준비를 했고, 1차와 2차 후보 토론회를 통해 실현 가능한 공약이 만들어졌다. 선관위는 일 년 동안의 부서를 조직하고 부서의 활동을 구체적으로 계획하게 하거나 학생들의 생활에서 살핀 공통 약속 등 공통 공약을 제시한다. 각 후보들은 선거 운동원과 함께 선관위에서 제시하는 공통 공약과 팀별 공약을 만들어 선거 운동을 한다. 3월 한 달은 선거를 통한 학생 축제의 장이 된다. 선거 과정을 지켜본 후배들은 선배들이 멋있다고 하며 빨리 3학년이 되어 선관위도 하고 싶고 후보가 되어 선의의 경쟁을 하고 싶다고도 말한다.

'학교의 주인공은 학생이다.' '학교의 모든 행사는 학생들을 위해서 존재한다.' 그리고 '학생들은 교사의 수업을 일방적으로 듣고 외우는 수동적인 학습에서 벗어나 안전한 시공간에서 스스로 해 보는 경험을 하며 실패도 해 봐야 한다.'는 공감대가 학생 자치를 통해 자연스럽게 형성되어, 교사 주도의 신입생 오리엔테이션, 입학식, 백두대간 걷기, 체육대회, 축제, 졸업식 등의 행사를 학생자치회나 학년 또는 부서가 맡아 기획하고 진행하고 평가한다. 신입생 오리엔테이션은 2학년이, 입학식은 선배들이, 졸업식은 후배들이 준비하고 진행한다. 성적이나 활동이 우수한(?) 학생들이 중심이 되는 행사에서 모두가 주인공인 행사로 변했다. 백두대간 걷기는 행사부가 진행을 맡으면서부터 학생들이 싫어하던 산행에서 자연을 즐기고 느끼는 행사로 변했다. 축제는 1년 동안의 교육 활동을 정리하고 발표하는 학예 발표회를 넘어 영화제, 연극제, 종합 예술제를 번갈아 가면서 진행하여 모든 학생들이 세 개 분야에서 새로운 배움을 얻어 졸업하게 된다.

학생 자치를 통해 학교 행사를 학생들이 진행한다고 해서 교사의 역할이 줄어드는 것은 아니다. 학생들이 기획하고 진행하는 행사나 활동을 학교의 입장과 조율해야 하고, 또 학생들 스스로 할 수 있게 지원해야 한다. 오히려 일은 더 늘어난다. 학생들 기획의 성공 확률을 높이기 위해 교사들은 더 집중하여 지원할 수밖에 없기 때문이다. 그리고 행사를 학생들이 준비하고 진행하는 동안에 교사들은 학생들을 관찰하게 된다. 수업에서 볼 수 없었던 학생들의 생각과 모습을 보면서 교사는 학생들을 더 깊게 이해한다. 그 이해를 바탕으로 수업이 진행되니 더욱 알찬 수업이 된다.

학생들은 학교에서 수업을 통해서만 배움이 일어나는 것은 아니다. 학생들을 중심으로 한 여러 활동에서는 물론이고 친구, 선후배, 교사와의 관계에서도 배움은 일어난다. 그래서 내서중학교에서는 학생 자치 활동을 보장하기 위해 시수가 많은 국어, 영어, 수학, 사회, 과학 교과의 수업 시수를 줄이고 창체의 자율 활동 시간을 늘리는 교육 과정 개편을 진행했다.

경북의 혁신학교—내서중학교 시즌 2:
융합 수업의 확대와 평가의 변화

내서중학교의 시즌 1의 융합 수업은 아직도 진행 중이다. 그러나 교과의 벽은 너무 높다. 교과의 벽을 낮추기 위해 다양한 융합 수업을 시도했다. 한두 과목의 교과 내용이 맞으면 교과 진도를 조정하여 간단한 융합 수업을 진행했다. 무슨 주간이나 날을 정해서 하는 게 아닌, 교무실에서 티타임 시간에 자연스럽게 모여 제안하고 협의하여 만들어 갔다. 복잡한 서류는 필요하면 간소화하고 필요 없을 때는 생산하지 않았다.

내서중학교의 가장 큰 융합 수업은 이동 수업이다. 일 년 동안 학생들은 소풍, 야영, 수학여행 등 학교 밖에서 진행되는 다양한 체험 활동을 한다. 그러나 이런 활동은 의미는 있지만 많이 퇴색되기도 했기에 학생 자치와 결합된 여행을 통한 융합 수업이 필요하다는 제안에 모두가 동의하여 이동 수업을 기획했다. 학생들이 부서별로 여행 계획을 짜고 준비하고 진행하고 결과를 보고하는 이동 수업을 처음에는 2박 3일 동안 진행했다. 이동 수업을 위해 교사는 교직원 회의에서 학생들이 평소에 가기 힘든 지자체(강원도, 경상남도, 전라남도 등)를 선택한다. 그러면 학생들은 해당 시군 두 군데 이상을 선택해 모든 일정을 준비한다. 가야 할 숙박 시설도 검색하고 숙박 업체 사장님과 통화하며 가계약을 해야 한다. 또 맛있게 먹을 식당도 미리 찾아서 정해야 한다.

그리고 들어가는 모든 경비를 계산해서 계획서에 넣어야 한다. 1차와 2차에 거쳐 계획을 발표하며 서로 다듬어 주고 부족한 부분을 채운다.

여행의 공통 주제는 공정 여행이다. 그래서 모든 이동 수단을 대중교통으로 하고, 프랜차이즈나 편의점보다는 지역 식당이나 가게에 가기를 제안한다. 계획이 끝이 나면 각 부서에서 정한 주제로 여행이 시작된다. 교사들은 그림자다. 이동할 때 학생들을 따라만 다닌다. 안전하지 않은 경우에만 관여하고 모든 부분에 그림자로 존재한다. 이때부터 학생들은 집중력이 상승한다. 그림자 도움 없이 자기들끼리 스스로 해야 하니 맡은 역할을 점검하며 길을 찾아 나선다. 대부분이 버스를 잘못 탄다. 그럴 때도 그림자는 따라간다. 한 번 잘못 타 보면 다음부터는 물어서 탄다. 미리 정한 식당도 정기 휴일로 문 닫은 곳이 생긴다. 그러면 긴급회의를 통해 자신들이 새롭게 결정한다. 실패를 두려워 말고 해 보는 경험 그리고 성공하는 경험은 중요하다. 실패하는 경험은 더 중요하다. 학교라는 안전한 울타리 안에서 실패하는 경험은 다시 일어서고 다시 시도하는 용기까지 준다. 말만 '실패해도 괜찮아!'가 아니라 진짜 실패의 기회를 준다. 이렇게 이동 수업을 다녀오면 학생들은 힘들어한다. 그런데 얼마 지나지 않아 또 가고 싶다고 한다. 이동 수업은 배움의 효과가 높아 이제는 4박 5일로 진행된다. 4박 중 2박 3일은 부서별로, 2박 3일은 반별로 가면서 학생들의 배움의 기회는 더 늘어났다. 이동 수업을 다녀온 다음 주에 학생들은 보고서 작성으로 바쁘다. 보고서를 작성하고 여행을 정리하여 이동 수업 발표회를 한다. 각자 다른 곳에 다니며 경험한 것을 서로 나누며 웃고 박수 치는 시간이다.

많은 과목에서 이동 수업 보고서를 수행 평가로 한다. 내서중학교는 한 학기 두 번 치르던 지필 평가를 1회로 줄이고 비율도 20~30퍼센트로 낮췄다. 그리고 수행 평가를 권장하여 대부분의 과목이 70~80퍼센트로 수행 평가 비율을 확대했다. 이는 지식 위주의 암기 수업을 지양하고 학생들의 역량 성장을 위한 수업과 평가를 하겠다는 의미가 담겨 있다. 수행 평가의 비율이 높아지면 학생들의 부담은 는다. 그래서 이동 수업의 보고서처럼 학생들은 하나의 활동이나 결과물을 내고 과목별로 다양하게 평가하는 융합 평가를 늘리고 있다.

경북의 혁신학교—내서중학교 시즌 2: 진로 체험과 진로

학교에서는 다양한 진로 체험이 행해진다. 초등학교에서는 단순한 체험 위주의 다양한 활동이 필요하다. 그런데 중학교까지 단순한 진로 체험이 이어지는 것은 문제가 있다. 중학교부터는 제대로 배우기가 필요하다. 내서중학교에서는 1학기에 지필 평가를 마친 후 방학하기 전까지 다양한 진로 활동이 펼쳐진다. 전교생이 몇 가지의 진로 활동 중 선택을 한다. 서각을 해서 공동 작품을 만들어 학교에 남기거나, 고물상에서 구한 다양한 철 재료를 용접으로 붙여 작품을 만드는 '정크 아트'를 하기도 한다. 학교 공간 혁신 사업으로 잘려진 나무를 버리지 않고 켜서 학생들이 원하는 문구를 새겨 광장을 꾸미기도 한다. 이런 배움을 거친 3학년들은 자신의 진로에 대해 고민이 많다. 일반적인 중학교에서는 내신 성적으로 특목고, 일반고, 특성화고 등을 선택하지만 내서중학교는 다르다. 공부를 더 하고 싶고 성적이 받쳐 주는 학생들은 특목고에 가기도 하지만, 내신 성적이 높아 어디든 갈 수 있는 학생들이 고등학교 진학을 선택하지 않는 경우도 생겼다. 시즌 1에서는 입시 또는 취업 위주의 고등학교 교육이 필요하지 않다고 생각한 학생들은 충남 홍성의 풀무농업고등기술학교에 진학했었다. 그런데 시즌 2에서는 풀무농업고등기술학교뿐만 아니라 경남 산청의 간디고등학교, 전북 무주의 푸른꿈고등학교, 김제의 지평선고등학교 등 다양한 대안학교를 선택하기도 했다. 혹은 아예 고등학교를 진학하지 않고 지역에 남아 각자의 공부를 하는 학생도 많아졌다. 그 결과 덴마크의 애프터스콜레efterskole와 비슷한 상주 청소년 인생학교 '쉴래'가 만들어졌다. 남들이 다 가는 학교에 진학하지 않고 중학교 생활 3년 동안 자신을 발견하여 자기에 맞는 길을 선택하는 학생들을 위한 학교이다.

경북의 혁신학교—내서중학교 시즌 2: 교직원과 학부모 자치

내서중학교에서는 새롭게 부임한 관리자의 도움도 있었다. 그들은 외부의 소문을 그대로 믿지 않고 안에서 움직이는 교사들의 노력에 관심을 가졌다. 교직원협의회에도 참석했다. 이렇게 교육 활동을 자발적으로 계획하고 진행하는 교사들을 교직 생활 동안 잘 볼 수 없었기에 대부분의 기획은 인정했으나, 융합 수업의 방향은 편향되었다며 열띤 토론을 벌이기도 했다. 나중에 안 사실이지만 지역에서 '빨갱이 학교'라는 오명을 벗기 위한 나름의 노력이었다. 그래서 6.25 전쟁기념관 견학 등을 융합 수업에 넣어 슬기롭게 해결했다. 그다음 관리자는 교육청 장학사 출신이었다. 부임하고 얼마 되지 않아 지금까지 해 온 교육 활동을 완전 신뢰했다. 교직원 회의를 존중하고 자발적으로 노력하는 교사들을 응원하고 지지했다. 교사는 교과서나 교과 진도에서 벗어나기 힘들지만, 그것에 연연하지 말고 학생들에게 꼭 필요한 것만 가르쳐 달라고도 했다. 너무나 고마운 말이었다.

관리자가 참석하여 결정에 한 표를 가지는 민주적인 교직원 회의가 정착이 되었다. 일주일에 한 번, 두 시간 정도의 회의는 외부 강사가 학생들을 만나고 있는 때 일과 중에 진행한다. 부서의 일을 알리는 전달식 회의가 아닌 학교의 교육 과정 전반을 심도 있게 협의하는 시간이다. 이 회의에서 결정된 사안은 곧바로 진행된다. 결정된 안이 교장실에 가서 몇몇 사람들이 협의해 다시 바뀌는 일은 일어나지 않는다. 학생 자치를 하려면 교직원 자치부터 이루어져야 하지 않을까? 그래야 학생들에게 떳떳할 것이다.

학부모 자치는 매우 어렵다. 학생이 초등학교를 졸업하면 대부분의 부모들은 학교에 신경을 쓰지 않는다. 그저 공부만 열심히 하라고 한다. 오히려 학원 스케줄 짜기에 바쁘다. 학교 교육 활동에 크게 관심이 없으며 설사 관심이 있다 하더라도 내 아이에게만 집중되어 있다. 그런데 내서중학교 학부모회는 달랐다. 이름도 '다내아이'이다. 이름에서 알 수 있듯이 모든 학생을 내 아이처럼 여기고 학교 교육 활동을 이해하고 참석해 주기를 권한다. 기본적으로 독서 활동을 지원하고 교육과정 설명회와 교육 활동 평가회에 참석하여 교직원과 함께 소통한다. 더불어 학부모회 동아리도 운영한다.

경북의 혁신학교—내서중학교 시즌 2: 공간 혁신

2020년 공간 혁신 및 그린스마트미래학교 사업이 시작하기도 전인, 2017년부터 내서중학교는 공간 혁신이 이루어졌다. 우레탄 파동으로 운동장에서부터 고민이 처음 시작되었다. 운동장은 체육 수업만 하는 교실이 아니라 더 넓게 그리고 더 다양하게 사용하자고 학생, 학부모, 교직원이 모여 밤 늦게까지 협의했다. 운동장이 대규모 전쟁 훈련이나 신사 참배의 장이었던 일제의 잔재를 청산하고 축구장과 트랙이 중심이 아닌 학생 수를 고려해 다양한 체육 활동을 할 수 있는 공간으로 만들었다. 이로써 운동장에는 다양한 경기장(축구장, 풋살장, 농구장, 야구장 등)과 다른 교과 교육 활동이 이루어지는 장, 학생들의 쉬고 놀 수 있는 놀이터(트리하우스)와 학교 숲, 동적인 운동을 원하지 않는 학생들을 위한 산책로 등이 조성되었다. 함께 상상했던 것들이 현실이 되자 자신감을 얻어 다른 공간들에 대해서도 변신을 시도했다. 이로써 다목적으로 활용도가 높은 공간들이 탄생했다. 예산 투자가 없어 낙후되거나 한 개의 교과만 사용할 수 있는 비효율적인 공간이 아닌, 많은 교과가 번갈아 사용하며 융합적인 수업을 할 수 있는 안전하고 멋진 공간이 만들어졌다. 공간 혁신으로 인해 교실(공간)이 다양한 수업에 활용되고 쾌적하고 안전한 공간이 학생들에게 제공되었다.

경북의 혁신학교―내서중학교 시즌 2: 시스템과 지속 가능성

이렇게 내서중학교에 대한 소문은 '빨갱이 학교'에서 '공립형 대안(혁신)학교'로 바뀌었다. 학생 수는 점점 늘어 60명이 넘었다. 그러자 새로운 고민이 생겼다. 학생 자치를 중심으로 한 학교 교육 과정은 최대 한 학년에 20명 정도로 맞추고 학교 교실과 공간도 그 정도의 크기로 바꿔 나갔는데, 학생이 60명이 넘으니 과부하가 왔다. 학생 한 명 한 명을 관찰하며 지원해야 하는데 그렇지 못했다. 학생자치회도 학생들이 많아져 생기는 새로운 문제들로 힘들어했다. 모두가 주인공인 입학식과 졸업식도 시간이 길어져 두세 시간은 기본이 되었다. 더구나 이런 교육 방향이 입시에 도움이 되지 않는다고 불만을 가지는 학부모도 생겨났다. 그래서 학교 설명회의 방향을 바꾸었다. 내서중학교는 이런 학교이니 이런 교육 활동을 하고 싶은 학생과 이를 지지하는 학부모만 선택해 달라고 요청했다. 그러면서 입학식 때 '선행 학습을 하는 학원과 과외는 받지 않겠다.'는 서약서를 작성했다. 이것은 단순한 지식 위주의 교육에서 변혁적 역량 중심의 미래 교육에 대한 제안이었다. 내서중학교는 시즌 1의 두 마리 토끼에서 한 마리 토끼로 완전히 변하지는 않았지만 현재의 입시 교육을 넘어 새로운 미래 교육을 실천하는 그 시작을 열었다.

공립 학교의 특성상 5년을 근무하면 내신을 내고 다른 학교로 가야 한다. 주축을 이루던 교사들이 떠날 시기가 다가오면서 지속적인 교육 활동을 위해 시스템화하는 데 노력했다. 새로운 관리자와 교사가 와도 교육 활동의 의미와 방향이 퇴색하지 않는 쪽으로 가려면 어떻게 해야 할지 고민을 했다. 그러다 일단 교훈을 바꾸기로 하고, 운영위원회를 통해 원래 교훈인 '성실'에서 '스스로 서고 함께 가자'로 바꾸었다. 시즌 1 때부터 '홀로 더불어'라는 슬로건을 사용했는데, 시즌 2에서는 '스스로 서고 함께 가자'라는 슬로건으로 다듬어 쓰면서 모두의 입에 익어 교훈을 바꾸는 것은 어렵지 않았다. 내서중학교의 배움을 통해 학생들이 자립하고 협력하는 역량을 키우고 실천한다면 그 정신은 지속 가능할 것이라 생각한다.

경북의 혁신학교—내서중학교 시즌 3: 도전과 한계 그리고 지속 가능성

학교의 교육 과정과 교육 활동은 완벽할 수 없고 그대로 유지되어서도 안 된다. 세상이 바뀌고 학생이 바뀌고 교사가 바뀌면 그에 따라 조금씩 유연하게 변화시키면서 적용해야 한다. 그런데 시즌 2를 이끌었던 교사들이 1~2년 사이에 급격히 바뀌는 바람에 기존의 교육 활동에 도전을 받게 되었다. 그러나 '왜 이렇게 했느냐?', '어떻게 할 것이냐?'라는 질문을 다 같이 공유하고 협의하며 기존의 교육 활동을 계속 이어가기도 하고 새롭게 조금 변형하기도 하면서 지금도 뚜벅뚜벅 걸어가고 있다.

경북의 혁신학교—낙운중학교: 내서중학교의 확장

혁신학교에 근무하면 많은 교사들이 힘이 빠지고 지친다. 그래도 그간의 배운 것들을 조금씩 적용하며 또 다른 애를 쓴다. 상주의 면 단위 작은 학교인 낙운중학교는 전교생이 17명으로 줄어 폐교 위기에 놓여서 경북교육청의 투자가 전혀 없던 학교였다. 삐걱거리는 나무 복도와 교실에, 화장실도 외부 간이 화장실을 사용하고 있었다. 하지만 지금은 완전히 변해서 경북에서 공간 혁신 선진 학교로 많은 견학 손님을 받느라 진땀을 흘리고 있다.

경북의 농어촌에 위치한 세 개 학급 정도의 소규모 학교는 대부분 과거에 들여온 교육 활동을 그대로 진행한다. 또 교육청의 새로운 요구를 수용하다 보니, 불필요한 것에 힘을 빼는 학교가 많다. 이를 개선하기 위해 낙운중학교에서는 내서중학교의 교육 과정과 교육 활동을 주도적으로 실천한 교사를 학교장 요청으로 불러들였다. 가장 먼저, 학생들은 싫어하고 도움도 크지 않고, 교사들을 힘만 들게 하는 교과 방과후 수업을 과감히 없애자고 교직원 회의에서 제안해서 받아들여졌다. 그 시간은 학생들의 특기 적성을 개발할 수 있는 외부 강사 활용 방과후 수업으로 변했다. 그럼으로써 아주 자연스럽게 그 시간에 교사들은 교직원 회의를 진행할 수 있었다. 이는 기존의 교육 활동이 시행된 내서중학교의 사례가 있어서 가능했다. 어느 정도 검증된 교육 활동은 낙운중학교에 꼭 맞았다.

2019년에 가장 먼저 민주적인 교직원 회의와 학생 자치 활동을 시작했다. 처음에는 학생과 교사 모두 어색해했지만 2학기가 되니 모두들 적응했다. 지금은 완전히 정착한 상태이다. 2학기부터는 지필 평가를 1회만 치는 대변화가 있었고 지금도 이어가고 있다. 내서중학교의 이동 수업을 낙운중학교에서는 여행 융합 수업으로 변형해 실시했다. 모두가 힘들어했지만 하고 나니 학생, 교사 모두 만족도가 높았다.

2020년부터는 더 탄력을 받았다. 교육 과정을 재구성하고 융합 수업을 늘리고 학생 자치 활동을 더 정교하게 시행했다. 코로나라는 복병을 만났지만 슬기롭게 잘 대처하며 소규모 학교의 장점을 살려 내서중학교의 교육 과정을 넘어, 낙운중학교에 맞는 교육 과정을 만들어 갔다. '바로 서는 나, 함께 성장하는 우리'라는 슬로건을 만들어 벽에 붙이고 교육 과정에 녹여 냈다. 의식주, 문화, 예술, 체육 등 학생들의 자립을 위해 방과후 수업을 조정했다.

2021년에는 공간 혁신 사업을 진행했다. 학습과 생활이 분리된 교실을 만들고, 특별실이나 교과 교실이 아닌 다목적 활용이 가능한 융합 수업 교실을 만들었다. 또한 건물 밖 아름다운 자연으로 쉽게 연결되는 문을 만들고, 학생들의 다양한 휴식 공간을 만들었다. 적은 예산으로 학교 전체를 리모델링했다.

2022년에는 학생 한 명 한 명의 성장을 중심에 두고 수업을 협의하고 전문가 코칭을 받았다. 낙운중학교 40명의 학생들과 교사들이 전라남도에서 여행 융합 수업을 하기도 했다. 순천, 여수, 담양, 나주, 함평, 목포, 영암 등을 2박 3일에 돌고 광주에 모였다. 그런 뒤 광주에서 하루자고 5·18 관련 여행을 한 다음 3박 4일의 일정을 마쳤다. 모두가 공유하는 밴드에 2일 차 소감이 올라왔다. 매점부 2학년 학생의 소감이었다.

"계획이 몇 개는 틀어졌지만 이런 일을 해결하는 것 또한 좋은 경험이 되었고, 계획이 틀어져도 서로를 탓하지 않고 해결한 게 좋은 것 같다."

경북 미래교육지구와 마을학교, 그리고 청소년문화센터 '모디'*

거의 모든 지자체에서 시행하는 혁신교육지구사업을 경북은 '미래교육지구'라는 이름으로 2020년에 시작했다. 경북에서는 혁신이란 단어에 민감하게 반응한다. 그래서 혁신 대신 미래란 이름을 붙였는데 코로나의 덕을 봐서 자주 사용되고 있다. 미래교육지구사업에 지정된 다

* 2024년부터 상주미래교육지원센터 '모디'로 이름을 바꾸고, '청소년자립지원 모디 사회적협동조합'이 상주시로부터 위탁받아 운영하고 있다.

섯 개 시군 중에 상주가 포함되었다. 3년째인 2022년에는 결과적으로 다섯 개 중 한 개 지역은 외부 위탁으로 운영되었고, 상주를 제외한 세 개 지역은 다른 지역 흉내만 내고 있는 실정이다. 그도 그럴 것이 도교육청에서는 예산만 내려 주고 아무것도 지원하지 않았다. 예산이 늘어난다는 것은 일이 늘어난다는 것이고 그만큼 일할 사람이 필요하다. 그래야 그 예산이 학생들에게 잘 쓰일 수 있는 활동으로 만들어진다. 대부분 지역은 장학사든 담당 교사든 자기 원래 업무에 하나 더 추가된 골치 아픈 사업으로 인식하고 있다. 그러나 상주는 조금 다르다. 전교조를 중심으로 자발적으로 봉사하는 교사들이 있기에 가능했다. 그렇다고 해서 모든 사업이 다 잘되는 것은 아니다.

상주는 면 단위에 여러 마을학교를 운영하고 있다. 특히 시내에 위치한 상주청소년문화센터 '모디'를 중심으로 미래교육지구사업이 기초를 다지고 있다. 무엇보다 미래교육지구사업은 거버넌스가 중요하다. 도교육청과 시청의 거버넌스, 지역청과 학교의 거버넌스, 지역과 학교의 거버넌스, 지역민과 교사의 거버넌스 등 한 번도 해 보지 않은 일이지만 매우 중요하다. 모디는 '모여라'의 경상도 사투리다. 청소년들이 모이는 곳인데, 정작 잘 모이지 않는다. 모두 학원에 가기 때문이다. 그래서 3년 동안 청소년들을 학교와 학원에서 구출할 계획을 세우고 실천하고 있다. 모디 청소년위원회를 꾸려 내서중학교와 낙운중학교처럼 학생 자치를 실현하고 있다. 모디에서는 매달 청소년들의 놀 권리를 위해 버스킹을 스스로 기획하고 진행한다. 또한 11월 3일 학생의 날에 열리는 상주청소년축제를 기획하고 진행한다. 상주청소년축제는 학생의 날 기념식을 시작으로 거리 버스킹, e스포츠 대회, 청소년영화제, 청소년 목소리를 내는 거리 퍼레이드, 공연, 먹자부스, 놀자부스 등이 운영되며 축제는 2~3일간 진행된다. 이 모든 행사는 청소년들이 스스로 기획하고 진행하고 마무리한다. 첫해 기획 회의에서는 기후위기 시대이니만큼 일회용품을 사용하지 않기, 3회째인 2022년은 소수자를 존중하고 다양성을 인정하고 표현하자는 제안이 나왔다. 청소년들은 기회를 주면 훌륭하게 잘 해낸다. 청소년에게 기회를 박탈하는 학교와 사회는 반성해야 한다. 상주청소년문화센터 '모디'는 그동안의 사업을 인정받아, 상주미래교육지원센터로 거듭나 현재는 상주시청의 지원금을 받아 확장 운영되고 있다.

혁신학교를 넘어 미래학교로

내서중학교와 낙운중학교는 미래학교다. 경북교육청이 지정한 경북미래학교뿐만이 아닌 변방에 있는 진짜 미래학교다. 신영복 선생님은 "중심부에 대한 환상과 콤플렉스가 청산되지 않는 한 변방은 결코 새로운 창조 공간이 될 수 없다."고 했다. 변방인 내서중학교와 낙운중학교는 입시 위주의 경쟁 교육 혹은 지식 암기 교육이라는 환상과 콤플렉스를 버렸다. 버리고 나니 학교가 새로운 창조 공간이 되었다. 현재를 즐기며 미래를 준비하는 진정한 미래학교가 많이 탄생하길 바란다.

마치며

정성을 다하는 미래 교육

1.

2023년 11월의 어느 날 낙운중학교 3학년 수업 시간의 이야기다.

"얘들아, 우리 학교가 미래학교잖아. 지금 4년째거든. 그래서 우리 학교를 궁금해하는 사람들에게 공개하려고 해. 공개한다고 해서 큰 걱정은 하지 않아도 돼. 새로운 걸 하자는 게 아니고 그냥 우리가 하고 있는 걸 보여 주자는 거니까. 손님들이 많이 올 텐데, 그분들이 교문에 들어설 때 우리 학교를 알릴 수 있는 현수막을 달려고 해. 현수막 문구는 뭐가 좋을까?"

"학생들이 행복한 학교."

"학생들의 낙원, 낙운중학교."

"어서 오세요. 환영합니다."

"바로 서는 나, 함께 성장하는 우리. 나우NOW."

그러자 가만히 듣고 있던 한 학생이 이야기한다.

"'나는 누구인가?'를 질문하고 찾아가는 학교."

3학년 수업을 마치고 교무실로 내려온 선생님의 말투는 잔뜩 고무되어 있었다. 3학년 교실의 모습을 전해 들은 모든 교사들은 아이들이 참 많이도 성장했다고 이야기하며 뿌듯해한다.

2.

서이초등학교 사건으로 학생 생활 규정을 개정하게 되었다. 새로 오신 교장, 교감 선생님은 학력을 강조하면서 학력 우수상을 이번 개정에 넣자고 했다. 이를 놓고 교직원 회의에서 열띤 토론을 벌였다. 그러나 관리자의 생각은 바뀌지 않았다. 회의 끝에 학력 우수상을 넣는다면 마음과 체력 성장도 넣기로 하고 수정안을 만들었다. 그 수정안을 학교규칙개정위원회에서 논의했다. 위원회에 참석하기 전 수정안을 본 3학년 학생들은 분노했다.

"작년에 열띤 토론으로 생각을 모아 학력 우수상은 없앴잖아요."

"학력 우수상은 우리 학교와 맞지 않아요."

"선생님, 어떻게 해야 하는지 알려 주세요."

부임한 지 1년 차인 사회 선생님은 학생들의 이런 모습을 보고 '이 때까지 들었던 것보다 이 학교가 정말 훌륭한 곳이구나. 학생들이 정말 많이 성장하고 있구나.'라고 느꼈다고 한다.

3.

지난 2024년 1월 5일 졸업 파티(3학년 성장 발표회)를 마무리로 2023년 교육 과정이 끝이 났다. 다음은 그때 참여한 3학년 학생의 학부모가 SNS에 올린 글이다.

　잘 컸다.

　좀 느끼하고 뻔뻔해 보이지만 잘 컸다. 나보다 훨 낫다. 언제 이렇게 컸지? 삼 남매 중 가장 손재주가 없는, 그래서 악기 연주 같은 건 언감생심 꿈도 못 꿀 줄 알았는데, 기타 배우고 딱 1년 만에 이런 공연을 해냈다.

　낙운중학교는 매년 학교 축제인 낙운제를 성장 발표회로 진행한다. 졸업식도 따로 있기는 하지만 사실상 성장 발표회가 졸업식이다. 1, 2학년은 1부에서 성장 발표를 하고, 3학년은 2부에서 성장 발표를 하면서 3년간의 학교생활을 갈무리한다.

　일 년 전 선배들은 모두 여학생들이었다. 어찌나 똑소리 나게 잘했는지 정말 잘 컸다는 말이 절로 나올 만큼 성장한 모습을 보여 줬다. 작년에 비해 상대적으로 남학생들도 많고, 아기자기한 맛도 없는 올해 졸업생들이 3학년이 되었을 때 솔직히 모두들 조금 걱정하는 마음이 있었다. 선배들만큼 잘 해내지 못할지도 모른다는 걱정에서 말이다. 사실 그런 걱정은 할 필요가 없었지만.

　아이들은 정말 몰라보게 성장하는 모습을 보여 주면서 어른들의 기우를 무색하게 만들었다. 아픈 손가락이 성장하는 모습은 그것 자체로 커다란 감동이다. 우리가 아이들을 섣불리 단정 짓지 말아야 하는 이유이다. 하지만 아직도 얼마나 많은 아이들이 어른들의 편견으로 낙인찍히며 상처받고 있는지 모른다.

그 과정을 지켜보며 성장을 도와주는 일이 얼마나 어렵고 힘든 일인지 너무나 잘 안다. 그 힘든 일을 해 주신 선생님들께 감사할 따름이다. 아들은 그 고마움을 "평생 써야 할 스승복을 다 썼다."라는 말로 표현했다. 허허. 빨랫줄에 널린 옷을 보면서 "빨래가 춤을 추고 있어요."라고 얘기하던 꼬마가 벌써 이렇게 커 버렸다. (#낙운중학교 #낙운제 #성장발표회 #평생스승복다받은남자 #이거슨졸업식인가콘서트인가)

10년이 지났다. 2014년 4월 16일 세월호 침몰 사고가 있은 이후 우리나라 교육이 크게 바뀌지는 않았지만 희망의 씨앗은 싹트고 있다. 10년 동안 해 온, 학생 자치 활동 중심의 교육 과정 운영이 미래형 교육 과정인지 전문가 컨설팅을 했다. 컨설팅에서 강사님이 '학교에서는 무엇을 배우고 무엇을 성장시켜야 하나요?'라는 첫 질문에 가장 많이 나온 의견이 '학생들의 자신감, 자존감'이었다. 일부 학생이 아닌 모두의 자신감과 자존감이 성장했다고 많은 선생님들이 말했다. 미래 교육의 핵심 키워드인 '학생 행위 주체성, 학생 주도성, 학생 자치'의 기본이 자신감과 자존감 아닐까?

학교는 학생이 배우는 곳이다. 스스로 배우고자 할 때 참된 배움이 일어난다. 그리고 그렇게 해야 가장 효율적이다.

학교는 학생이 성장하는 곳이다. 배움을 통해 성장하는 모습을 스스로 느껴야 한다. 자신의 성장을 느낄 때 자존감이 높아진다. 학생의 성장은 교사나 부모를 성장시키기도 한다.

학교는 학생이 변하는 곳이다. 청소년에서 어른으로 몸과 머리와 마음이 변해야 한다. 사람을 변화시키는 일은 참 힘든 일이다. 그러나 교육은 변화시킬 수 있다. 이것이 교육의 힘이다. 이런 변화는 어디에서 올까? 바로 정성에서 출발한다. 정성을 들여 잘 설명하고 이유를 말하면 마음이 움직인다. 학생의 마음이 움직일 때 교사는 격려한다. 격려를 받은 학생들은 용기를 내어 몸을 움직인다. 스스로 마음을 내고 몸을 움직여 한 경험은 실패가 없다. 실패 또한 성공이기 때문이다. 성공을 하면 감동한다. 성공의 경험은 또 다른 용기를 낳는다.

학교는 학생에게 기회를 제공하는 곳이다. 이는 곧 플랫폼이다. 멍석을 깔아 주면 된다. 학생들은 용기를 내어 실천해 본다. 선배의 실천을 보고 후배들이 배운다. 실천하면서 학생들은 성장한다. 학생들의 성장을 보면 교사는 감동하고 마음이 움직인다. 교사의 감동이 많아지면 학교 전체가 학생들에게 기회를 더 많이 주고 세심하게 각 학생에게 맞는 지원을 한다. 이런 기회와 지원으로 학생들의 자신감과 자존감은 높아져 학생의 행위 주체성 혹은 학생의 주도성이 성장한다. 이 구조는 선순환 구조이다. 그래서 희망적이다.

미래 교육은 교육의 본질을 찾는 것이다. 어찌 보면 감동을 주는 교육이다. 학생들이 진짜 주인공인 학교, 학생들 스스로 그리고 함께 협력하여 해 보는 경험, 기회를 주고 지원하는 어른들. 이런 학교는 멀리 있지 않다. 늘 상상하며 말하던 학교다. 대안학교, 혁신학교란 이름으로 실천하고 있다. 변방의 작은 학교인 내서중학교와 낙운중학교도 이미 10년 전부터 실천하고 있다. 우리도 이제 실천만 하면 된다. 미래 교육에서 학생들에게 용기를 내라고 하듯이 우리도 용기를 내면 된다.

  학생 자치를 실천하며 깨달은 생각은 이미 사서삼경인 『중용』에 적혀 있었다. 『중용』 23장 원문으로 이 글을 마무리하고자 한다.

치곡致曲

작은 일도 무시하지 않고 최선을 다해야 한다.
작은 일에도 최선을 다하면 정성스럽게 된다.
정성스럽게 되면 겉에 배어 나오고
겉에 배어 나오면 겉으로 드러나고
겉으로 드러나면 이내 밝아지고
밝아지면 남을 감동시키고
남을 감동시키면 이내 변하게 되고
변하면 생육된다.

그러니 오직 세상에서 지극히 정성을 다하는 사람만이
나와 세상을 변하게 할 수 있는 것이다.

참고문헌

존 듀이 지음, 이홍우 옮김, 『민주주의와 교육』, 교육과학사, 2007.

존 듀이 지음, 심성보 옮김, 『다시 읽는 민주주의와 교육』, 살림터, 2024.

김덕년 외 8명 지음, 『주도성』, 교육과실천, 2023.

김하니 지음, 『리얼 월드 러닝』, 푸른들녘, 2021.

교육의봄 지음, 『채용이 바뀐다 교육이 바뀐다』, 우리학교, 2021.

신영복, 『변방을 찾아서』, 돌베개, 2012.

김종윤, 이미경, 최인선, 배화순, 유금복, 박일수, 「OECD Education 2030 프레임워크
에 기반한 우리나라 교사의 역량 개발 방향 탐색」, 한국교육과정평가원 연구 보
고 CRC 2021-5.

The Future of Education and Skills, OECD, 2023.

www.oecd.org/education/2030-project.

표지와 본문의 나침반 그림 designed by freepik.com